地产销售 4.0　刻意练习
四种职业　三达德

客户洞见孵化器
黄金思维圈
认知世界的三个分区
竞品跟踪的七大监控
理解客户五步法

资产　房价　升值三要素　预期
周期　成本　机会成本　单价

商业企业财务模型
城市生态复利系统
房价 K 线图
物业服务金字塔

居住密度　单　值
　对比表
　配置标准
　维与五境

面
坐标　宅朝向排序表
　宅收纳空间表

概念

思维模型

模型
字塔

时

需求

式　脚本内容清单
清单　探究型问题清单
偏差模型

资金树　100/40 人脉
A 类联系人　人脉
第一时间知
无穷链

人脉五步法　人脉树状图
5 级人际关系模型　人际关系计划表
SERVICE 推荐框架

情感安全度
OKR 工作法　Smart 任务
吃青蛙定律　10/90 法则
80/20 法则　ABCDE 法
黄金搭档　关键结果领域
提问式自我对话

OKR 四象限图
经纪人每日活动图
销售经理自查表

房地产行业培训

地产精英培训系列

地产销售4.0

思维、标准与技术要点

陈利文◎著

中国经济出版社
CHINA ECONOMIC PUBLISHING HOUSE

图书在版编目（CIP）数据

地产销售 4.0：思维、标准与技术要点/陈利文著．
—北京：中国经济出版社，2020.5（2024.7 重印）
ISBN 978-7-5136-5223-0

Ⅰ.①地… Ⅱ.①陈… Ⅲ.①房地产—市场营销学 Ⅳ.①F293.35

中国版本图书馆 CIP 数据核字（2018）第 110158 号

责任编辑　葛　晶
责任印制　马小宾
封面设计　任燕飞

出版发行　中国经济出版社
印 刷 者　北京艾普海德印刷有限公司
经 销 者　各地新华书店
开　　本　710mm×1000mm　1/16
印　　张　21.25
字　　数　288 千字
版　　次　2020 年 5 月第 1 版
印　　次　2024 年 7 月第 6 次
定　　价　68.00 元
广告经营许可证　京西工商广字第 8179 号

中国经济出版社 **网址** www.economyph.com **社址** 北京市东城区安定门外大街 58 号 **邮编** 100011
本版图书如存在印装质量问题，请与本社销售中心联系调换（联系电话：010-57512564）

序 REAL ESTATE MARKETING

从1998年时任国务院总理朱镕基提出房地产市场化到2017年，中国房地产走过了第一个20年，2018年进入第二个20年，我们姑且称之为中国房地产的“下半场”。“下半场”，一个最鲜明的行业特征就是大型房企的市场集中度进一步提高，竞争变成了高手之间的决战。高手布局，讲究的是通盘无妙手，只做半目胜。战略纵深、跨越周期能力、资源配置、企业管理，可谓支撑房企发展的四大柱石。一个成熟的房企，在任何方面都容不得马虎，不能偏科，销售则是贯穿这四大柱石的重中之重，没有卓越有效的销售执行能力，再伟大的战略都是空谈。

说到销售，行业内普遍有两个方面的困惑：一是销售人员总是喜欢强调性价比，而不是货真价实，导致在实操过程中价格承载力不行，好地段、好产品却卖不出好溢价，尤其是在这一轮高周转浪潮的裹挟下，很多企业房子是卖出去了，但利润上不来，品牌、速度和价格三者未能达成高水平平衡；二是销售人员靠天吃饭，市场行情一好，卖房子就像卖白菜，错把行情当能力，行情不好，房子卖不动，就坐等政策、要价格，或者干脆束手无策，望洋兴叹。中国房地产行业发展了20多年，相较于其他板块的成就与进步，销售板块确实专业偏弱、进化偏慢。

中国房地产的“下半场”，将从高速增长转向高质量发展，行业迫切需要提升销售人员的专业素养。销售人员不但要能卖出房子，而且要能卖出好价格，多快好省；不仅要会“销”，还要会“营”；不但要能从一个更高、更广、更深的层面去理解产品、理解行业，还要能够穿透时空，具备行业必需的洞见与新知，真正成为客户置业的顾问和老师。要加强专业素质，培训当然是重中之重，但在过往的高速增长下，整个行业都缺少对销售领域专业知识体系的梳理和沉淀。此时，利文推出专著《地产销售 4.0》可谓恰逢其时。

在我看来，《地产销售 4.0》有以下三个突出特点：

一、梳理、总结行业底层规律，注重体系建构，将销售方面的知识上升为“学问”

学问如栋梁，知识如砖瓦，就像建房子，必须先立框架基础和通梁大柱，之后再添砖加瓦。很多销售人员从业多年，进步不大，究其原因就是掌握了满腹的“砖头瓦块”，却不成体系，一盘散沙，难以整体调动和驾驭，思想的洞见和理论的新知当然就无从谈起。万事背后必有道理，只有掌握了表象背后的底层规律和算法，才能知其然，又知其所以然，知识才能成为发现问题、分析问题、解决问题的活知识，才能成为庖丁解牛的刀，游刃有余。

《地产销售 4.0》从行业前景、产品知识、销售技巧等方面入手，梳理出很多清晰的概念、底层规律和思维模型，在此基础上建起销售专业知识体系的“大厦”，其中很多概念，如销售 4.0、冲击力、隐形异议、认知时刻等，都一扫老生常谈，具有理论的创见。

二、注重实操细节的整理，知识的颗粒度细，接地气

以美国职业棒球赛为例。如果一个棒球手在一季赛事中每 4 次击球打中 1 次（击球率为 0.250），那么他是一个普通球员；如果每 3 次击球打中 1 次（击球率为 0.333），那么他便是一个全明星球员；如果他在整个球员生涯中能保持 0.333 的击球率，便可以成为名人堂的成员了。从普通球员到全明星球员，再到名人堂球员，击球率的差距是很小的，即在每 12 次击球中只有一个球是否击中的差别。房地产销售也一样，一个通过考核、被准许上岗的普通置业顾问与职业高手之间的差距其实并不大，一个初出茅庐的置业顾问照样可以成为销冠。但是获得一

时的销冠容易，难的是总当销冠，能教会别人当销冠更是难上加难，就像《亮剑》中李云龙所说："教会一个班，就当班长；教会一个排，就当排长。"职业选手和业余选手的差距就在一分一毫之间。《地产销售4.0》参阅了大量心理学、社会学著作，在销售技巧和产品知识上提出了很多有意义的细节，值得深入学习。

三、提出了房地产销售职业化的概念，引发行业思考

书中所说的"地产销售 4.0"这一概念，从销售人员的角度来说，是指将房地产销售当成终生职业，既有置业顾问的价格承载力，又能独立承担拓客、维系客户，最大限度开发客户终生价值的经纪人。在欧美发达国家，职业经纪人已经是常态，但在中国，行业整体还是以增量为主流，销售职业化有待时日。不过，在如今的数字时代，销售人员必须承担个人拓客的职能，营与销的边界在逐渐溶解，这已经是做一个优秀置业顾问的题中应有之义。

旭辉是一个以营销为战略导向的公司，从 2013 年的 181 亿元到 2018 年的 1520 亿元，短短五年时间，规模扩大了 8 倍，成为中国 top14 的大型房企，这与我们重视营销、重视人才的战略是分不开的。在高速发展的过程中，旭辉一直保持着对人才的高关注、高投入。一个应届生，从毕业走出校门，到成为独当一面的项目总，掌管十几亿元的项目，在旭辉，最少只需要三年。我们鼓励每一个员工不断学习，保持好奇心，以"死磕"的心态成为最好的自己。

利文的第一本著作《房地产营销 19 讲》是旭辉营销人的必读书目，旭辉也因此与他结下了不解之缘。几个月前，拿到他的新作——《地产销售 4.0》的初稿，我与集团部分高管先睹为快，为其中的新知与洞见打动，故欣然作序。

旭辉集团董事长　林　中

2019 年 5 月

前　言 | REAL ESTATE MARKETING

这是一本写给房地产一线销售人员和策划人员的书。

发展至今，中国房地产行业已近而立之年，其在产品设计、工程建设、物业服务、企业运营等方面都取得了世界领先的成就，而销售则是这条产业链中相对薄弱、没有章法且急需提升的环节。阳光 100 董事长易小迪先生曾提出一个公式，即项目销售量 =（产品力×销售力）÷房价指数。纵观地产行业，优秀房企的产品力已经提升到 90 分，并且正在往同质化、标准化的方向发展，单靠这块已经很难拉开距离；再看房价，行业利润透明，价格战现在也没法打了；因此，提升销售量主要取决于销售力，而销售力这块，大部分房企也就处在 60 分的社会平均水平，还有很大提升空间。

地产销售为什么只能拿 60 分？究其原因，相较于其他实业，房地产行业的市场大抵还是好的。中国人除了房产之外，可以抵御资产贬值风险的手段少之又少，再加上传统的“买田置地”思想的影响，说服中国人买房往往是容易的。更何况，近年来房价节节攀升，在全民产生购房恐慌的背景下，卖掉一套成百万上千万元的房子，其难度甚至小于在超市里成功推销一瓶洗发水。

因为整个房地产行业一直处于动荡的发展状态，所以提升销售人员的素质和能力就无从谈起。市场行情好的时候，不用为成交量发愁；市场行情不好的时候，那就熬呗，反正熬过一两年低谷，好时候就快来了。这样一来，整个行业一直都没有转型和升级的机会。相较于保险、软件等行业的销售人员，售楼员们的工作方式多是乱拳打死老师傅——不讲章法、靠天吃饭，把行情当能力，把平台当本事。

2020 年初，一场突如其来的疫情袭击了世界，也刺激了房地产营销生态链上的每一根神经。潘多拉的盒子一打开，各种力量都加入了战团。渠道商控制流量，试图绑架开发商；开发商布局私域流量，试图架空渠道；阿里、京东等正在磨刀霍霍，试图抢滩新房电商，要革行业地头蛇的命；中介出身的地头蛇们则放话出来，要把开发商逼成代建商。处于房地产销售终端的置业顾问则前所未有地感知到线上流量的重要性，顶着疫情，忙不迭地在抖音、房天下、淘宝上做直播，云卖房。

十四世纪，欧洲的“黑死病”直接促进了文艺复兴的诞生，开创了欧洲乃至世界历史上最辉煌灿烂的文明；2003 年的“非典”，促使中国诞生了淘宝、京东等电商平台，重塑了社会的信任，给人们的生活带来了极大方便。人类历史上的每一次疫情都会带来深刻的社会变革，某种意义上也促进了社会的进步，这一次的新冠疫情当然也不例外。

具体到房地产行业，至少有两方面的趋势可以确认。一方面，房地产行业必将会重塑线上体验，信息的透明化与充分对称，去广告化的极致展示，快速响应和无私服务，从线上到线下，再到线上的交易闭环，客户在进入售楼处之前至少可以完成 80%的销售过程。客户的线上需求未被满足的痼疾将逐渐变得不复存在，传统的根植于“信息不对称”基础上的营销模式行将瓦解。另一方面，行业的发展也对销售人员提出了更高的要求，1.0 时代和 2.0 时代的接待员和推销员都将被互联网的大潮无情淘汰，取而代之的是高学历、一专多能，既能杀客，又能拓客，同时能玩转线上和线下的专业销售，并且会逐渐进化到终身制、职业化的经纪人。更大的销售难度、更高的职业要求，房地产销售正在进入笔者提出的“4.0 时代”。

至此，已经进入房地产销售 4.0 时代。

本书要探讨以下几个问题：①进入房地产销售 4.0 时代，当房地产市场的温度从全民狂欢中逐渐冷却，真正回归大订单销售的本质时，我们应该如何进行有效销售？如何将好产品卖出好价格？②房地产是一个天时强过地利，地利好于人和的行业，但在天时和地利均不能逆转之时，我们又该如何发挥人定胜天的力量，让销售散发出应有的魅力之光呢？③房地产销售人员应该如何脱离野蛮生长阶段，进化为遵规守纪、功力深厚、训练有素的职业经纪人，成为实至名归的客户的置业顾问呢？④房地产销售人员如何才能摆脱吃青春饭的尴尬，让其在中国发展成受人尊敬的职业呢？

要想一一破解以上这些问题，必须透彻理解房地产销售行业当前的运行模式，正如美国投资大鳄、桥水公司创始人瑞·达利欧所说："世界上最重要的事情是理解现实如何运行，以及如何应对现实。面对这一过程的心态至关重要。我发现很有帮助的做法是，把生活想象成一场游戏，我面临的每个问题都是一个需要破解的谜。我通过解谜获得一块宝石，即一项原则，它能帮助我在未来避免同样的问题。"①

是的，房地产销售就是一场游戏，我们需要在这场游戏中不断解谜，不断收集宝石。2016 年 11 月，美国心理学家安德斯·艾利克森与科学作家罗伯特·普尔合著的《刻意练习：如何从新手到大师》一书，在中国产生了很好的反响。作者通过考察发现，普通高尔夫球爱好者打球纯粹是为了享受打球的过程，而职业运动员则必须练习在各种极端不舒服的位置打不好打的球。一个人只有走出自己的舒适区，在学习区里持续地做自己做不好的事，才有可能取得进步。这里所说的"刻意练习"，其实就是不断解谜—发现真相—总结原则—找出算法—收集宝石的过程。宝石收集得越多，从业水平就越高，就能进入更高一级的游戏，游戏也会变得更难，但获得的收益也越来越多。

本书围绕"房地产销售 4.0"这个主题，梳理出职业销售人员之所以"职业化"的四个特质和维度。我在每个维度中都运用"刻意练习"的方

① 【美】瑞·达利欧．原则［M］．刘波，綦相，译．北京：中信出版集团，2018.

法，选择一些业内执行不力却熟视无睹的领域，死磕技术要点和执行细节，试图找出房地产销售行业的“宝石”——套路。正如万维钢老师所说：“对于脑力工作者来说，水平的高低关键要看掌握的套路的多少。”①

这里的套路不含有任何贬义，它指的是人所掌握的知识和技能，绝非零散的信息和随意的动作，它们大多具有某种“结构”，这些“结构”就是套路，也就是心理学家所说的“块”，如同下棋的棋谱、编程中的固定算法一样，都是套路。本书总结的关于房地产销售的套路，是建立在一个个清晰的概念及其背后的底层规律即核心算法的基础之上的，力求使零散的知识能够互相关联，形成一个专业的知识体系，既能见树木，又能见森林，从而达到分析问题、解决问题的目的。每个成功的人都在自己擅长的领域具有强大的直觉和超强的辨识力，但这些不是天生的，而是通过找对方法、做足功课习得的。希望每个房地产销售人员都能依靠自己的直觉和辨识力，不断提升自己，成为真正能给客户提供“洞见与新知”的“4.0 时代”的职业经纪人。

2009 年，一个美国医生的著作《清单革命》，出人意料地在很多行业引起震动，书中提到的庖丁解牛式的、化繁为简的工作清单法正在成为很多行业的圭臬。本书以这种工作清单法为指导，整理出多个房地产销售工作清单，希望将工作化繁为简，让大家第一次就把事情做对。在本书的写作过程中虽然参考了很多相关图书，但我不想因为掉书袋而忘记写作的初衷——谨防“知识的诅咒”，不去为了掉书袋而忘记事情的本质，忘记简单才是深思熟虑后的精华。

因为我是做策划出身，所以在这本书里融入了营与销边界溶解的理想。从“营”这个角度来说，很多房地产公司的这部分工作实际上都是由策划人员完成的，因为销售人员会觉得“营”这个部分的内容有些艰深，很难触及，不如赤膊上阵来得过瘾、接地气。如果你希望成为

---

① 万维钢. 万万没想到：用理工科思维解理解世界［M］. 北京：电子工业出版社，2014.

一个顶尖的职业经纪人，就必须对自己的销售生涯有一个承诺，你要登上巅峰，要头脑极度开放，要不断升级你的认知。

本书力图为这样的认知升级打开一条通道，输送一缕清晨的阳光，或者不经意间递上一把顺手的小螺丝刀。书中呈现的案例基本上都是我在做顾问或者培训期间经历的真实案例，通过实战分析，力图使读者更易于理解相关的知识点和操作方法。案例中的话术涉及很多算法和底层规律，希望读者不要忽视。除了销售人员以外，一线的营销策划人员、产品策划人员和投资人员也适合阅读本书，对你们理解所处行业会有所帮助。

正如五柳先生描述的那样——山有小口，仿佛若有光。便舍船，从口入。初极狭，才通人。复行数十步，豁然开朗。如果读者在阅读本书的过程中能够步入如此境界，在下三生有幸！

目　录 | REAL ESTATE MARKETING

第 4 讲 | 讲解户型的三个标准

第 5 讲 | 构建“价值金三角”

第 6 讲 | 锻造销售“冲击力”

第 7 讲 | 全新流程与技术要点

第 1 讲　地产 4.0 时代的职业销售

【概　　念】地产销售 4.0　刻意练习　四种职业　三达德

【思维模型】客户洞见孵化器　黄金思维圈　认知世界的三个分区竞品跟踪的七大监控　理解客户五步法

2020年初，来了一场新冠疫情，地产销售好像要变天了！好几年前，马云就在喊未来已来，但这似乎与地产关系不大。低频消费、大宗交易、非标准化的不动产行业还是延续着老规矩，守着大街，前店后厂，开门做生意。置业顾问还是习惯穿着体面，笑容亲切，在售楼处等着客户上门，然后一对一给客户讲品牌、讲沙盘，带看示范区，因个体水平差异，泥沙俱下，良莠不齐；但硬币的另一面，客户早已习惯了从线上获取信息。

居理新房大数据研究院2020年1月发布的数据显示，全国11个大城市，从移动端获取购房信息已经成了绝对主流。不过，客户的线上需求照例是没有得到满足的。在百度上任意搜索一个楼盘的名字，出来的无外乎是几个平台的链接，进去以后，充斥着广告化的语言，几乎看不到真实的用户评论，客户仍然得不到真正想要的信息，这和“去中介化”“去中心化”的互联网精神背道而驰，也严重滞后于快消品行业。不过，疫情催生的对高阶文明的探索与实践会逐渐改变这一切。

2020年春节之后，全行业都在研究线上营销。由开始的不适应，到后来发现，很多环节放到线上其实效率更高。在线上，我可以打磨最好的脚本，然后派最优秀的销售人员，录制最好的视频，实现一对多讲解，既保证质量，又拓展了客户看房的时空广度与厚度。在线上，我可以做到像中国带货女王薇娅那样不用形容词，运用更多的道具来展示项目的品牌事实而非观点。在线上售楼处，我可以打通物业服务社区，让潜在客户看到已经购房的业主对该开发商和物业的真实口碑评价。有人说："马云最大的贡献是重塑了中国人的信任体系。"是的，线上营销也将重塑房地产行业的信任体系，从而改变固有的销售模式。

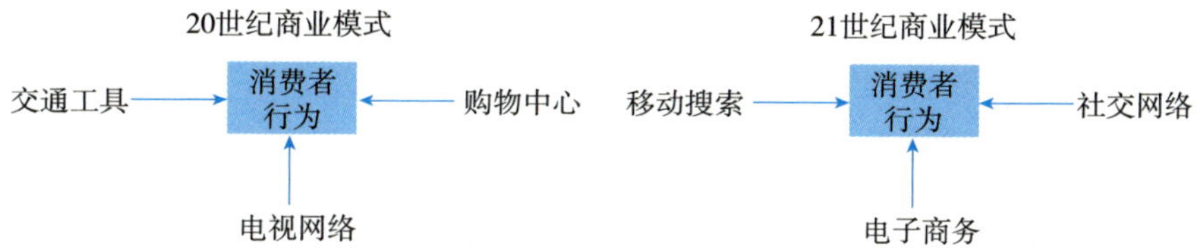

图 1-1

图 1-1 是哈佛商学院数字营销教授约翰·戴顿的一张讲义，非常深刻地概括了旧有模式和数字化时代新模式的对比。在不久的将来，可以想见的地产销售模式是，客户想买房了，首先去移动端搜索，他们会主动去抓取尽可能详细的购房信息，然后去社交网络，看过往消费者对该楼盘和服务的评价，从连接的群体中获得项目的口碑效应、社区效应；经过几轮筛选之后，客户才决定去少量几家线下卖场，进一步验证、比较，并做出购买决定，也就是说，客户在进售楼处之前，已经完成了80%以上的销售动作。线下确认之后，客户可以在电子商务端口实现签约、办理按揭等手续，而不用再像以前那样必须现场办理，突破了时空的限制。这三种力量的叠加重构了新的销售模式。

在新的销售模式下，我们要思考的问题是，谁会被革命？是不是像很多人预言的那样，将来不再需要售楼员了？

销售员已死！

当今世界，不管是谁，只要敲几下键盘就能找到几乎任何东西，像推销员这样的中介成了多余环节。他们只会卡住电子商务的齿轮，让交易变得缓慢、昂贵。个人消费者可以自己做研究，从社会网络获取购买建议……正如自动取款机减少了银行柜员、数字交换机取代了话务员，现今的技术则淘汰了销售员。随着我们比以往任何时候都更依赖网站和智能手机来定位并购买生活所需，销售员本身以及销售行为本身，都将被扫进历史的垃圾桶!①

销售员将被扫进历史的垃圾桶?！是真的吗？美国未来学家丹尼尔·平克认为，销售员已死，是人类最大的误解。就像电脑永远取代不了人脑一样，地产销售人员也永远不可能被电子商务所取代。人工智能的发展，可以轻易取代高大上的程序员、设计师、棋牌大师，但却很难取代最低端的搬家工人；比如说往车上装家具，一辆车上要尽可能装得多，可是家具却奇形怪状，有板状，有条状，有柱状，还有许许多多无法形容的形状；有的抗压，有的怕压，有的结实，有的易碎；可以横放、可以竖放、可以靠墙，可以贴地……如此之多的选择，初中没毕业的搬家工人一个人就能做出相当合理的判断，但人工智能却很难。互联网和人工智能可以响应和满足所有需求明确、流程标准的交易，但问题是世界上既没有一模一样的人，也没有一模一样的房子，这就决定了购房者的需求是多种多样的，并且很多时候这种需求并不明确，各种纠结、各种比较、各种选择困难症。互联网带来的信息对称是双刃剑，一方面普通信息的公开弱化了地产销售员的功能，但另一方面，信息大爆炸导致各种真伪信息的纠缠、混淆、错乱，客户的脑子被一些似是而非的错误观念和不好的思维习惯污染得更脏，这一切，都需要销售人员用简洁、清晰而正确的概念和规律，帮助客户把脑子洗干净。在当下，客户对“洗脑”的需求比以往都来得迫切，房地产销售正在面临着迫切的升级和迭代需求。在数字时代，销售员不会被革命，只是要升级！只有不愿拥抱变化、不去升级认知的销售员才会被扫进历史的垃圾桶!

① 【美】丹尼尔·平克. 全新销售（第 1 版）[M]. 杭州：浙江人民出版社，2013：12.

地产销售 4.0 时代

时代的发展倒逼行业的变革，不迎接变革就得被抛弃。2013 年，德国提出“工业 4.0”，代表工业发展四个阶段的最高级，也称为“第四次工业革命”；房地产销售也一样，我们也可以用“地产销售 4.0”来概括房地产销售四个阶段的最高级，也可以称作“第四次地产销售革命”。

1.0 时代：接待员，只需简单介绍、引导、算价、签单就可以了，客户愿者上钩；

2.0 时代：推销员，有销售技巧，能成交，但仅能顺势而为，就事论事，锦上添花；

3.0 时代：置业顾问，具备“三有素质”，即有专业度，有使命感，有职业信仰，能有效应对高难度客户，不但能卖房，还有价格自豪感和价格承载力；

4.0 时代：职业经纪人，以房产经纪作为终生职业，不但具备置业顾问的“三有”素质，而且能主动寻找、开发、积累、维系客户资源。

就以上四个阶段来看，1.0 时代的接待员早已进入过去时了，但在很多售楼处，接待员仍然比比皆是。2.0 时代的推销员就更为常见，尤其在较低级别的三四五线城市，多数销售人员的水平都停留在这个段位。懂一些基本的房地产知识，掌握一些简单的销售技巧，再加上天生的一点小聪明和不错的口才，基本就是一个较为优秀的推销员。在牛市的时候，推销员顺势而为，往往业绩还不错；一遇熊市，往往则束手无策，成交率低，成交价格低。

3.0 时代的置业顾问和 2.0 时代的推销员最大的区别是：他们具有价格自豪感和承载力，通俗来说，同样的房子，能尽量少给折扣，卖出更高的价格；同样的市场，能承受优质项目和优质房源的较高溢价。融创做过统计，在同一项目，销冠比末位的均价要高出 3%。著名营销学者柏唯良先生做过推算，平均来说，一个公司的产品价格哪怕只要上涨 1%，利润就会上涨 11.3%。完全一样的产品，仅仅通过专业的销售能力就能大幅提高行业利润，这是一件多么美好的事情。在地产行业，保持低成本是生产部门的职责，保持高价格是营销部门的职责。作为一个优秀的销售人员，我们的任务是以好价钱把房子卖出去，要努力避免将降价作为赢得竞争的武器。

怎样才能有价格自豪感和承载力？当然是来自于我们所说的“三有素质”：有专业度、有使命感、有职业信仰。

首先是专业度。美国销售大师汤姆·辛德经过很多次的销售调研，提出了一个“客户洞见孵化器”① （图 2），认为如果在采购过程中出现了四类情形中的一种或者多种，客户会愿意付高价，重新定义买卖双方的关系，无视其他的卖家，视销售人员为可信赖的顾问。

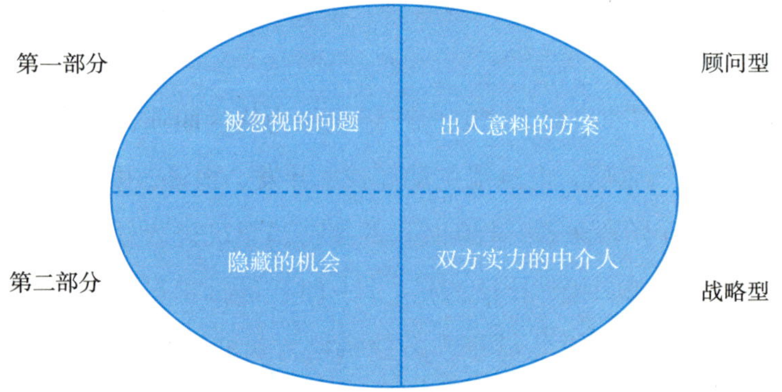

图 2　客户洞见孵化器

从这上面我们可以看出，现代销售的定义已经发生了变化，从重视技巧进化到重视价值。销售人员如何去发现被忽视的问题和隐藏的机会？如何去提供出人意料的解决方案？如何去做双方实力的中介人？时

① 【美】汤姆·辛德. SPIN 销售高价成交（第 1 版）[M]. 北京：中国人民大学出版社，2009：11.

代给销售人员提的要求越来越高。顶尖的置业顾问必须像产品经理那样去思考，对产品的特性、服务、体验、知识和代表的梦想有骨灰级了解，对市场的宏观态势与微观竞争有上帝视角，对客户的故事、角色、生态、画像和旅程有深刻的洞见，帮助客户澄清眼花缭乱的事实、数据和选项，由此赢得客户的信任和尊重。置业顾问由此创造的价值，是客户极为在乎的价值，是客户从其他方式无法获得的，也是永远无法同质化的价值。赢得客户的尊重和信任之后，价格承载力自然就不成问题。反之，如果客户和销售人员打交道就是一次机械的交易，客户从其他渠道也可以获得的，这样就会出现反向竞标，反正都差不多，哪里便宜哪里买，价格承载力也就没有了。

“三有素质”的第二项要素是有使命感。使命感来源于你的“三个承诺”：一、对个人成长的承诺：个人成长犹如逆水行舟，不进则退，把自己看作自己的老板，是个人公司的 CEO，好像拥有这个公司 100% 的股份一样，对公司的业绩增长、客户、销售、成本控制都负有责任。如果你对现状不满意，那么由你来负责改变这种状态，没有其他任何人能够改变。你想挣更多的钱吗？那么走到镜子前去和你的老板协商吧！二、对自己心爱的人许下承诺：要通过自己的努力，让家里每一个人过上更好的生活。三、对自己的公司许下承诺：要做好自己产品的“代言人”。我进入公司，销售这个产品，是因为它点燃了我心中的激情，我为这个产品能为客户带来的好处而激动不已。

光有使命感还不够，顶尖销售还得创建自己坚不可摧的“四位一体”的信仰体系：相信你所代表的公司、相信你所提供的产品和服务、相信你自己、相信客户从你处购买产品可以改善自己的生活。你的信仰体系最终决定你的命运，决定你的业绩。你的客户越喜欢你、你的产品及你的公司，你就会越愿意销售自己的产品，同时也会谈成更多的交易。

具备了“三有素质”，就意味着你具备了价格自豪感。你对公司、产品、自己的置业方案及业务水平的那份强烈的、发自内心的骄傲，还有你对销售职业的热爱，以及你对客户的责任感，这一切都体现在价格中。有了价格自豪感，当然就有了价格承载力。

总之，“三有素质”带来的“价格承载力”是衡量销售人员水准的一个最重要指标。

4.0 时代的职业经纪人和 3.0 时代的置业顾问相比有两个最重要的区别，开拓客户资源与职业化。

4.0 时代的职业经纪人不光要有置业顾问的专业功夫，还得主动开发客户资源。3.0 时代，置业顾问衣着光鲜，等客上门，杀客能力强的销售人员业绩领先；4.0 时代，杀客能力强，并且手上有稳定且源源不断的客户资源的销售人员业绩才能领先。

如前所述，在进入售楼处之前，客户可能已经完成了 80%以上的购买过程；换句话说，如果不主动出击寻找客户，销售人员就可能会丧失 80%以上的销售机会。客户介入的提前必然要求销售人员的介入提前，在客户开始计划、确定需求阶段，销售人员就要从朋友圈、社群、抖音、知乎、问答、小红书等各个入口去寻找销售线索。销售人员本身就要是“微营销专家”，不但会“销”，还要会“营”，营和销的边界正在逐渐溶解。在欧美发达国家，营销部门提供的有效销售线索仅比销售人员自身搜寻到的多 1/3，我相信这个比例在中国地产领域一些优秀的单品和个人身上会实现。

地产 4.0 时代也面临着即将或已经到来的存量时代，在存量时代，销售再也没有高密度广告和专门渠道人员的支持，甚至连售楼处都没有了。4.0 时代的职业经纪人必须自己去开发、维护客户资源，有客户才会有销售。

在我们当下的房地产行业中，销售人员阶段性拓客是常见的，但能在一个长周期内耐心地维系客户、开发客户，并且将之当成一种常态的做法则少之又少，究其原因，就是因为销售人员没有做一个长远的职业生涯规划。一般情况下，卖完一套房子或者最多是卖完一个项目，就把老客户扔在一边，让这个资源的富矿白白流失了。因此，4.0 时代的销售人员和 3.0 时代的置业顾问相比的另一个区别是职业化。

2013 年 1 月，杭州萧山大火；2015 年 1 月 2 日，哈尔滨大火；2015 年 8 月 12 日，天津港大爆炸……每次的大火后面都伴随着无数年轻消防员生命的陨灭，也因此，几乎每次都会掀起消防员是否应该“职业化”的大讨论。现役制消防员由部队征集 18 到 22 岁的新兵，从零开始培训，但部队服役期短，兵员轮换速度太快，导致培训不足，理论素养差，难以积累经验。举例来说，“天津港大爆炸”属于化学品爆炸，是绝对不能喷水的，但是中国到场的多数是普通消防员而非职业的生化消防员，他们不懂这些，因此造成了破坏力更大的二次大爆炸。因此，世界上多数发达国家的消防员都采取“职业制”，消防员由专门消防专业学校四年毕业，考核合格后才能上岗，并且可以终生任职，这样的最大优点是有利于保留经验丰富的专业骨干，可以积累经验，提高效能。

可喜的是，2018 年 10 月 9 日，公安消防部队正式移交给应急管理部，意味着在中国存在了 53 年之久的消防员“现役制”步入了“职业制”。

中国的房地产销售行业也是一样的，绝大多数的售楼处都是“现役制”，都是有了项目之后，新招聘销售人员，重新培训，人员素质良莠不齐。楼盘到尾声之后，销售人员要么跳槽寻找下家，从头再来，要么惨遭淘汰，重新选择职业。这样的弊端是很明显的：一是现役制的工作不稳定，销售人员很难积累系统、专业的知识和经验；二是对市场尤其是三级市场的认识较为肤浅，对房地产的资产属性和变现创利过程雾里看花；三是很难积累客户资源，销售人员对自己的职业规划不够长远，当然不会有意识地积累客户资源，多是一锤子买卖。销售条线之所以成为房地产行业的短板，究其原因，就在于现役制导致的三大弊端。

本次疫情过后，以恒大为代表的头部房企都在重仓“恒房通”之类的全民营销系统，吹响了独立经纪人的集结号。在不远的将来，拥有自己的客户资源，将房产经纪当成终生职业的优秀销售人员将会越来越多，最终会像欧美发达国家一样，4.0 时代的职业经纪人将成为行业的主流；与此同时，1.0/2.0 时代的低端销售则会被时代无情淘汰。

职业化、终身制，地产 4.0 意味着一个销售新时代的到来，新的时代必有新的特征：

（一）4.0 时代是魅力经济时代，人是最大的买点。

4.0 时代的信息大爆炸导致消费者被铺天盖地的广告宣传、似是而非的专家言论所裹挟，人们生活在一个充满怀疑、信任危机空前爆发的时代，而科技发展导致的未来不确定性又加重了这种不安全感和焦虑情绪。人们都在寻找哪些事情是真实的，哪些人是值得信任的。

在这种背景下，我们提出的 4.0 时代的房产销售是以“喜好”和“信任”为核心特质的魅力经济学的产物，强调人是最大的买点，优秀的销售人员通过自身的魅力让产品变得“独一无二”，让产品从红海走向蓝海。正如美国销售大师博恩·崔西所说：

> 通常仅仅由于销售人员个人的性格和能力，客户就能做出是否购买的决定。客户也许不能分辨出各个竞争厂家说的互相矛盾的地方，但是他们却能够对销售人员的性格做出判断并信赖这个判断。①

4.0 时代的销售人员应该与客户建立良好的私人关系，获得客户的喜欢与信任是销售人员的第一要义。

（二）销售人员与客户的关系是有智慧的恋爱关系。

在魅力经济学的方针下，销售人员和客户之间的关系不是服务员和上帝的关系，也不是狼和羊的关系，而是恋爱关系。销售人员利用大数

---

① 【美】博恩·崔西．博恩·崔西销售圣经［M］．北京：化学工业出版社，2013：150.

据、物联网、客户地图等手段更准确地找出最容易对自己项目有好感的人（锁定目标客户），然后在最容易遇到他们的地方（传播渠道）、在他们出没的时间（投放时机）内制造一场精心策划的偶遇，说恰到好处的话（传播/沟通内容），做得当的事（推广活动设计），送合其心意的礼物（产品/服务），并使双方的感情不断升华并持久（客户价值管理）。

销售人员和客户的关系一旦步入了这种良性循环，交易过程就会顺利得多。

（三）4.0 时代的销售模式是高端、透明的阳光销售。

4.0时代的销售拒绝忽悠，而是基于“洞见和新知”创造的信任和价值。4.0时代的销售提倡一种诚实、直接和透明的高端路线，主张一种更好、更长远、更务实的做法。客户对销售人员有了老师一般的信任，价格承载力自然不在话下。销售人员能做到老师般的“桃李满天下”，业绩自然举手可期了。

随着4.0时代房产销售“职业制”的到来，我们终将看到很多同行终生都在从事这个职业，行业也终将绽放出第二春。

职业销售的四种角色

什么是职业化销售？或者说，职业选手和业余选手究竟有何区别？

美国著名的零售专家哈里·J·弗里德曼认为，一个专业的销售人员应该在四种不同的职业——顾问、画家、建筑师和娱乐明星之间切换自如。

顾问很好理解，前文“销售3.0”强调的价格承载力，没有顾问的素养是达不到的。

画家使用画笔和画布创造令人振奋的艺术作品，销售人员用言语创造激情，激发客户对新现实的渴望，用词汇表拼起一幅图画，点燃顾客心中的购买之火。这就要求销售人员对产品和服务有透彻的认识，并且能对顾客做出准确的评估，这样才能清晰地介绍商品以满足顾客的独特需求，才能让你的陈述生动活泼、引人入胜和令人兴奋。

建筑师建造大楼是从打好地基开始的，然后向上建造。销售人员达成销售必须遵从一个符合逻辑的步骤，每一个步骤都有目的和需要达成的目标，这个目标实现了，才有迈向下一步的权利，然后下一步，接着下一步。正如弗里德曼所说：

作为销售大厦的建筑师，你想与顾客发展关系，并且获得你所想要的信息以把逛街者变成购买者。获得这些信息优于向顾客做展示，因为需要构建坚固的销售地基。没有这些，你可能错过关键点，跳过逻辑的顺序，或者是相当于在没有装天花板之前铺地板。①

一个娱乐明星，成百上千次表演相同的节目或唱相同的歌，但每次的演出还是像第一次那样新鲜和令人激动。就像艺人一样，销售人员也应该有“演出”的精神，你即使已经介绍过成百上千次产品，但还要保证你的介绍词如第一次那样充满激情和发自肺腑。你的顾客有权每次都享受明星级别的待遇。

弗里德曼所说的这四种职业对应职业经纪人的四种专业素养：知识的体系化、刻意练习、流程专业化和发挥的稳定性。下面我们一一讲解。

一、知识的体系化

为什么强调知识？房地产行业经过近 30 年的洗礼，已经培养了一

① 【美】哈里·J·弗里德曼，销售洗脑（第 1 版）［M］. 北京：中信出版集团，2016：28.

大批专业购房者。1.0/2.0 时代的销售人员掌握的一些简单的产品知识只能称之为信息，根本满足不了客户的需求。著名的策划人华杉先生总结出企业“价值之轮”模型，将一个企业的价值分为五个层次：产品、服务、体验、知识和梦想。其中，第四个轮是知识，他认为，一个真正牛逼的企业或者项目要为人类创造某一领域的新知识，只有不断地创造新的知识，产品才能符合“三个代表”，始终代表先进的生产力，代表先进的文化，代表客户的根本利益。当你成了行业的首席知识官，实际上也就成了行业的权威发言人。

因此，领袖级的房企一定要创造知识，知识就是最大的市场力量。李佳琦之所以成为“口红一哥”，最重要的原因是他在化妆品方面，比 99%的女人都专业，上万支口红的特色、优势、体验以及用这支口红，应该搭配什么样的妆容，背什么样的包包，他都如数家珍，他给女性客户提供了她们不知道的知识。同样的，一个顶尖的销售也要给客户提供他不知道的新知识，真正成为客户在置业方面的顾问。

专业人士常有完整的成体系的领域知识，而业余人士只掌握了一些零散的知识点。前者因此具有分析问题、解决未知问题的能力，后者只能应用所知的一些知识。

知识怎样才能成体系？其中的关键是思维方法的差异，专业人士用的是演绎法，业余人士用的是归纳法。二者的区别在于归纳法是基于经验，是内容的归纳；演绎法是基于理性，相信万事背后必有道理，然后由规律和原则出发推导思路。业余人士采用归纳法，所以他的知识都是零散的，孤立的，即使前提正确，结论也不一定正确；专业人士采用演绎法，他的知识是用概念和背后的底层规律串起来的，是成体系的，只要前提正确，结论一定正确。

我们可以通过一个“黄金思维圈”（图 1–3）的工具来说明。

图 1-3　黄金思维圈

“黄金思维圈”说的是我们认知世界的方式分三个层面：第一个层面是 What 层面，也就是事情的表象；第二个层面是 How 层面，即实现想要做的事情的方法和措施；第三个层面是 Why 的层面，就是为什么要这样做的目的和原因。普通人思考问题，很多都停留在 What 层面，也即停留在概念的表面，高手则继续深入思考这个概念的核心算法和底层规律。

每个概念的背后都关联着核心算法和底层规律，概念+算法+规律，构成我们所说的“知识组块”。以豪宅概念为例，豪宅之所以为豪宅，就是它的核心算法区别于普通住宅，比方说，停车设计标准就是其中一项算法，豪宅小区都必须预留超大停车位，普通住宅的地下车位标准尺寸一般是 2.3 米×5.2 米，这样的尺寸，如果停进两台如英菲尼迪 QX80、凯迪拉克凯雷德加长版等全尺寸 SUV，双方都无法开车门，因此，顶级豪宅的超大停车位标准一般为 2.6 米×6 米以上。还有比如地段、单元空间面积、房均面积、人均绿地面积、豪宅符号等其他算法，这些算法的背后都有其原因，即底层规律；三者共同构成关于豪宅的“知识组块”。构建了“知识组块”之后，销售人员就能将楼盘的信息与事实作为更大整体的一部分来看待，这些信息通过“内在结构”而相互勾连，不是彼此孤立的；这就像国际象棋大师观察棋局一样，后者从来不把棋子看成相互没有联系的孤立个体，而是看成整盘棋中的一部分。他们因此能看到“一片森林”，而业余销售人员却只看到一棵树。

国际象棋大师需要记忆系统中存储 5-10 万个棋局组块，他们通常需要花无数个小时的时间来分析研究大师下过的棋局，俗称“打谱”。

> 研究表明，用来进行这种分析（打谱，笔者注）所花的时间，而不是与其他对手对弈时所花的时间，是对国际象棋棋手水平高低的唯一最重要的指示符。……这么多年的训练，使得国际象棋棋手只需看一眼，就能辨别出棋子的规律，不仅是它们的位置，而且包括它们之间的相互关系。①

棋手需要打谱，记住棋局组块，才能提升自己的专业水平。房地产也是一样，4.0 时代的职业经纪人提升自己专业水平的途径同样是“打谱”。你必须掌握房地产销售领域的众多概念，并且对每个概念内在的“结构”即算法和规律了如指掌，甚至可以构建“思维模型”来归纳和描摹这些结构。“思维模型”的作用在于，它可以帮助你建立大脑思维的快捷方式。就像畅销书作家格拉德威尔在《决断 2 秒间》中提到的，当面对一个很复杂的问题时，专家往往能够在一眨眼之间就能做出判断和决定，原因就是他们通过模式识别，或者说通过寻找关键特征，来做出快速判断。经常练习“打谱”，高手可以从 What 层面一眼就看到 Why 层面，而顶尖高手则可以直接从 Why 层面直接推导出想要的 What，由里向外看，直指人心，这才是“黄金思维圈”的真正境界和妙用。

对于房地产销售人员来说，“打谱”的捷径就是研究标杆房企和项目提出的新概念。标杆之所以为标杆，就是因为它掌握了行业领域内最核心的算法和规律。值得一提的是，在研究标杆的时候，必须采用“多元化思维”。研究完一个标杆，爬完了一座高峰，还得去对面的高峰看

① 【美】安德斯·艾利克森，等. 刻意练习（第 1 版）［M］. 机械工业出版社，2017：82.

看，从对面的视角，才能真正了解山的真面目，这就是“多元化思维”。用多元化思维去研究标杆，理解了其提出的概念和算法，职业高手就可以构建专业的知识体系。

综上所述，4.0 时代的职业经纪人“打谱”——构建“知识组块”包含三个阶段：第一个阶段，研究标杆，创建清晰的概念；第二个阶段，找出概念背后的算法和规律；第三个阶段，构建思维模型。用思维模型来概括算法，形成快捷方式，改变大脑的神经回路，创建高度专业化的心理表征，能由里向外，直达本质。职业经纪人掌握的“知识组块”越多，每一个小“组块”又能链接到更高层级的大“组块”，最终形成自己庞大的专业知识体系。成体系的知识才是活的知识，是智慧，是能发光的知识，能帮助我们快速识别优劣，去伪存真，能帮助我们分析、决策问题。掌握了知识体系，我们就掌握了一把“刀”，能切中肯綮、游刃有余的刀。

具体如何去“打谱”？这又涉及职业高手的另一个特征：刻意练习。

二、刻意练习

什么是“刻意练习”？“刻意练习”这个概念是美国心理学家安德斯·艾利克森首次提出的，其主要内容有三点：

一、只在“学习区”学习；

二、把要训练的内容分成有针对性的小块，对每一个小块进行重复练习；

三、在整个练习过程中，随时获得有效的反馈。

首先我们讲只在“学习区”学习。心理学把人的知识和技能分为层层嵌套的三个等级：舒适区、学习区和恐慌区（图 1-4）。

最内一层是“舒适区”，是我们已经熟练掌握的各种技能。在“舒适区”我们得心应手，每天处于熟悉的环境中，做在行的事情，和熟悉

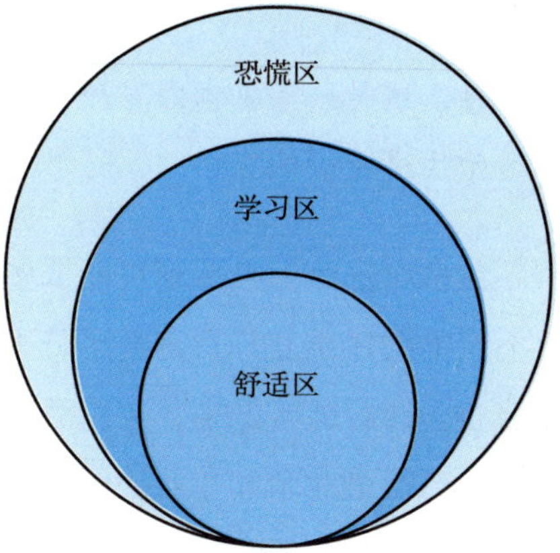

图 1-4 认知世界的三个分区

的人交际，甚至你就是这个领域的专家，对这个区域中的人和事感觉很舒适，但是学到的东西很少，进步缓慢，因为：

> 研究表明，一般而言，一旦某个人的表现达到了“可接受”的水平，并且可以做到自动化，那么，再多“练习”几年，也不会有什么进步。甚至说，在本行业干了 20 年的医生、老师或司机，可能还稍稍比那些只干了 5 年的人差一些，原因在于，如果没有刻意地去提高，这些自动化的能力会缓慢地退化。①

最外一层是“恐慌区”，顾名思义，是指超出自己能力范围太多的事务或知识，心理感觉会严重不适，可能导致崩溃以致放弃学习，比如从事一些危险的极限运动。

二者中间则是“学习区”。“学习区”里面是我们很少接触甚至未曾涉足的领域，充满新颖的事物，在这里可以充分地锻炼自我，挑战自我。“刻意练习”主要发生在“学习区”，它让我们持续不断地尝试那些刚好超出我们能力范围的事物。因此，它需要我们付出近乎最大限度

① 【美】安德斯·艾利克森，等．刻意练习［M］．王正林，译．北京：机械工业出版社，2017：31.

的努力，而这个过程往往并不令人愉快，但是：

> 对于任何类型的练习，这是一条基本的真理：如果你从来不迫使自己走出舒适区，便永远无法进步。[①]

我们以打球为例。业余玩家练习打篮球可能很多动作要练，但是并不会针对自己的某个不规范动作重复几百遍甚至几千遍，因为那样就失去了玩篮球的兴趣和信心。在舒适区做事，叫生活；在学习区做事，才叫练习；而生活与练习，恰恰是业余和专业的区别。通俗地说，刻意练习就是一种死磕，死磕不好玩儿，但它却是业余人士走向专业化、职业化几乎唯一的路径。

对于房地产销售人员来说，从业五年以上基本就会遇到瓶颈，也就是我们常说的“老油条”现象。老油条虽然掌握了大量的信息和熟练的小技巧，但实质都是待在自己的“舒适区”里做低水平的重复，导致工作没有激情，专业难以突破，而且还会缓慢退化。长江后浪推前浪，老售楼员如果始终无法击透自身的临界点，干不过新人，就只能草草退出。每次淡市的到来就是老油条大规模改行的开始，因为淡市信奉的法则是：想象力比经验更重要。

怎样突破自己的瓶颈？答案就是：像职业人士那样“刻意练习”，随时了解自己最需要改进的地方，一旦已经学会了某个东西，就立即转入下一个困难点。

这里，必须要注意的是，刻意练习是要追求挑战，挑战越大，变化越大，但不要太过。大脑和身体一样，对于处在舒适区之外却离得不太远的“甜蜜点”上的挑战，改变最为迅速。因此，我们强调的“刻意练习”是针对自己专业领域内的“甜蜜点”进行练习，比如，房地产销售人员如果逼迫自己走出舒适区，去学习几乎完全未知的工程管理，

① 【美】安德斯·艾利克森，等．刻意练习［M］．王正林，译．北京：机械工业出版社，2017：37.

这其实是走入了自己的恐慌区，根本达不到练习的效果；但是，如果去学习自己销售领域里面的薄弱环节，比如装修设计、线上拓客、大客户销售、车位销售，像一个职业球员一样，刻意选择一些极端不舒服的位置反复练习，做一些不好做的工作，这就是“刻意练习”。

“刻意练习”的第二个方面是要分块练习，就像在音乐中，首先你要把整首曲子过一遍，然后把它分解为很多小块，一块儿一块儿反复练习。在这种训练中一定要慢，只有慢下来才能感知技能的内部结构。

在房地产销售实践中，我们经常需要分块刻意练习的内容无外乎三个方面：客户、市场和销售细节，下面我们一一讲述。

（一）刻意研究客户

市场好的时候，客户都不是问题；项目遇到逆境，客户就成了头等大事。客户是谁？来自哪里？如何找出来？怎么成交？这都需要刻意练习。

客户是谁？来自哪里？这是所有项目首先要弄清楚的一个问题。传统营销中，大家都会绘制客户地图，还会对客户进行常规的“人口统计学”因素比如年龄、职业、区域等的分析。在数字化时代，大数据对客户的画像既可以包括静态的人口学特征，如性别、年龄范围、收入、家庭状况、所属行业等；生活方式特征，如消费状况、购买力、消费地点偏好、美食偏好、教育选择、设备使用偏好等；还包括动态的行为特征，包括线上行为特征、线下行为特征和社交行为特征。线上行为特征包括网站浏览行为特征、邮件使用、搜索行为，如 App 的类型选择和使用特征；线下行为特征包括出行规律、消费商圈级别、差旅习惯、旅行目的地、酒店选择偏好等；社交行为特征包括社交人群，社交习惯（包括线上线下的习惯）等。有了客户画像之后，我们就很清晰地知道要去哪里找到他们，怎样去针对他们销售。

现今，大多数的地产销售人员还觉得大数据画像离自己很遥远。其实，在一些以大数据驱动的销售公司，比如居理新房，早都开始了大数据画像的应用。居理新房的置业顾问在接触到客户之前，系统已经生成了一个完整的大数据画像给到他，他就可以根据这个画像来制定自己专属的销售方案。在不远的将来，基于物联网的电子围栏和 WIFI 探针技术将会普遍应用到线下售楼处，针对客户画像来制定销售策略和推广策略，相信将是业内的通行做法。在大数据画像没有应用之前，一线的营销人员也可以开发一些问卷，刻意去研究每一组客户的静态和动态特征，勾勒出典型客户的特征清单。列清单的时候，留心客户的类型，你可能会发现，你已经错失了成百上千的单子，但从没意识到那些人可能是你合格的客户。一旦列好了客户特点清单，就记住它！每当有人提起任意一条的时候，你的脑子里就会蹦出来一个想法："嘿，这个人很可能是我的准客户，我得多花些精力，争取把他攻下来。"你很快就会发现自己抓住了更多机会，而不是与之擦肩而过。

找到客户之后，如何成交，尤其是一些疑难项目、疑难客户，成交是考验销售人员专业能力的唯一标准。最近大火的电视剧《安家》就提到了一个奇葩客户宫蓓蓓，看房几十套就是定不下来；一个奇葩户型，跑道房，挂了十年都没卖出去。如何破题？4.0 时代的职业经纪人必须像产品经理那样去理解客户。畅销书《人人都是产品经理》的作者苏杰先生提出一个理解客户五步法：故事、角色、生态、画像、旅程。故事，就是什么人，在什么情况下，碰到了什么问题，现在怎么解决？角色，购买决策过程中一共有几个角色？生态，是各个角色之间的关系，当利益不一致的时候，究竟要如何取舍？画像，重点的角色到底是什么样的人，有什么样的特质？旅程，是客户和项目发生互动有一个什么样的过程。通过这个五步法，我们再看《安家》里房似锦的做法，"跑道户型"里的长走廊，原本是个硬伤，但是房似锦把她打造成客户儿子的私人画廊，客户感动到把痛点变成了亮点，这不就是故事、角色和生态的应用吗？把关于客户的五件事情都想清楚了，你就能达到我们前文“客户洞见孵化器”中提到的效果：发现被忽视的问题，发现隐藏的机会，提供出人意料的解决方案。

（二）刻意研究市场

几乎所有的销售人员都会去研究市场，但这里强调的是“刻意研究”。90%以上的销售人员研究市场的唯一手段就是“踩盘”，蜻蜓点水般，了解一下竞品的区位、价格、户型、房源，看看园林、样板间，收集一下物料。这样的市场研究深度显然是不够的，存在的问题主要有两点：一是没有广角镜，只见树木，不见森林；一是缺少放大镜，对竞品了解的深度不够。

1. 市场广角镜

销售是怎么发生的？简言之，就是客户相信你的产品或服务提供的价值大于他所支付的价格，并且相比竞品，这个差值是最大的。反过来说，是什么阻碍了销售的发生？是风险，是客户不相信你的价值大于他所支付的价格，他的购买决定将面临巨大的风险。正如博恩·崔西所说：

> 优秀的销售人员把产品或服务定位于满足客户特定需求或实现客户特定目标的最低风险的产品或服务。你就是一个最低风险提供者，而未必是最低价格。①

“最”是一个最高级的概念，要找出最高级，当然就得对市场进行全景扫描。客户购买的是信任和价值，为什么信任？因为有安全感。人何时最容易没有安全感？我们可以想象一下，人如果处在一个无边无际的沙漠或者森林里，不知道边界在哪里，四周没有熟悉的参照物，不知道自己的坐标在哪里，这样是不是最恐惧？反之，如果能清晰看到全貌，知道边界和自己的位置在哪里，这样是不是就有安全感了？

---

① 【美】博恩·崔西．博恩·崔西销售圣经［M］．北京：化学工业出版社，2013：80.

客户在做购房决策时，一定会找一个“价格锚点”，只有通过与价格锚点的比较，客户才会觉得自己买到了一个划算的房子。很多项目在销售时为什么客户会觉得贵，原因就是价格锚点找得不对或者根本没有锚点。要找到价格锚点，最好用的方法就是跳出项目之外，用广角镜头扫描市场全景，在全景中评估项目的价值。能否拥有全景视角，是专业和业余人士最重要的区别之一。

举个例子：

杭州“旭辉·朗香郡”项目位于杭州临安青山湖科技城片区，主要承接杭州未来科技城的外溢客户，项目操盘团队用“广角镜”扫描市场，得出了以未来科技城为原点，等价线内本案距离最近，等距线内价格最低，最不拥堵的核心价值点（图4），成功地引导客户。

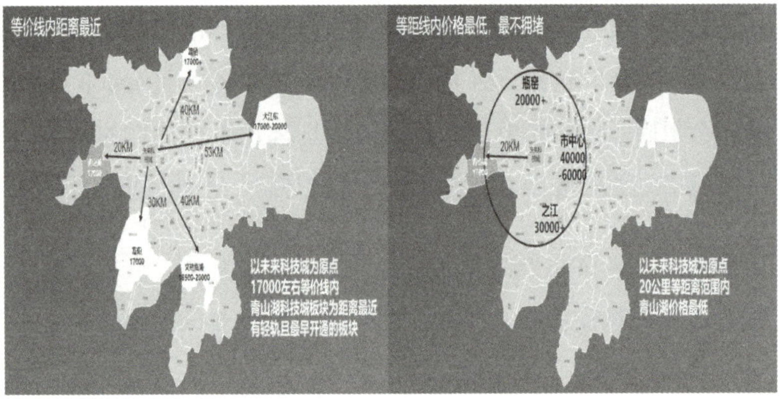

研究全景市场，最常见的工具主要有：城市房价整体格局图、城市资源分布图、轨交沿线房价地图、土地拍卖楼面价一览图等等，其目的无一例外都是帮助客户找到价格锚点。

房价整体格局图，说的是这个城市房价总体的分布格局，比如一环内 5 万，二环内 3 万，三环左右 2 万，房价总体格局呈现“5-3-2”，先给客户一个清晰的锚定，然后告诉他，我们位于二环内，但房价不到 3 万，具有较大的升值空间。

城市资源分布图是城市地图的一种，比如万科根据商业、教育、医疗等城市资源分布的密度和等级将城市板块分为四类：强势区、成熟区、安全区、匮乏区，地段价值也依次递减。销售实践中，如果能绘制这样的“城市资源地图”，再匹配上房价分布，就是一个有力的价格锚点，极为简单明了地揭示出“一分钱一分货”的道理，“价格洼地”也水落石出。

轨交沿线房价地图，绘制出了各个地铁站点区域的平台价格，如果你的项目位于地铁沿线，销售人员就可以在图上寻找多个“锚点”进行反复比较，从而确定自己的有利占位。尤其是项目位于地铁沿线的价格洼地，或者是位于有地铁规划的陌生区域，轨交沿线房价地图都能成为销售过程中的杀敌利器。

城市土地拍卖楼面价也是一个重要的价格锚点，通过土地价格基本就可以推算出未来的房价，让客户能够清晰得看出房价的走势和升值空间。

除了城市资源外，供求关系也是决定房价的一个最重要因素之一。供求关系是现代经济学一个最重要的概念，一个房地产销售人员，如果不了解供求对比，一定是不合格的。比如郑州“华侨城”项目整理的说辞（图 5）：

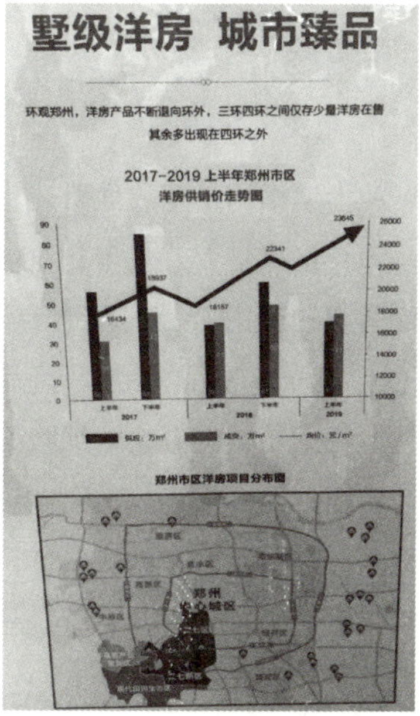

郑州全市一共 25 个项目有洋房供应，三环四环之间仅有 3 个项目有洋房在售，其余全在四环之外。我们再看 2017—2019 上半年郑州市区洋房供销价走势图，2017 年全年洋房供应 14 万方，成交 7.8 万方；到 2018 年变成供应 10 万方，成交 9.1 万方；再到 2019 年上半年，供应 4.3 万方，成交 4.7 万方；洋房逐渐供不应求，越加稀缺，单价也从 2017 年上半年的 16434 元上涨到 2019 年的 23645 元。

上述案例，只需对市场整体供求

关系稍有了解，就能四两拨千斤。在实践中，除了了解全景供应，还得了解全景需求，也即人口与住宅的对比关系。如果一个片区的第三产业基础雄厚，住房需求大，但区域放量不大的话，则房子的升值潜力大；相反，常住人口很少，但住宅的放量很大，供远大于求，则该区域的地段价值有限。在大城市，判断人口与住宅的供求关系，有一个很好用的工具“百度地图——城市热力图”。在手机上下载百度地图 App，打开热力图，人群密度从高到低依次是红色-土黄色-黄色-绿色-蓝色。一般来说，人群越密的地方，房价越高。

除了了解新房市场外，二手房市场也需要时刻关注，因为成熟市场上的成熟买家会同时对比新房和二手房。4.0 时代的职业经纪人要经常刻意地去收集二手房成交数据，了解各个片区、各个项目在三级市场的表现。

总之，一个优秀的职业经纪人首先是优秀的市场专家，他们凭借广阔的市场视野和全面的市场研究功夫帮助客户澄清事实，扫清迷雾，解开纠结，这种广角镜头是任何一个普通购房者都不具备的，也是他们能成为客户的顾问和老师的价值所在。因此，研究市场全景比单纯研究竞品重要得多。

2. 市场放大镜

放大镜指的是细致地研究微观市场，能看到不为人知或者众人忽略的细节，这也是专业人士和业余人士的区别之一。

所有的销售人员都知道要调研竞品，但一般都流于表面，去趟卖场，了解一下竞品的品质、产品及价格结构、销售策略等等，细心一些的置业顾问还会想办法跟那些购买了竞品的客户交谈，了解竞争对手如何评论自己的楼盘等等；但仅有这些是不够的。你需要比客户更了解竞争对手，你需要掌握的是和你竞争客户钱袋子的“产品”和“人”的一切信息。一般说来，对于竞品要做到“七大监控”：栋列表监控、媒体监控、推售监控、售价监控、工程进度监控、舆情监控、团队监控。

（1）栋列表监控

栋列表（或销控表）是各地房产局官方网站公布的备案数据，虽然可能有所滞后，但绝对是最准确、最权威的数据。栋列表监控是最重要也最科学的监控，通过这个监控可以了解到竞品各条产品线、各个户型的销售量和配比，栋列表是区域市场的脉搏。营销人员每个月、每周定期监控栋列表，就可以反映出竞品的月总销售量、各户型的销售量、各栋楼的销售量。

栋列表监控需要达到的深度：

序号	监控事项	备注
1	总套数、总销售套数、销售占比	判断楼盘的销售阶段、周期销售量
2	总栋数、总销许栋数、推售栋数	判断楼盘的推售节奏
3	分栋总套数、销售套数、销售比	针对楼栋分析畅销滞销原因
4	畅销栋、滞销栋	
5	畅销户型、滞销户型	针对户型分析滞销畅销原因
6	库存量、库存各户型数量	分析与本案的竞争关系

表 1　栋列表监控事项

（2）媒体监控

竞品的媒体发布监控不难，只要养成习惯，每天半小时即可。监控重点主要在竞品项目的媒体投放种类及篇幅、营销节点、促销政策、投放密度、广告诉求点等。

（3）推售监控

推售监控较为容易，通过栋列表和现场售楼处调研的比对即可准确锁定竞品推售楼栋。推售监控虽然简单，但较为关键。在一个完全竞争的成熟片区市场，本案推售应尽量和竞品项目错开，避免短兵相接。复合型楼盘可以通过产品线之间的切换实现错位竞争。

（4）售价监控

售价监控是刻意练习的最好代表，需要下笨功夫。如果你的监控只是打一下竞品售楼处的销售电话、然后去现场简单询价，那分分钟就可能被带到沟里去了。到位的售价监控需要三种方式并用：

①电话和现场咨询：知道均价、起价、最高价等信息；

②内幕信息：咨询熟悉竞品楼盘内幕的朋友甚至是商业间谍；

③神秘客户们：神秘客户们来之前已经做了扎实的功课，知道竞品楼盘现在正在推售哪几栋楼，哪几个户型，大致的价格和促销措施、优惠政策是什么。这几个神秘客户有分工，每人就盯准一个户型区间以及特定的楼栋来算价，这样能客观地知道楼盘价格的全貌，而不是上面的“盲人摸象”。

（5）工程进度监控

工程进度监控也较为容易，但对持销阶段的说辞较为关键。

工程进度监控也应当成销售部的一项日常工作，定期去监控竞品项目的工程进度，尤其是本项目在“工程进度”这一项存在优势或劣势的情况下尤其需要去监控竞品。

（6）舆情监控

所谓“舆情监控”是指监控舆论对竞品项目的评论与看法，无论是正面还是负面评价；舆情监控能对项目的销售说辞提供强有力的支持。舆情监控也应该成为销售部门的一项日常工作，包括对本案项目与竞品都应该定期监控。监控重点主要包括：搜房、新浪、焦点等三大主流网站的业主论坛、本地较热的购房论坛、百度搜索竞品项目关键词、百度贴吧、项目的业主群等。

（7）团队监控

团队监控是指对竞品项目的开发商、建设商、装修商等团队的背景、实力进行系统监控，对后期的说辞形成有力支持。

知己知彼，百战不殆，除了竞品，还得刻意研究自己项目。事实上，在这个环节，很多销售人员所做的功课都是不够的，比如，熟读价格表。一次推出的房源较多，销售员不可能记住每套房子的准确价格，但掌握项目定价的原则、价格分布体系以及较精确的价格区间是非常必要的，因为这能让你在客户满意的价格范围内推荐产品，假如某产品不合适或者脱销，你推荐其他产品变得更容易。假如你大致知道价格而不必去查对的时候，你就保持住了交流的状态，让你看起来像客户期待的那样专业，增加客户对你的信心。

还有熟悉产品知识。专业销售员了解产品的知识足够多，才能自信地回答客户的问题。客户期待你是一个权威人士，当你证明你是他们所期待的专家时，他们会很欣慰。

（三）刻意研究销售细节

走出自己的舒适区，刻意研究一些自己做不好的销售细节。

销售实践中，技术细节非常多，比如如何撰写销售陈述脚本？怎样三句话就把客户抓住？怎样维系老客户，得到更多的推荐？如何做好直播？知乎、抖音、今日头条这些信息流媒体如何拓客最有效？怎样去收集最有价值的话单资源？怎么去拓展大客户？

上述的每一件事对你来说可能都是一堵墙，是你以前不敢去触碰的领域，但要成为卓越，你必须拆掉你心中的墙，从舒适区走到学习区，刻意练习。

上面论述了“刻意练习”的第二个要领：分块练习。“刻意练习”的第三个要领是：即时反馈。光有反馈还不行，反馈还得有“即时性”，要让实践者立即得到反馈意见。对于“刻意练习”来说，最理想的关系是“学徒制”，师父带着徒弟参与一个实际的项目，徒弟在试错中提高。

对于房地产销售来说，成功是成功之母，要想快速提高，你需要拜一位成功者为师，多问、多看、多思、勤复盘。这个师父在你的薄弱领域做得很成功，他可以是你的领导，也可以是同事里面的销售冠军，也可以是别的行业里面的销售高手。你需要向他请教成功的经验，你执行的过程中，他可以监测你的进步，指出存在的问题，并且提供解决这些问题的方法。随着时间的推移，你可以自我监测，自己发现错误，并做出相应调整，这时你就可以再找一个新的导师，开始挑战一个新的领域了。

最后，得强调一点，死磕并不能保证成功，但是能够提高成功的概率。淡市营销，遇到的最多反馈是，这个动作我们也做了，但没有效果。其实，在淡市，没有任何一服妙手回春、立竿见影的良药，我们去陌生的区域派单，把到访率从 1%提高到了 1.25%，这意味着 98.75%的时候我们拓展派单都是无效的，但从另一个角度看，是不是也意味着客户的到访率提高了 25%呢？

三、专业流程和规范

专业意味着遵守科学的流程和行业规范。

房地产销售的精髓在于，如何给客户提供真诚的、经过“精心设计”以期符合客户需求的服务。既然是精心设计，房地产销售当然是有科学流程的。本书第七章介绍的“十步成交法”中，十个步骤，每个都有自己的“里程碑”，你要做什么？为什么要这样做？你想达成什么目的？每一步你都需要有清晰的答案，并且，通常每一步的顺序都是确定的。

除了顺序之外，房地产销售也是有行业规范的。每一步骤的销售陈述都得有规范的脚本，脚本为什么要这么写？讲故事有哪些模式和套路？什么情况下用什么话术？在客户背景探询的时候必须要问到哪些问题？这里都有模型和算法。

总之，专业素养的一个重要体现就在于，专业人士愿意花功夫寻找更好的答案，业余人士则总在自己的“舒适区”里交差了事。

四、稳定发挥

还是拿打球来说，职业选手和业余选手的区别不在于后者打不出好球，而是后者打出好球后，往往伴随着一两个坏球，而职业选手的发挥更加稳定；职业选手能很好地控制自己的情绪，不会因为一个坏球，而影响后边的发挥。

职业的房产经纪人和业余的区别也是一样的。同一个售楼处，刚入行半年的新兵蛋子往往也可以拿月度销冠，业绩超过老人，但不同的是，新兵蛋子遇到逆市，一筹莫展、颗粒无收的时候，职业销售人员的业绩仍然是稳定可期的。无论是牛市还是熊市，无论是有利位置还是不利位置，他们都能保持一个稳定的业绩。职业销售的生涯规划是长期的甚至是终生的，他们经历过行业的小周期、大周期的起落涨跌，但始终以一种积极姿态去迎接市场。对于一个真正的销售高手来说，市场形势其实并没有那么重要，在经济低迷期，依然可以做好销售，因为事实是：

我相信经济形势很糟，但我相信有些店家的跟进工作更糟。过去一年里，我从没接到一个销售人员或店主的联络电话——我刚去买车的车行、买房子的房地产公司、买衣服的服装店、以前经常去但最近半年没去的餐馆。可是我已经买了车子、房子、衣服，去了餐馆吃饭。我敢保证，这一大群老板和销售员不会有任何负疚感，而糟糕的经济形势不过是糟糕的跟进工作的借口。①

职业销售人员从来就不是一个趴着不动的枪手，而是一个优秀的猎人和农夫。当普通销售人员除了等待客户的“临幸”就无事可干的时候，职业销售却早已带着“猎犬”去寻找“猎物”的踪迹，回来之后还得做一个尽职的农夫，细心呵护着手里的老客户资源。即使遇到“大熊市”，上门量极其惨淡，仍然还有很多工作可做，市场依然有潜力可以挖掘。淡市的魅力只有抱着积极人生态度的职业销售才能触摸得到。

---

① 【美】汤姆·霍普金斯．没人买时如何卖（第 1 版）［M］．北京：中信出版社，2012：94.

专业人士的稳定性还在于，在任何情况下都为工作本身着想，始终保持冷静、谦卑和完全胜任工作的状态。没人想从一个在情绪、体能方面大起大落的家伙那里买东西，不管你是春风得意，还是倒霉到极点，没有客户会关心这些。客户只是凭自己的直觉，每次都能感觉到微妙的东西，他们如果对你、你的楼盘或公司有糟糕的第六感，你就会失掉这桩生意。

专业销售人员的目标是展现出积极、自信、镇定的风采，让你的客户相信，此刻他们做出购买决定是明智之举。如果你满心想的都是孩子老师刚才打过来的电话，或者是还没完成的销售额，甚至为今天上班时在地铁上被一个大妈数落几句而烦心，那么你永远得不到这个结果。

总之，具备上述四种职业素养，能在四种角色中游刃有余，4. 0 时代的高水平的职业经纪人就呼之欲出了。

职业销售三达德

孔子曰：“智、仁、勇三者，天下之达德也。”（《中庸》）孔子在这里指出，智、仁、勇三种品格是一个人在任何领域都通用的美德。“智”是指对事物具备深刻的解读能力，即洞察力。“仁”是指同理心，也可以说成是发自内心的仁慈；“勇”是指勇气，也就是要把某件事干到底的挑战精神，还包括由此衍生出的决断力。孔子提出的“三达德”后来也被孙中山先生应用到军人培训上，他在《军人精神教育》中指出：“智、仁、勇三者即军人精神三要素。能发扬此三种精神，始可以救民，始可以救国。……（军人精神）第一之要素为智，能别是非，明利害，识时势，知彼己，然后左右逢源，无不如志。”

房地产销售领域也一样，要成为一个职业的经纪人，也必须具备这三种品德。

首先说智。智者上知下日，日是恒星，是自己会发光的，“智”指的就是会发光的知识。4.0 时代的职业经纪人掌握的知识不是死的，而是活的，是带有算法的知识，是一种思维方法和逻辑框架。“智”是在大量“知识组块”积淀的基础上形成的更宏观和抽象的认知，在深层次上掌握普遍规律，这些规律上可以用来分析问题、解决问题，照亮幽暗，下可以用来改变自己的行动。“智”是脚前的灯，路上的光。

仁，一方面指同理心。专业的销售人员必须有同理心，同理心的定义是：理解他人的情绪和感受。一个优秀的销售人员是有大爱的人，你应该懂得用客户的眼睛看问题，然后帮助他们用这双眼睛去看你的解决方案。你应该首先关注客户的“买点”，用买主的角度去销售房产。仁的另一层含义指的是仁爱，一切的知识和技巧如果不放在仁爱的基础上，都会变成无源之水无本之木。4.0 时代的职业经纪人必须坚守道德准则，你希望别人怎样对你，你就怎样对待别人。

勇则是勇气和决断，“刻意练习”是不好玩的，本身就需要勇气，走出自己的舒适区，无论如何都是不舒服的，但唯有勇者才能摘到百丈枝头的硕果。

智、仁、勇三达德作为本书的灵魂和主线，贯穿在始终。我们围绕这三个字，展开对 4.0 时代职业经纪人最完美品德的描述。我相信不久的将来，中国也会有满头银发、姿态优雅、知识丰富的职业经纪人，他们也会像日剧《卖房子的女人》中的三轩家房产中介一样，什么房子都能卖得出去，他们卖出去的不是房子，而是客户的整个人生。

第 2 讲　房产的使命与房价的奥秘

【概　　念】资产　房价　升值三要素　预期价值　周期　成本　机会成本　单价陷阱

【思维模型】商业企业财务模型　城市生态　复利系统　房价 K 线图　物业服务金字塔

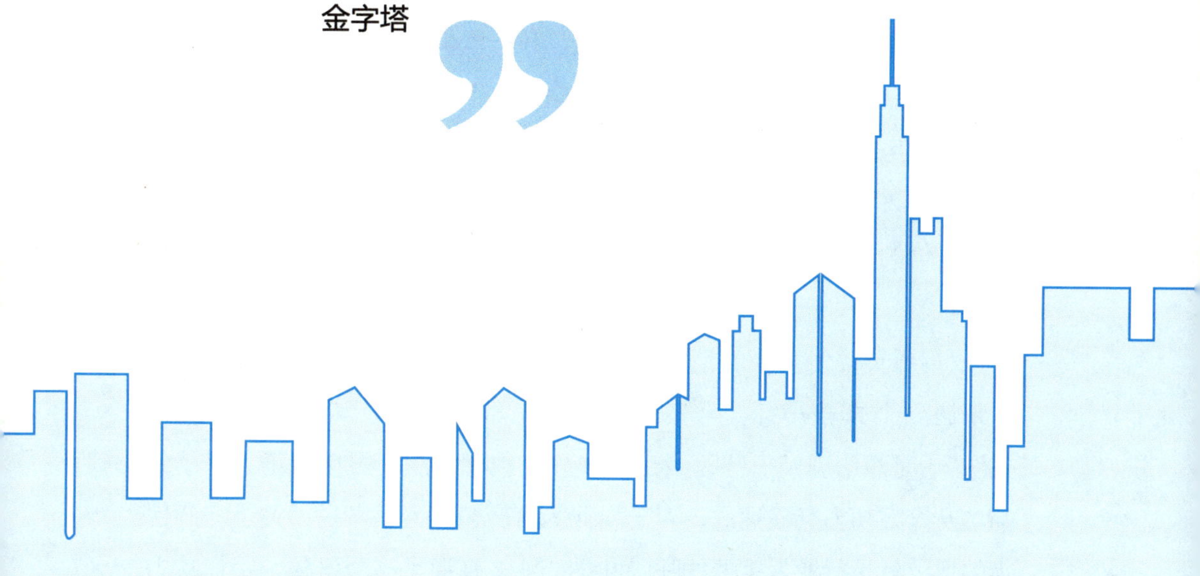

上一讲我们总述了 4. 0 时代的职业销售所需要的四种专业素养，接下来的三讲我们开始了解第一种素养——知识体系化的修炼，我们将用大量的篇幅对房地产销售的三大基础知识——房产、规划和户型进行分块学习。当然，“刻意练习”的素养将贯穿于学习过程的始终。每一个“知识模块”中，我们都需要习得“概念+算法+规律”，即“What+How+Why”三个层面。有时我们也会总结出“思维模型”来概括这三个层面的认知。对于一个专业销售人员来说，房产、规划和户型这三大块基础知识的地位是有所区别的，前者属于“呼吸吐纳”的法门，后二者则属于“蹲马步”的基本功。

卖房子不难，难的是卖出好价钱。政府提供的经济适用房只需要几个大妈就能顺利卖出去，不需要专业销售。很多销售人员从业多年，始终过不了房价这一关，一遇到高价就发怵。究其原因，就是因为他们提供了价值 200 万元的产品，却只解决了客户 100 万元的问题。他们对房产和房价的认识还停留在“盲人摸象”的阶段，不知道自己卖的是什么。

《射雕英雄传》中郭靖跟着江南七怪习武十余年，始终进益不多。后来遇到全真教马钰，马钰感叹“这是教而不明其法，学而不得其道”，于是教给郭靖一些呼吸运气、静坐敛虑之法。习得半年，郭靖便豁然开窍，功力突飞猛进。对于专业的房产销售人员来说，关于房产使命的奥秘就是行业最重要的呼吸吐纳心法，打通了这个奥秘，销售功力才能突飞猛进；反之，就是典型的学而不得其道。

资产属性是房产的第一性

破解房产奥秘的第一步，即明确一个重要概念：资产属性是房产的第一性。

众所周知，房子具有双重属性：居住属性和资产属性。要获得房子的居住功能很容易，租房就可以。在今天的中国社会，房价为什么会演变成为一个“政治问题”，无数买不起房的人抱怨房价太高，很明显，他们并不是计较是否“居者有其屋”，而是希望获得普通人一生中最大的一项资产——房屋的产权。所有买房人更看重的不是拥有居住权利的“房子”，而是可以被划入个人资产项目的“房产”。

因此，房子的双重属性里，“资产”是第一性。2015—2017 年的不到两年时间，中国很多城市的房价都翻了一番以上。眼下很多中国人买房的最重要目的就是购置一处优质资产，用以抵抗通胀，保值增值。换句话说，买房的最重要目的是投资。

既然资产属性是第一性，我们运用黄金思维圈的方法再深入探寻：资产的本质又是什么呢？现代会计学认为：

> 资产的本质是一种创利能力，[①] 是一种能为未来带来经济利益，能在将来直接或间接产生净流入现金的资源。

房产作为一种资产，它的本质也是一种创利能力；换句话说，房产的使命就是创利，购买房产的核心价值在于未来必须能够售出变现，并且售价扣除成本和货币贬值因素，能产生正向现金流。

用资产视角来看待房产的创利能力，我们可以进一步具象化。商业

① 唐国平．资产的本质：一种创利能力——基于经济环境的理论分析［J］．中南财经政法大学学报，2002（2）：113-118.

企业的使命也是创利，我们可以把房子当作一家企业，根据商业企业的财务模型（表 2-1）来分析房产。

表 2-1 商业企业的财务模型

收入	公司的销售总额是多少
销售成本	获得这些收入，公司付出的成本是多少
毛利	卖出产品，公司从中赚了多少钱
运营费用	维持公司运营的成本是多少
利润	公司收进口袋的钱有多少

我们假设，买房的客户就是公司的老板，他开了这间“房产”公司，通过房产的低进高出获利。对照上面的财务模型我们就可以看到，客户购进的房价仅仅是“销售成本”，老板要获利，将来的收入（卖房价格）、运营费用都很重要；并且，更重要的是，房子要能卖得出去，才能实现“收入”的惊险一跃，也就是说，房产要创利，流动性应该排在第一位。

下面，我们根据以上思维模型来逐个分析一套房子创利的三要素，也就是关于房价的三大奥秘——流通性、收入、成本。

一、流通性——关键的一跃

收入-成本=利润，但其中的关键一跃是房子要卖得出去，也就是流通性的问题。有一个观点说得很有道理：

> 购房要有流动性思维，买房就是要买流动性：5 年以上置换新品质房，非主流置换主流，主流置换真豪宅，三四线置换一二线，可租可售可变现。此窗口机遇会越来越重要，要么真成不动产了。①

但很多人意识不到这一点，花很多的心思在关注“赚收益”而不是“赚流动性”上。资深投资人欧成效先生就指出，起价太高的

① 引自地产人李志强的“老李地产新语境”，特此致谢。

“CEO 盘”往往接盘者寥寥，因为土豪都有“处房情结”，所以土豪买的房子流动性低，变现能力差。2015—2017 年的这波大牛市，很多炒房客都赚得盘满钵满，但上海浦东星河湾的很多业主却叫苦连天，抱怨“房价长期不涨，业主换房能力不断缩水”，道理就在于此。

还有我们常见的别墅。别墅一般只适合富裕人群自住，不适合投资。别墅的涨幅常年都低于房价的平均涨幅，并且要么位于郊区，很难享受地段溢价，要么城市别墅的价格太高，很难脱手。

二、毛利——卖比买重要

毛利就是一套房子将来大致的升值空间，也就是卖价—买价，刨去通货膨胀，数字是正的。我们考察市场会发现，有些房子大幅升值，有些房子居然跑不赢通胀，不涨反跌；同样是升值，有些房子 10 年翻了 10 倍，有些才 2~3 倍。为什么会这样？

要想搞懂房产升值的奥秘，首先看看房价的构成。关于房价的构成，我们可以从竖向和横向两个维度进行解剖。对于房价的竖向解剖，欧成效先生提出一个公式：

> 房价 = 大盘指数 + 板块指数 + 小区指数，而它们的比重，几乎可以看作房价 = 大盘 70% + 板块 20% + 小区 10%。①

这里的 70%、20%、10%的比例只是大致模拟，根据城市级别的不同，具体比例会有变化；一般来说，城市级别越低，大盘和板块指数占的比例越低，小区指数越高。

大盘、板块、小区指数首先指的是这三级地段的基本价值。

所谓小区指数，指的是小区的品质、设施配套、物业服务、居住人群、品牌形象对房价的影响。小区指数属于房价上涨的后天因素，也是

① 欧成效．中产阶级如何保护自己的财富［M］．北京：中国友谊出版公司，2017：39.

衡量一个开发商水平的重要指标。万科提出的“三好住宅”——好房子、好服务、好邻居，说的就是小区指数。值得注意的是，品质的最大问题是无法对抗岁月。因此，小区指数只占房价的 10%，也就是说，“三好住宅”的溢价只能是 10%左右。三四线小城市，小区指数可能会达到 20%~30%；如果超出太多，房价就是不值了。这就是为什么星河湾等品牌开发商的品质豪宅升值幅度往往跑不赢城市大盘的原因，因为项目的溢价幅度已经透支了大盘和板块指数的升值空间。

房价的板块指数指的是房产享有的区域公共资源价值，主要有学校、公共交通、商圈等。学区房，一定是重点学校，是集合全市乃至全省的教育资源堆砌出来的。私立学校 12 万元一年，公立学校 2000 元一年，多出来的钱就是学区房所“多占”的公共资源，自然享受溢价。公共交通，修了地铁，房价就暴涨了，地铁是整个城市甚至全国所有纳税人出钱修的，你的房产“多占”了全部人的共同纳税，自然额外增值。商圈、医院等也有溢价。

房价的大盘指数则指的是城市的大盘价值，同样是房子，上海最贵的每平方米要三四十万元，北京五环外的回龙观经济适用房都要卖 4 万元/平方米，沈阳最好的城市别墅单价不过 3 万元，贵阳 1.5 万元/平方米可以买到顶级豪宅，银川单价 6000 元已经是高端社区，这就是城市大盘指数的不同。集全国、全省所有人民之力投资一个城市，但只有少部分人受益，这部分人的身价自然跟着增值。

大盘、板块和小区指数，不光指的是三级地段的基本价值，还包括泡沫。要完整理解，还得看房价构成的横向解剖，即房价 = 基本价值 + 预期价值，基本价值指的是三级地段价值，即地段占有的城市资源价值；预期价值则是泡沫价值。

同一套房产，同一个地段，在外部条件没有任何改变的情况下，突然暴涨一倍有余，那就是人们的预期变了。当大家认为房价会涨的时候，房价就真的会涨，这部分溢价和基本价值无关，属于泡沫价值。

综上所述，房价是由它的内在价值决定的，而内在价值又可以分为两部分：基本价值和预期价值。下面我们分别论述这两部分价值。

（一）基本价值

我们前文说过，房产本身是贬值的，升值是因为地段升值，正如李雪凇先生所说：

> 房会折旧，（除了业主方找对设计师将该房做成了历史学界认可的人文地标，或者某个业主恰好是位历史名人，该房成为历史文化遗产等特殊情况），按常理来说是一定会贬值的。地呢？真正的价值不在你自己拥有的那块地上！而在那块地周边那些地上：长满了人们都想去的街道和设施——我们把它叫“城市的价值”，而城市的价值一直在生长。属于你自己的那块地，它唯一的作用只在于托举住上面的房屋。①

因此，房地产的基本价值指的就是地段价值。

地段为什么会升值？1896 年，李鸿章访问美国时答记者问，提出了他的经典论断：

> 只有将货币、劳动力和土地都有机地结合起来，才会产生财富。

地段升值的奥秘在于货币、劳动力和土地三者的有机结合，可以产生一连串的“复利效应”，使土地不断升值，产生财富。货币、劳动力、土地，可以称之为“城市发展三要素”，三要素之间有机结合、互相加强、生生不息的机制，现代科学称之为“生态系统”。也就是说，地产升值的奥秘就在于“城市生态复利系统”的形成。

要搞清“城市生态复利系统”这个概念，我们首先要了解什么是“复利效应”？

---

① 引自李雪凇的《豪宅 6 论》。

复利被爱因斯坦称为世界第八大奇迹。所谓“复利”，通俗说就是利滚利。复利效应，如图 2-1 所示，就是做事情 A，会导致 B，而结果 B 又会加强 A，不断循环。

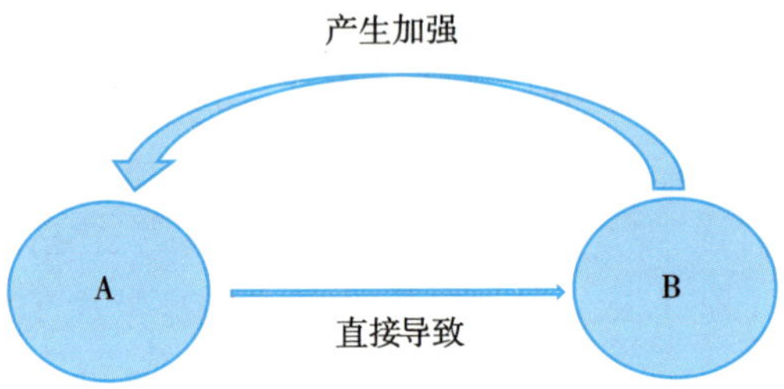

图 2-1　复利效应

政府投入货币对土地进行城市开发（A），政府投入的每一分钱都是土地升值的源泉；城市开发完成，生活配套好了，人居价值高了，就会直接导致人群的聚集效应（B），人群的聚集产生税源，政府有钱了，又会投入更多的货币进行城市开发（A）。A 导致 B，B 又加强 A，这样不断循环，就是“复利效应”。

“复利效应”用公式表示就是 $F=P(1+i)^n$，F 代表未来值，P 代表现值，i 代表利率，n 代表计息期数。所谓利率，就是做 A 导致 B 后，B 对 A 能有多大的强化作用；n 就是这种强化作用的执行次数。对于城市土地来说，P 就是政府投入的货币本金，i 就是人口导入的数量和质量，n 就是政府投入后续开发进而引发人口导入的次数，P、i、n 分别代表货币、劳动力和土地，三者共同构成一个复利系统，其数值的大小直接决定了土地未来升值的大小。

从这个公式我们就很容易理解，为什么房价升值最快的是北、上、深、杭等一线发达城市，因为其政府（包括中央和地方政府）投入的货币本金（P）大，导入人口的数量和质量（i）也大，城市投入后续开发的力度（n）也大，P、i、n 三者都大，土地升值潜力自然就大。

那怎样才能做到 P、i、n 三者都大呢？

答案：城市生态力，也就是 P、i、n 这城市三要素的内部各自又产生自己的复利效应，形成生生不息、良性循环的超强生态能力，而这三者之中最重要的就是人口生态力。

孔子在谈到如何构建“人口生态力”时有一个著名论断：

子适卫，冉有仆。子曰：“庶矣哉！”冉有曰：“既庶矣，又何加焉？”曰：“富之。”曰：“既富矣，又何加焉？”曰：“教之。”①

构建“人口生态力”，首先要有人口净流入（庶矣）；然后还必须“富之”，让迁入人口富起来，而不是让富人迁过来，这就要求必须有大的产业导入，并且必须是以财富集中度高的高新技术产业以及为之配套服务的第三产业为主；最后，人口导入了，还必须让他们稳定下来。稳定的最好办法就是教育，主要是中小学学历教育，一个家庭只有孩子能在这个城市接受教育，才是真正安定、富裕的标志。地产研究者刘晓博提出的“小学生理论”② 的科学性就在此。

有人口流入（庶矣），政府才有可能导入产业（富之），导入产业又能直接导致更多的人口导入；产业有了高端教育资源的支持就能升级为高知产业（包括高新技术和为之配套的金融等第三产业），大量高知人口的导入又能加强学校的引入（教之），大学、高端科研机构以及中小学校都愿意落户在高知云集的区域；学校又能加强流入人口的素质和稳定性，高素质的人口又能促进更多的高知产业导入。庶矣、富之、教之，三者形成生生不息、互相加强的机制，引起大量高素质、高收入的稳定人口流入，就是“人口生态力”。

除了人口生态力，还有“城建生态力”，政府投入货币进行城市开发建设，主要集中在三个方面——便利配套、自然景观和人文场馆，便

① 引自《论语·子路篇》。

② “小学生理论”认为小学生数量增长最迅速的城市，往往是房价最坚挺的城市。因为小学生是衡量一个区域人口富裕和稳定程度的重要指标之一，底层外来务工人员的子女是不会在务工城市上小学的。

利配套又包括立体交通、大型商业和步行生活圈。立体交通指的是包括航空、高铁、地铁、高速公路、城市快速路在内的五维快速交通体系。步行生活圈则指的是步行 15 分钟范围内能到达的便利生活配套如社区商业等。一个城市或区域，有了立体交通对人口的导入，才能引来购物中心等大型商业，有了大型商业对区域人气的拉动，小型社区商业才能持续经营。有了城市便利配套，才能引起人群的聚集，人群的聚集才会让自然景观和人文场馆显得稀缺，稀缺意味着价值。内部的各因素之间存在互相加强的机制，这就是“城建生态力”。

有了人群的聚集，政府就有了税源，税源越多，就能引来更多的上层政策支持，直接导致更多的官方和民间的建设资金，建设资金导致更多的产业导入，又产生更多的人群聚集，这就是“货币生态力”。

人口、土地、货币三要素内部生态系统都形成自身的“复利效应”，三要素组成的生态系统合起来又产生大的“复利效应”，这就是“城市生态复利系统”（图 2-2），也就是城市的超级生态能力。

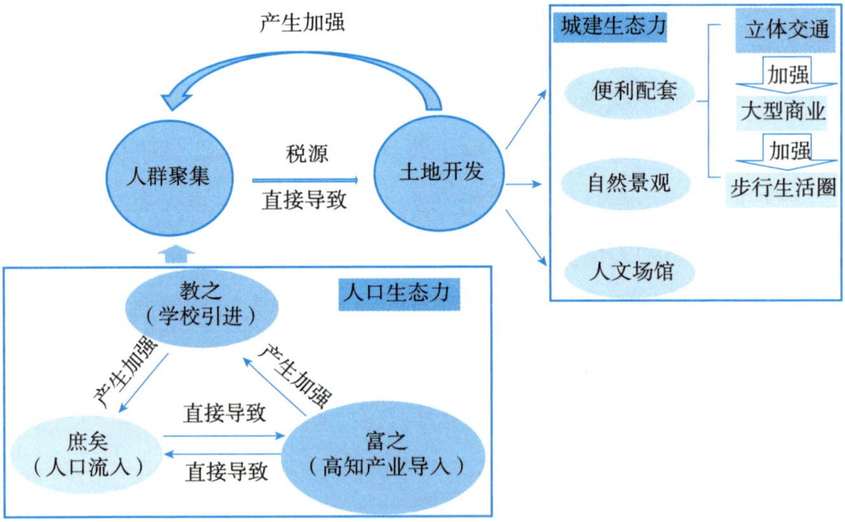

图 2-2　城市生态复利系统

“城市生态复利系统”中三个最重要的变量——立体交通、高知产业和中小学校，我们可以称之为“升值三要素”。一般来说，这三个因素，只要具足两个以上，该区域的升值潜力就稳定可期；反之，只具备其中的一项或者根本不具备，其升值前景就堪忧了。

理清了“城市生态复利系统”的概念，就能理解地段升值的奥秘。总结三个观点如下：

1. 地段升值的关键是“生态”，而不一定是离市中心或者环线的远近

在北京，有时会出现五环与二环的房价差不多。在上海各个环线中，内环内的涨幅是最低的，有一些内环的房价甚至比中环的价格还要低。房地产就是地段、地段、地段，这句话是对的，但关于地段的价值内涵可能正在发生变化，正如陈劲松先生所说：

> 简单地区分“市内”和“郊区”还是失之于过粗……而且只是从一环、二环、三环以及距市中心距离或者市内和郊区等纯位置因素有时解释不了市场的表现。①

现代的城市格局，判断地段好坏的关键是生态能力，是看有无“城市生态复利效应”，是否具足“升值三要素”——高端产业，中小学校聚集，有效高知人口是否导入并且安居乐业。

同样是新城，为什么有些发展得很好，有些却成了“鬼城”“睡城”？原因在于是否有稳定的有效人口。很多新城也导入了大量人口，但要么只有晚上睡觉才来，要么只有白天上班才来，这些人口都不属于有效人口，也无法促成城市开发的“复利效应”。判断有无稳定人口，一个可行的指标是看 16 小时公共交通的多寡。16 小时以上公共交通的数量和频次是衡量区域人口稳定性的重要因素。有些区域，晚上八点以后没有公交车，打不到出租车，人口生态力肯定是不行的。4.0 时代的职业经纪人要慎重给客户建议：我们这里的房子便宜，虽然远一点，但

① 见陈劲松新浪博文《为什么郊区房价比市区跌得多》。

是省下的钱可以买一台汽车！

很多新城，围绕新政府搬迁，修建规模庞大的“一场三馆”，但这些都不是高端产业，难以形成“城市生态复利”，靠导入几个公务员，拉不动城市发展。能发展起来的新城，如北京亦庄新城、杭州钱江新城，无一例外的都是产业发达，能顺利实现有效人口导入，驱动城市生态复利效应。判断有无产业导入，一个简单的指标是看区内股份制银行的多寡。金融系统是一个区域产业基础是否扎实的关键，“银行多于米铺”是一个地区经济发达的标志。看银行，除了数量的多寡，结构也很关键，根据中国的国情，五大国有银行多扮演经济的“伴舞”，股份制银行则是经济的“舞伴”，后者是同步起舞，同伴越多，则产业越发达。

2. 必须用“动态”的眼光来衡量城市生态力，有动态才有复利

同一个城市，为什么房价升值最快的区域不是市中心而是次中心？比如北京，升值最快的区域是门头沟、大兴、通州等区域，而不是西城区、东城区。

仅从城市生态力来看，城市中心的生态力一定是好的，无论是有效人口的数量、质量还是产业、教育、商圈、公共交通一定都是该城市的顶级资源；但我们要讨论的不是价值，而是升值，所以得用动态的眼光考察“城市复利”。城市核心区人口密度已经非常高，产业也基本定型，很难有大的产业和人口导入，因此缺乏“复利效应”，房价升值的动力不足；相反，城市次中心却可以用发展的眼光重新规划产业、导入有效人口，建设立体交通、大型商业等城市设施，产生复利效应。因此，有个说法叫，租金水平高的房子往往房价涨幅低，租金水平低的房子往往涨幅高；因为前者肯定是周边成熟了，各种配套设施应有尽有，不太可能增加新的配套，而后者则周边配套设施不断增加，从要啥没啥到要啥有啥的过程就是不断升值的过程。

我们再看，为什么很多顶级豪宅的升值速度往往跑不赢大盘，涨幅

远远不及该城市的平均水平？道理还是一样的。中国的顶级豪宅往往占据城市独一无二、无法复制的资源，形成了较为固化的“富人区”，其典型特征是“肃静”而不是“庶矣”。用动态眼光来看，这些城市资源几乎是静止不变的，不然也不能叫“无法复制”，静止当然没有复利，没有复利就没有涨幅。当然，这类豪宅升值的规律主要受“预期价值”的影响而非基本价值，其价格和普通住宅不在一个箱体内运行，不能相提并论。购买这类豪宅的客户多作为家族传承，当然也丝毫不在意短期的涨幅。

3. 城市复利的重心在“复”，即多重利好的叠加和良性循环效应

很多城市的远郊区，仅仅通了一条地铁就遭到市场热炒，结果一遇到熊市，价格就大幅跳水。三、四、五线城市，刚建了高铁站，就忙着规划建设“高铁新城”，结果过了几年，周边仍然是不毛之地，房价还是起不来。地铁、高铁是立体交通的一种，确实是区域发展的利好，但仅一项构不成立体交通，仅仅一项利好也很难形成“城市复利”；尤其是对于弱势的三、四、五线城市来说，人口是净流出而不是流入，高铁是人口流出的快捷工具，人口净流出的小城市，房产升值的空间当然是不大的。

城市复利的重心在于“复”字，在于多重利好如交通、教育、商圈等形成的连锁反应和相互强化，复利就像鞭炮的燃放，点燃单个鞭炮是没有多大响动的，只有众多鞭炮放在一起，互相引燃才会形成巨大响动。

（二）预期价值

与以地段为核心的基本价值相比，预期价值通常是一种“泡沫价值”。2015—2017 年的这波大牛市，很多城市的房价都翻了一倍还不止；2016 年 9 月，杭州召开 G20 峰会之后，短短一年时间，房价翻了一倍不止；老百姓担心房价上涨，恐慌性购房，导致房价进一步炒高；这些就属于典型的预期影响房价。如前所述，大盘指数占房价的 70%，

这其中，预期价值有时能占到 40%甚至更多。2016 年开始的本轮调控，环京地区很多房价腰斩，跌去的就是这部分预期价值。一般来说，宏观调控、金融政策、规划利好、供求关系、开发商行为、从众心理都会对预期造成影响。预期价值虽然属于泡沫价值，但这个泡沫过去二三十年来一直存在于中国楼市。对预期玩得好的人风生水起，玩不好的人大栽跟头。无论是购房客户，还是专业的销售人员，预期价值都是绕不开的关键因素。

玩转预期价值，有三大法宝：周期、供求和规划利好。

1. 周期

周期是判断预期价值最为关键但也最容易被人忽略的因素。一个上升趋势加上一个下降趋势构成一个完整的周期，但是真正的趋势常常需要在多个周期（至少两个）之后才能真正实现。在一个周期之内，上升与下降只不过是一个表象而已，因为现实的经济里没有直线，只有波动。2008 年 2 月，深圳金地·梅陇镇三期开盘 11000 元/平方米左右，相较二期的 16000 元/平方米，短短七个月，降了 5000 元/平方米，二期业主怒砸售楼处，要求退房。可是等到 2018 年，同样的房子却涨到 55000 元/平方米，当年如果成功退房的客户在哪里了呢？换个角度看，2008 年市场风声鹤唳，金地·梅陇镇三期降到 11000 元/平方米，客户仍然不想出手，选择观望，到第四期降到了 8000 多元/平方米，他们出手了吗？10 年后，当年出手的人和没出手的人见面，他们做何感想？这就是周期的“魅力”。

炒股的人都知道看 K 线图，其实买房也一样，比如以 10 年为一个大周期，一个大周期包含若干个小周期，形成一个上下波动的 K 线图（图 2-3）。K 线图波峰的时候，是房地产市场最火热的时候——大暑，也是所有人的预期价值最高的时候，当然也是泡沫价值最大的时候，这个时候不是买房的好时机；相反，K 线图波谷的时候，是房地产市场最冷的时候——立冬，也是预期价值最低、泡沫最小的时候，从立冬到春分，恰恰是买房的最好时机。但绝大多数人恰恰相反，买涨不买跌，最终的结局就是被套牢。

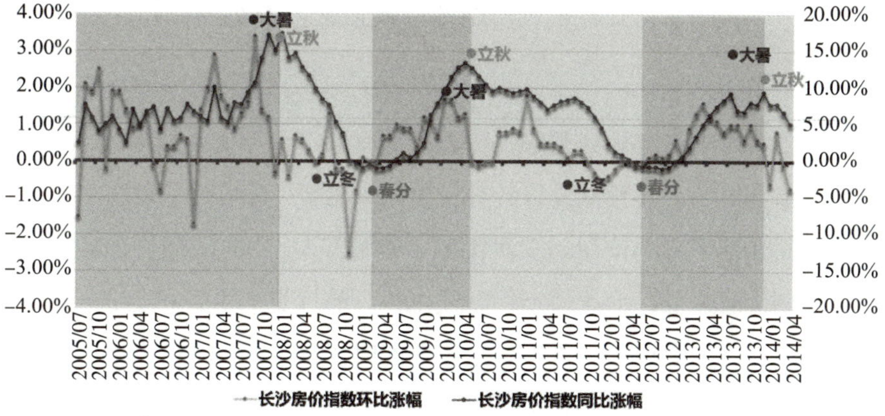

图 2-3　2005—2014 年长沙市房价 K 线图

买房既然是投资，就要学会用全景视角判断一个甚至几个周期的真正趋势。对于地产销售人员来说，只有做到这个，才算进入了一个全新且更为可靠的资产“视界”，才能胜任客户利益代言人的角色。现在业内的通病是，销售人员只会看眼前的房价，不会预测房产价值涨跌的真正趋势；尤其是遇到熊市的时候，自己的眼光和信心都不足，当然也就无法为客户“淘”到真正的优质资产。

2. 供求关系

分析预期价值，还有一个关键因素就是供求关系。供大于求，价格会下跌；供不应求，价格会上涨。有意思的是，这里的供求不光指房源的供求，还指货币的供求。在中国，房产的问题本质是金融问题，有个说法是，中国的房价是由银行行长决定的。这里有一个简单的公式，揭示了供求关系与房价的正反比关系，房价 = 货币/房源；房贷一宽松，房价很快就会涨；房贷一收紧，很快就不涨了；房源一紧张，房价就涨；反之则跌。

分析供求关系还必须剔去虚假需求，如炒房客，一个板块或楼盘的炒房客太多是买房的高危选项。炒房客哄抬房价之后房价无理性上涨，但这些炒房客基本不会选择自住，需要有人接盘。炒房客占比过大，就会造成“供大于求”的局面，价格体系就会缺乏有力支撑。

3. 规划利好

一个板块内具有规划利好，比如立体交通、大型集中商业、重点学校等，都会提升公众预期，导致板块价格上涨。

上面介绍了影响预期的三种因素，要想玩转预期，就得反向操作，选择预期价值最低，泡沫最小的时候出手。有远见的老司机会选择在 K 线图的波谷、供大于求、货币政策紧缩的时候入手，购买一些基本价值过硬的房产；无知的购房者刚好相反，盲目加入万人抢房的行列。正如经济学理论所说：“价格是由价值决定的，房子不是越便宜越好，也不是越贵越好，而是价值—价格的差值越大越好。”

反向操作、玩转预期需要远见。意思就是如果大家的预期一致，那你是赚不到额外的预期溢价的，只有具备别人看不到的远见和眼光，你才能赚到溢价。比如，某个配套设施，你认为未来一定可以建好，而别人认为未必，那么他对这个房子的心理预期就会低于你，成交之后真的建好了，你承担了风险，就能理所当然地享受更好的溢价。再比方说，老城区的老学区房，价格至少贵 1/4～1/3，你买了是赚不到溢价的，因为大家的预期都一致，那就没有套利空间。可以套利的学区房，一般是那种重点中小学或者幼儿园开设的分校，一般坐落于新建小区。同样的道理，地铁房价格的暴涨点和顶点，不是建成通车的时候，而是施工队开始进场的时候，等动工再买，就几乎没有什么套利空间了，因为大家的预期价值都一样了。

有个说法很有道理：

> 当一项投资被所有人都认同的时候，那就是自己要退出的时候了；华尔街擦鞋童都在问买什么股票好的时候，股市就到顶了。

上面探讨了第二个指标——毛利，我们进行一个简单总结，要买到高获利空间的房产，一是要三级地段的基础价值过硬；二是要泡沫价值较小。

三、成本——被忽略的代价

这里说的成本就是总拥有成本，英文里叫 total cost of ownership，简称 TCO。现代营销管理学之父科特勒有一个著名的观点：

> 只要消费者相信公司给出的总拥有成本（TCO）最低，那么即使它的价格高于竞争者，也同样可以赢得顾客。①

总拥有成本包括生活成本、财务成本、房产折旧等，在销售实践中，如财务成本包括的贷款利息、租房成本、持有成本、租金、交易税费都是容易被客户忽略的。在这里，一个好的销售必须是一个精明的商人，必须帮助客户把账算清楚、算细致，帮他们买到创利空间最大的房产。房产折旧则与物业服务有关，物业管理的本质是对建筑物的打理，好的物业服务，房产折旧的成本就低，反之则高。这些也是客户容易忽略的。

世上最昂贵的是赝品，有的时候，即使价格为零，对客户来说成本还是太高了。没有创利能力的房子，价格再低都是不值的；反之，创利能力优秀的房子，价格再高也是值得的。举例来说，房地产开发投资中明显亏本的楼盘是高危选项。当开发商横跨两个周期，高价买地、低价售房的时候，就会出现明显亏本。比如 2010 年 8 月杭州保亿地产以 5705 元/平方米的楼面价拿地，2012 年 9 月首推的保亿·丽景山 90 平方米公寓均价约 8000 元/平方米，这个是明显亏损的。当开发商连盈利都成问题的时候，怎么还顾得上产品质量？亏本卖房导致交付减配、结果质量不过关的案例屡见不鲜。购房者们以为得了实惠，刚开始可能很高兴，但收房时就笑不出来了；并且，品质被质疑的楼盘，一旦进入二

---

① ［美］菲利普·科特勒．科特勒营销思维（第 1 版）［M］．北京：中国人民大学出版社，2015.

手房市场，极易遭到购房者的棒杀。同一板块不同品质的次新房，单价相差20%以上都很常见。

因此，对于客户来说，房价仅仅是成本的一部分，房子将来在三级市场上的流通性（机会成本）、房子的运营成本（包括生活成本、财务成本、折旧费用）等都是非常重要的。客户和销售人员如果都只关心交易成本——房价，而不关心房产未来的创利能力，结果不可避免地掉入了“单价陷阱”。房价再高，如果收入高于成本，那就是盈利；房价再低，如果收入低于成本，那就是亏损。

从创利能力而不是从消费角度考虑买房，这才是正确的姿势。在销售实践中，为什么很多销售人员没有“价格承载力”？一个根本原因是你用的思维模型是错误的。

我们继续来看成本。房价是购入成本，除此之外，还有机会成本、生活成本、财务成本、折旧费用等，这些都不可忽视。

（一）机会成本

所谓机会成本，指的是为了得到某种东西而所要放弃另一些东西的最大价值。还是以浦东星河湾为例，假如客户当年以单价5万元、总价1500万元购入1套星河湾，他也可以在同地段以1500万元购入7套、总面积750平方米的普通住宅，6年后，后者升值至6000万元，前者挂牌价2700万元但无人接盘，这个购买的机会成本就是6000万元。实际上，2700万元的挂牌价也是没有多大意义的，正如罗伯特·清崎所说：

> 房子的价值仅仅是估算的。直到房子售出时，你才知道它的实际价格。这表明许多人过度夸大他们房子的估值。①

① ［美］罗伯特·清崎．灵思泉，聂平俊，译．富爸爸：提高你的财商［M］．海口：海南出版公司，2017：144.

机会成本意味着房产的流通性，在资产的创利能力中占了很大的权重。

（二）生活成本

生活成本，指的是房子入住之后，业主为交通、子女入学、日常生活等付出的时间、精力、金钱以及心理成本。如果说房价与面积的比值是房子的空间价值的话，房价与通勤时间的比值显示的就是房子的时间价值。通勤时间越长，生活成本越高，房子的时间价值也越小。

另外，因为房屋质量、物业服务等问题导致的时间、金钱和心理成本也是生活成本的重要部分。

蹩脚的物业服务也会造成小区居民生活成本的增高。比如，小区信报、快递设施和动线以及地下垃圾清运动线不合理，小区车库自动道闸设施落后便得等待时间过长，故障报修反应时间过长等，这些都会导致增加业主生活成本。

在销售实践中，生活成本也是经常容易被忽视的。销售高手就懂得引导客户关注生活成本，用全景视角全盘衡量项目的性价比。比如以下说辞：

陈先生，我们 35000 元，您觉得贵是吧？您相中 A 项目，觉得才 29000 元，便宜多了。单从售价上看，我们确实是贵了一些，但您买房子不单要看售价，还得关注未来的生活成本。房子除了它的空间价值之外，时间价值也非常重要。

根据中原集团研究中心分析，每距离办公区域近一站地铁，或者说缩短三分钟上班路程，上海的一套房均价就要抬高 18.75 万元，相当于一辆普通轿车，因为上海的上班族每天上班路程平均是 19 公里，往返通勤时间 100 分钟，占上班族无比珍贵的 8 个小时自由支配时间的 20%。通勤时间的长短，直接决定了生活质量。我们项目位于市区，到您夫妻俩的单位交通都很便捷，15 分钟以内即可到达。A 项目距离市中心还有 20 多公里，你们每天早晚高峰的通勤时间得 2 小时，您评估一下对生活质量的影响，再算一下生活成本是多少。如果你们开车，现在油贵又堵车，每天上下班光油费都得 60 元，一个月下来就得将近 2000 元，十年下来就得 20 万元。

另外，您还得考虑将来的小孩上学。我们这位于市区，学区好，离学校非常近；那个项目离学校远，将来小孩上学时间和交通成本算不算？孩子正在长身体的时候，每天多睡 10 分钟都影响很大。我之前有一个客户，两人上班忙，请父母帮忙照顾孩子，结果离学校远，老人不会开车，公交车时间太长，电动车又不安全，他们上班又顾不过来接送孩子，实在没办法，只能另外租房到学校对面，后来有钱了就马上买了我们这里的房子，他当时就说了一句话："终于消停了。"您看看，这都是容易被忽视的成本，直接影响到家庭生活质量。

除了上下班、上下学，还有平时买菜、购物、会朋友，我们这都非常便捷、省心、省钱，您在郊区买房，眼前是便宜，但是住进去之后再后悔不方便就晚了。一套房子我们怎么都得住个几十年，所以，应该看长远、算细账，全面衡量房子的性价比。

（三）财务成本

财务成本指的是房子从购入到卖出期间产生的全部的运营费用，包括购房的贷款利息、租房成本、持有成本、租金、交易税费等。同样价格的两套房子，比如都是 300 元万买入，5 年后 600 万元卖出，毛利都是 300 万元，但一套房子是满租状态，租金较高，另一套房子却有 30% 的空置率，租金较低，并且空置期间还要付物业费、采暖费等沉没成本，这两套房子最终收获的净利显然是不一样的。一套普通住宅与商住公寓，5 年后卖出，毛利都是 300 万元，但后者的税费、水电、网络、物业管理等费用都要高于前者，更关键的是，二手房交易的时候，住宅满五年能免交营业税、个人所得税和土地增值税，但商住公寓却无法减免，光这三税就要 100 多万元，这样，这两套房子最终收获的净利也是明显不一样的。

现房与期房，其中的价差可以用租房成本衡量。购买期房，付完房款，还得等上几个月到两年不等的时间，这期间，客户可能会发生租房成本，而如果是现房，则可能产生房租收益。遇到这种情况，销售人员就可以帮客户算一笔细账，帮助客户分析性价比，算账只要客观、实际，引导客户是比较容易的。

财务成本中，贷款利息通常也容易被忽略。两套房，比如售价相差 60 万元，很多人往往只看到这 60 万元，但如果 60 万元按首付三成，贷款 20 年，利率 5.64%的话，贷款利息大约在 28 万元，也就是说，两套房的实际成本相差 88 万元。还有，比如商住公寓和普通住宅，很多客户青睐小户型住宅，因为首付 30%，贷款最长 30 年，但商业公寓却首付 50%，贷款最长 10 年。这种情况下，销售人员就要引导客户，如果算上贷款利息，公寓的购置成本是要占很大优势的。比如同样是总价 200 万元，住宅和公寓，前者首付 60 万元，贷款 30 年；后者首付 100 万元，贷款 10 年；前者利率 5.64%，后者利率 6.13%；等额本息，前者连本带息的置业总成本约为 350 万元，后者则约为 234 万元，二者利息相差 116 万元。

关于贷款利息，很多人更容易忽略的是，比如 100 万元 30 年期等额本息贷款，年利率 5.64%，在前 3 年，每月的还款额中，利息大约是本金的 4 倍，也就是你每月还款 5800 元，里面的本金只有 1/4 左右，直到第 18 年左右，本金和利息才能基本持平。比方说刚满 2 年，客户准备把房卖掉，本金只还了 2.7 万元，而利息则还了大约 11 万元，相当于年利率 153%；刚满 5 年卖房，年利率大约 54%；刚满 10 年卖房，年利率大约 20%；这些还都没有计算要提前还贷的违约金。你要卖房就得提前还贷，提前还贷就得承受“高利贷”，这就是住房按揭成为银行最优质业务的秘密。销售人员卖房，必要的时候要引导客户认清这些隐藏的财务成本，而不是仅仅纠结于售价。

（四）折旧费用

如前所述，房产本身是贬值的，随着岁月的推移，再好的品质都会褪色。一个最常见的问题是：设施设备的寿命一般都小于房屋本身主体结构的寿命，10 年、20 年之后，大量的电梯需要更换，保养不好会出人命；大量的水管开始渗漏，有的却找不到漏点；大量的立面开始脱落……在上海，内环内房龄超过 50 年的“老公房”往往成为市场的价格洼地，原因就在此。说到折旧，不得不提物业，优秀的物业管理对房产进行保养、维护，是房产延缓衰败、抵御折旧、对抗贬值的最好途径，没有之一。

好的物业管理房子的折旧成本就低；反之，折旧成本就高。更有甚至，物业管理不善，恶性循环，导致成为物业弃管小区，房产的贬值就不是一点半点了。专业的销售人员要懂得在这一点上去引导客户，当然引导的前提是客观、科学地理解物业服务这个卖点。

在国内，万科物业率先把万科物业管理公司改为万科物业服务公司，但正如万科物业 CEO 朱保全在多个场合强调的：

> 物业管理的本质是对建筑物（包括主体结构和设施设备）的打理，离开了管理这两个字，物业服务这个行业就失去了立足的根本。物业服务做好物的打理，让社区历久弥新，帮助业主资产保值增值,[①] 这才是物业服务的核心客户价值。总之，建筑物是根，是物业的本元，对建筑物的打理才是物业服务不可替代的价值。

随着互联网信息革命的到来，很多物业公司开口“云服务”，闭口“社区 O2O”，但是真正靠谱的物业公司却是把智慧科技首先用在对物

① 这里的保值增值指的是相对价值，随着岁月的推移，贬值少的房产相对其他贬值多的房产就是保值增值。

的打理上面。比如万科的 EBA 就是基于互联网技术的楼宇自动控制系统。万科物业首先对社区里的人、房、物进行全面、系统的梳理，传感器将线上系统所有项目的每套房屋、每个设备和每个员工都进行了编码和坐标标注，形成了“所有项目都有经纬度，所有设备都有身份证，所有岗位都有二维码，所有员工都有经验值”的“四有”管理新体系。该系统可以进行全面远程采集、控制、报警、输出设备巡查记录与应用，一旦有设备发生故障，系统就会自动推送信息给最近的管家；在大家都在研究高大上的“平台服务”“社区 O2O”的今天，万科却在最普通的保洁管理上死磕，他们研究保洁作业面积问题，对几百个社区保洁作业面积进行分类测量，录入系统，进行数据对比分析，研究保洁员效率指标，研究保洁员上厕所耗时，研究保洁员捡可回收物问题。每一个小区有多少保洁面积，几点钟，谁在那个区域工作，几点钟谁在四季花城南门上岗，物业总部的云平台上一目了然。

除了万科的 EBA“四有”系统之外，龙湖也开发了 FM&RBA 系统，保利物业与云智易合作开发的智慧社区系统也在致力于把基础设施的设备管理、能源管理、水电气表采集、智能通行、环境监测以及其他系统（如消防、安防、楼控、人员管理等系统）通过物联网技术进行连接，实现智能化的物业管理。

我们总结出物业服务的“金字塔模型”（图 2-4），梳理出物业服务的四个层面——物的打理、人的服务（旭辉的口号：把业主服务得生活不能自理）、经营社区资产、园区服务平台搭建，跟建筑一样，依次由低到高，但基础最关键。很多所谓平台型物业公司，建筑物的打理都没做好，却把主要的精力和成本放在更高层次的公共服务、园区平台上面，这个属于本末倒置，显然偏离物业本身的价值。

总之，房产的第一属性是资产属性，资产的使命是创利，因此卖房的正确思维模型是资产视角，要重点关注房产后半生的流通性、毛利和成本三大指标。我们要跳出房价看房价，只关注现在的房价，会让我们

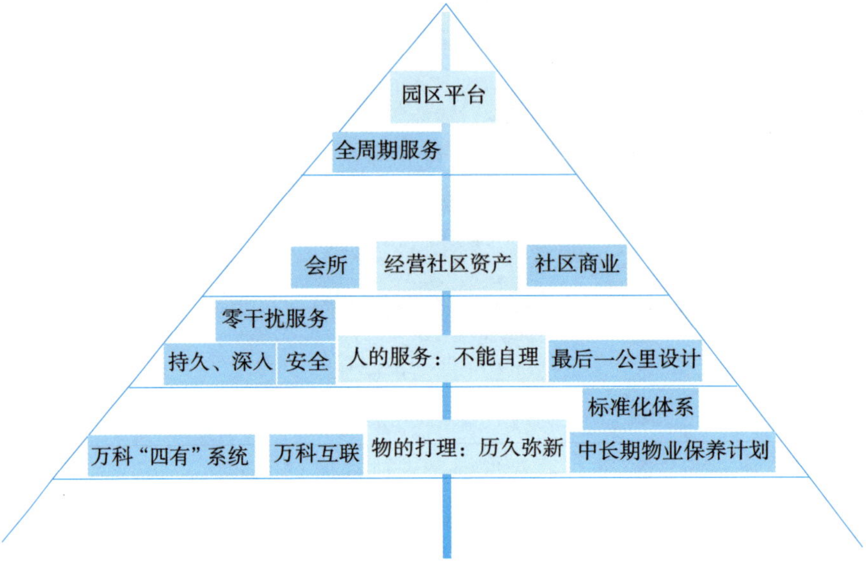

图 2-4 物业服务金字塔

掉入“单价陷阱”。一套房子要变现并获得利润，就得靠未来的升值，而升值的主要动因是基本价值，基本价值的内核是三级地段价值。

用“资产”视角卖房子

一套房产，放到三级市场上，好卖、卖得贵、成本低，这才是最优质的资产；也就是说，房产优质与否的衡量标准是三级市场表现而非仅仅是二级市场的物美价廉。从资产的角度看待房价，视角和结论就会完全不一样。比如下面说辞：

陈先生：你们项目还不错，就是太贵了，比项目 A 贵了 3000 块一平方米。

小明：陈先生，是的，我们是比项目 A 贵 10% 的，但贵有贵的道理，不然也不会有那么多的客户选择我们。我们老板常说一个理念，别的公司卖房子，我们公司卖的是“资产”，资产的使命是未来的创利能力。我们公司做项目，不仅关心现在卖多少钱，还关心再过 5 年、10 年、15 年，业主将来能卖多少钱，能赚多少钱。现在的房价只是成本，我们更关心以后的售价和利润。比如您花 300 万元购买的房子，过了 10 年，二手房价格 1000 万元；您花 350 万元买的房子，10 年后可以卖 1200 万元；您买哪个划算呢？

我们公司开发的项目，一直遵循好地段、好房子、好物业的“三好”理念，销售时我们比周边贵 10%左右，哪怕 2008 年金融危机时，我们也比周边贵，并且不降价，但卖二手房的时候我们比市场能贵 20%~35%，租金贵 20%。这个您去考察一下我们在本市以前开发的几个项目就知道了。我们公司有句名言：时间是资产的朋友，但时机不是。经得起时间的考验，做时间的合伙人，这才是优质资产，才能为业主真正兑现升值。

售楼处销售，交易只完成了一小半，很多人总盯着房价，只看重前一半，不看更重要的后一半，这是不对的。您说呢？这就好像我们企业招人，薪水高的人能把事情做便宜，薪水低的人反而把事情做贵。老板总盯着薪水的支出，是招不来好员工的；总盯着房价，也买不来好房子，不是吗？

的确，一处宅子的真正价值在于“二手市场上的王者”而非现时的光彩夺目，销售人员用“资产”的广角镜头看房子，很多难题就会迎刃而解。比如下面的案例：

问：陈老师，我在卖一个项目，位处老城中心，周边都是老旧小区和城中村，环境非常杂乱，客户有些抗性，我该怎么引导？

答：引导客户用资产的全景视角看问题，老城中心人气非常旺，周边老旧小区的业主都是换房的刚需人群。周边被老旧小区包围，说明新房源不多，供不应求，将来客户的房子想出手或者出租，不但非常容易，而且能卖个好价钱。城中村虽然杂乱，但雅各布斯在《美国大城市的死与生》中却指出：城中村是一个城市生活最方便、成本最低、最有活力的地区。

再比如卖车位的案例：

问：陈老师，我们这里是五线城市，车位卖不动，我们虽然卖得便宜，只要七八万元，但很多客户的车也才六七万元，车位比车还贵，他们不买；再说，很多人连车都没有，更不会买。

答：在小城市，车位不好卖，这很常见；但另外还有一个常见现象，你们可能不知道，在一、二线城市，一个车位动辄二三十万、甚至更高，但是车位租金却很便宜，像上海、深圳、杭州这样的大城市，一个车位月租金四五百块钱多的是；而在四、五线城市，车位月租金却也可以达到三四百块钱，也就是说，价格低、租金高，四、五线城市的车位更具有投资价值。我们可以引导客户用投资的视角看待车位，而不仅仅是一个停车的地方。比如车位 7 万元一个，月租金 350 元，年回报也达到了 6%，远远高于定期存款利息；并且将来汽车越来越多，停车位不够，车位还可以升值。门槛低、回报高、有升值空间，车位是一个不错的投资品；并且现在很多城市，车位也可以按揭，租金抵月供，投资门槛更低，没有车的客户也可以鼓励他们投资。

用资产视角来卖房子，成为一个职业的房产经纪人甚至投资人，就必须得打通二、三级市场，不但要熟悉二级市场的新房，更需要去了解三级市场的二手房。平时要刻意去收集类似如图 2-5 所示的这一类的数据，了解哪个片区、哪个项目的二手房表现最佳。目前，房地产销售从业人员中，新房不懂二手房，二手房不懂新房，这成为制约行业水平的最大瓶颈。

二级市场的销售人员不懂三级市场，他们只管死，不管埋，房子卖出去之后，对它们在三级市场的表现一律不管，对什么房子好卖，什么房子不好卖，什么房子好租，什么房子不好租，什么房子值钱，什么房子不值钱都一知半解。他们也大概知道什么是好房子，但对好房子最后真正变现、创利的过程和规律却雾里看花、隔靴搔痒，销售说辞中也绝少去触碰这一块。

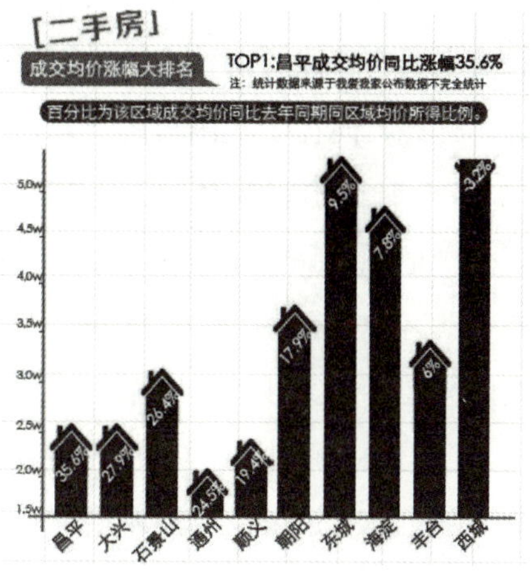

图 2–5　北京各区二手房成交涨幅排名

忽略了房子最重要的本质属性，卖房子只能说是隔靴搔痒，这样的销售人员显然是不合格的；可悲的是，目前中国的案场，80%以上的销售人员都是在隔靴搔痒。因此，二级市场的销售人员最重要的功夫是走出自己的舒适区，去了解三级市场，去探究其中的规律，笔者很赞同欧成效的“看房二百套”标准：

有人不停地问我：“房地产投资学”这一科该如何入手？我的回答向来很简单，五个字，看房二百套。这里绝不是指你在网络上刷着搜房网、链家网，做一个键盘专家，而是指线下看房，约了中介经纪人，以实地开门为准。①

看房二百套；过几年再去自己卖过的楼盘复一下盘，看看他们在三级市场的表现，看看当年那些引以为傲的卖点在岁月的洗礼下表现如何；有条件的话，不光要到市场上去卖，还要到市场上去买，既做销售人员又做客户，可以获得宝贵的客户视角，相信对房地产的资产属性的了解就有质的变化，销售的功力就会大有精进。

人生的精彩不在于登台亮相时的光彩夺目，而在于谢幕时华丽的转

① 欧成效．中产阶级如何保护自己的财富［M］．北京：中国友谊出版公司，2017：74.

身。房产也一样，对于购房者来说，一套房子的完整生命周期包括买进和卖出两个阶段，房产作为“资产”的使命决定了其价值不在于买进时的鲜亮，而在于卖出时的光彩。

4.0 时代的职业经纪人必须是一个精明的“商人”，一方面，要代表公司把好产品卖出好价格，具备优秀的“价格承载力”；另一方面，要帮助客户找到最适合他们的房子。一方面，要有卖家视角；另一方面，又要有买家视角，能在二者的频道之间自由切换，这才是专业视角。在销售实践中，卖方视角容易，难的是买方视角，要想开发出房产的全部价值，还要从房产本身跳出来，站在买方视角观看房产从地块—图纸—卖家—买家—下一个买家整个生命周期中的大场景和大画面，从大画面中完整、透彻、丰满地衡定房产的价值，然后才能当一个合格的“顾问”。

第3讲　规划三纲与住宅精神

【概　　念】居住密度　单元空间面积　房均面积　住宅精神　智慧

【思维模型】容积率经验值　规划指标对比表　景观造价配置标准　规划的五维与五境

本讲我们开始练习“蹲马步”，分块学习关于住宅产品的基础知识——规划和户型。规划是一个大的骨架，在这个骨架内，可以镶嵌上包含建筑、景观在内的大多数产品知识。

本讲的学习，我们依然试图帮助大家构建完整的知识体系，从概念到算法到底层规律，沿着 What-How-Why 的逻辑结构，层层深入，形成“知识组块”，然后用思维模型来归纳这些组块，以利于新学者更好地“打谱”。

规划的三纲

什么是规划？所谓规划，就是将规划要素（住宅、公建、道路和绿地等）全面、系统地组织、安排、落实到规划范围内的恰当位置，使居住区成为有机整体，为居民创造良好的居住生活环境；也就是说，规划就是将“规划要素”按照满足客户需求的“规划原则”形成一定的“规划布局”。在这里，我们将规划的三大件——规划要素、规划原则、规划布局称之为规划的“三纲”，纲举则目张。规划是一个住宅小区设计的灵魂，好的规划设计师就好比一个擅长排兵布阵的元帅，他懂得怎样调配恰当的兵种，将合适的人放在合适的位置，阵型里没有软肋和死穴，整个部队能最大限度地发挥出战斗力。从某种意义上说，规划为第一产品力。下面，我们就从“三纲”出发，了解一下规划的概念与细节。

一、规划要素

这部分我们主要了解的是四大规划要素的基本规划指标和设计规范方面的常识。

（一）住宅

住宅方面的规划主要是居住密度和建筑风格两大方面。

1. 居住密度

规划指标基本上都和居住密度有关。一般来说，小区的居住密度越低，舒适性越高。考察小区的居住密度，一般有容积率、建筑密度、楼间距、梯户比、房均面积、单元空间面积、套密度等几个指标。

容积率、建筑密度、楼间距、梯户比这几个常见指标的概念这里兹不赘述，但有几点规划常识可以说一下。

容积率衡量的是小区整体的居住密度。同样的容积率，规划实践中有“均质型”和“级差型”两种思路，前者规划单一产品，后者则将容积率进行分解，规划多种业态产品组合。有经验的销售人员会懂得根据具体情况将小区整体、组团以及建筑单体进行整合或细分，针对性地引导客户。比如下面两个说辞，第二个的说服力就强很多。

本项目一期占地 220 亩，有别墅、洋房和小高层三种产品，容积率 1.06；二期占地 150 亩，规划为纯别墅，容积率仅为 0.7。

本项目总占地 370 亩，分两期开发，总体容积率仅为 0.82。2012 年以后，国家相关部委已经发文明确规定住宅容积率不能低于 1.0。像我们 0.82 的低容积率在本市已经属于绝版了，纯低密度的小区非常稀缺，房子买一套少一套。

关于容积率与规划产品形态的关系，4.0 时代的职业经纪人必须掌握以下常识（表 3-1①）。

表 3-1 各种业态容积率经验值

序号	容积率	规划产品形态
1	0.3 以下	非常高端的独栋别墅项目
2	0.3~0.5	一般独栋别墅项目，稍显密；如果穿插部分双拼、联排别墅，问题就解决了
3	0.5~0.8	正常的双拼、联排别墅项目，如果组合 3~4 层、局部 5 层的楼中楼，项目的品位就非常高了
4	0.8~1.2	全部是多层的话，环境一流；如果夹杂部分叠拼或联排别墅，环境相较而言就差一些了
5	1.2~1.5	正常的多层项目，环境一般；如果多层与小高层组合的话，环境将会是一大亮点
6	1.5~2.0	正常的多层+小高层项目
7	2.0~2.5	正常的小高层项目
8	2.5~3.0	小高层+二类高层（18 层以下）项目，如果全做小高层，环境会很差
9	3.0~6.0	高层（100 米以下）项目
10	6.0 以上	超高层项目。

从表 3-1 可以看出，容积率和居住的舒适度也不成绝对必然关系，同样 1.5 的容积率，规划成纯多层的小区，其舒适度可能就不如纯小高层的小区，这就涉及有关小区舒适度的另一个重要指标：建筑密度。相同容积率下，平均层数越高，建筑密度越低，可用于景观用地越多，环境就越好。

实际上，容积率只是反映一个楼盘规划的最粗略指标，一个专业的房地产销售人员不能“唯容积率主义”来判断项目优劣。除容积率之外，单元空间面积、户均空间面积、房均面积、人均占有绿地面积、梯户比等更加具体、细腻的格局指标更能反映出户型单位的资源占有状况，因而成为鉴别豪宅的最佳指标。

单元空间面积指的是单元横向跨度乘以纵向间距，小区里的楼王往

① 仅为常规经验值，具体根据项目和地域差异会有上下浮动。

往就是单元空间面积最大的。比如深圳某豪宅，楼王设计成 160 户南北通透、一梯两户 220 平方米的户型，横向跨度约 200 米，贯穿中心区的南北间距超过 800 米，形成一个约 16 万平方米的巨大而开阔的视野；这样巨大的空间感为 160 户人家所尊享，户均空间面积达 1000 平方米，所以其容积率总体虽然比竞品高 1.5 倍，但总体均价还要高 10%。

房均面积指的是户型总面积除以房间个数，比如 180 平方米的三房，房均面积就是 60 平方米。一般来说，同期在同区域推出的豪宅比普通住宅的房均面积要大 50%。

梯户比指标是常见的衡量住宅设计密度的指标。一般来说，梯户比值越大，户型的密度越低，居住的舒适度越高。比如国内豪宅最高的梯户比达到 3∶1，一户三部电梯，主仆分道，是奢华比例；梯户比 2∶6，两梯六户，则属于普通的点式楼住宅。

住宅建筑套密度分为净密度和毛密度，净密度指每公顷住宅用地上拥有的住宅建筑套数（套/公顷），毛密度指每公顷居住区用地上拥有的住宅建筑套数（套/公顷）。套密度指标可以较清晰地看出项目的户型结构以及档次定位。一般来说，套密度越大的小区，户型越小，居住人口密度也就越大，档次定位就要越低。

销售实践中，我们根据几个规划指标的简单对比，就可以大致看出一个小区的优越程度，整理出数据的对比表格（表 3-2），以此去引导客户。

表 3-2　项目主要规划指标对比

规划指标	甲项目	乙项目
容积率		
建筑覆盖率		
车位比		
地下停车率		
人口密度（每公顷）		
人均绿地面积（平方米）		

这里值得一提的是，在引导客户时，不要直接拿这种表格示人，因为客户会觉得这些数据你可能加工过，可信度不高。这些表格是我们自己用来收集数据、整理思路用的，在引导客户时，要根据整理成果，有针对性地拿到竞品项目的原始材料来给客户做引导。

2. 建筑风格和外立面

现今的“颜值”时代，建筑风格和外立面是创造竞争力的重要武器，因为立面是客户看项目的第一直觉，是项目品质的外在特征。建筑风格主要有古典和现代两大方向。古典风格有法式、英伦、地中海、Art Deco、意式、中式等，现代风格则有现代简约和现代古典两大类。

建筑立面的品质感是在成本有效控制下的高品质，好材料的堆砌使产品有品质而不一定有品质感。品质感是基于对客户调性有效研究的前提下进行的整体设计。细部绝不等同于装饰，只有融入整体的细部才能提升品质感。

对于 4.0 时代的职业经纪人来说，我们不是专业的设计师，也不需要掌握几十种不同建筑风格的独特元素，在工作中只需掌握一些建筑美学的法则，懂得如何鉴赏和分辨好的建筑即可。常见的建筑美学法则有：对比与微差、统一与变化、稳定与均衡、韵律与节奏。

对比与微差指的是建筑要素之间存在着差异，对比是一种显著的差异，微差则是细微的差异，就形式美来说两者都不可少。对比可以借相互烘托陪衬求得变化，微差则借彼此之间的协调和连续性以求得调和。没有对比会产生单调，而过分强调对比以致失掉了连续性又会造成杂乱。只有把这两者巧妙地结合起来，才能达到既有变化又协调一致。

统一与变化这一建筑美学法则要求建筑的形状、色彩、艺术风格要统一于一个大的框架里形成建筑整体，然后再进行个性化处理，使建筑整体造型既和谐完整又丰富多变，也就是所谓的“统一中有变化，变化中有统一”，通常利用简单的几何形体外观来达到统一或者是主从分明。

处于地球重力场内的一切物体只有在重心最低和左右均衡的时候，

才有稳定的感觉。比如下大上小的山，左右对称的人等。人眼习惯于均衡的组合，均衡而稳定的建筑不仅实际上是安全的，而且在感觉上也是舒服的。在建筑中根据均衡中心的位置不同又分为对称均衡和不对称均衡，中国古代和西方文艺复兴时期的很多建筑都讲究中轴对称，这就是一种典型的均衡。

自然界中的许多事物或现象，往往由于有规律地重复出现而激起人们的美感，这种美通常称为韵律美。韵律美在建筑构图中的应用极为普遍，古今中外的建筑，不论是单体建筑或群体建筑，乃至细部装饰，几乎处处都有应用韵律美造成节奏感。

掌握了这些基本法则之后，我们基本就能判断立面的高低优劣之分，对比图 3-1 的两个立面，也就能理解为什么近年行业主流青睐端庄简洁、线条感强、色彩统一的外立面，而早年颇为流行的赠送错层挑空露台、赠送凸窗，引导业主乱搭乱建的立面已经被唾弃。

图 3-1　外立面对比

（二）公建配套

公建配套又叫公共服务设施，主要包括教育、医疗卫生、文化体育、商业服务、金融邮电、社区服务、市政公用和行政管理及其他八类设施。

作为住宅的重要配套之一，成规模的商业配套尤其是大型集中商业可以带活周边经济，对区域乃至整个城市有着极大的提升作用。如果小区有开发商自持（部分或全部）的、较大规模的商业配套，开发商自身商业运营的能力又较强，这对小区的业主绝对是一个福音，无论是自住还是投资，升值潜力可堪期待。

（三）绿地

规划要素中的绿地指的就是园林景观。园林景观是住宅产品溢价的“三驾马车”① 之一，其溢价能力明显高于建筑，因为有生命的景观比建筑更能打动人。一个成功的景观创新可以为项目带来至少 5%以上的价值溢价，绿城景观的投入产出比甚至能达到 1 ∶ 10，尤其是遇到淡市，消费者对住房的品质要求越苛刻，景观溢价的作用就越加明显。另外，景观园林还有一个重要特征就是它的可生长性。随着时间的推移，景观在生长，楼盘的价值也随着上涨，这和建筑刚好相反。根据 21 世纪不动产等品牌中介提供的数据，社区景观的溢价空间更多表现在数年后的二手房价格上，原因是此时社区园林景观价值得到了更完美的展现。二手房升值较快的，无一不是景观表现出众的大社区。好景观房源在市场上不仅紧俏，而且在楼市低迷期的抗跌性也是最强的。因此，景观设计是规划的重中之重。

关于景观设计，术业有专攻，营销条线人员没必要学做专业的设计师，我们只需要从市场和客户的角度去理解和鉴赏景观设计的法则和套路就可以了。在中国地产界，绿城和龙湖的景观园林堪称业内标杆，但它们景观营造的逻辑和做法却可能截然相反，这就需要我们用“多元化思维”，从这两座“高峰”出发，再延伸到万科、旭辉、星河湾、金地等其他大家的经典案例，博采众家，触类旁通。再次强调，销售人员不是设计专家，而是市场专家。

绿城以法式景观闻名于世，其特点主要体现在突出轴线的对称布局

① 住宅项目溢价的“三驾马车”：概念规划带动土地溢价；户型及科技带动产品溢价；立面及景观带动形象溢价。

和几何感，讲究法式廊柱、雕花、线条等的工艺。植物多采取修剪整齐的刺绣和图案花坛。在业内，绿城一直因“精致、善意、真诚、完美”而为业主称赞，绿城景观以施工精细和用材实在著称。比如中国传统园林中常用的“花街铺地”做法，即用砖、瓦、石片、卵石、瓷缸片等材料铺成各种图案花纹的地面。花街铺地需要对鹅卵石的图案、颜色、布局进行细腻设计，考究且十分耗费人力，因此也成了衡量一座园林是否达到极致的标准之一。绿城·杭州云栖玫瑰园打造了最纯正的花街铺地，对每道工序都极尽苛求，对每颗铺地用的鹅卵石标准都加以统一控制，从而形成规整的视觉效果，同时专门配置缸片碎料以丰富铺地的形式与色彩分层，并由从业数十年拥有资深经验的匠人手工铺制。

宋卫平经常强调的“草要铺得平一些，树要种得大一些”，这个“一些”看似平常，其实很难达到，比如大乔木的数量，绿城就往往比竞品项目高出一倍。为了得到纯粹、原味、纯正血统的建筑形态，为了不让“西班牙的建筑配上法式的门窗，地中海风格加上南美符号”，绿城的很多花砖、铁艺、石雕、水舌、铁灯艺、园景小品等都是量身定制的。日子久了，这些定制的材料成为一种积累，别人就是想模仿绿城的风格，也找不到同样的材料。

绿城的硬景成本占到70%，很精致、仪式感很强，但没有花花草草有亲和力；龙湖却恰好相反，软景成本要占到60%以上。

龙湖则以“五重景观”的做法被业内奉为圭臬。“五重景观”在植物视觉美学即软景的营造上花足了力气，通过对空间出色的拿捏来营造震撼迷人的视觉感受。在被约束的高容积率的城市里，呈现出“在树中间找房子”的宁静和舒缓。景观中的“五重”指的是：第一重，高7~8米，胸径20厘米的大乔木勾勒天际；第二重，4~5米高的中乔木，层次递进；第三重，2~3米高的花树，点缀其间；第四重，花卉、小灌木是层次最为丰富的部分；第五重，草坪、地被供人近赏。

除了五重景观，龙湖对景观的要求还有色、香、味、形、声五觉俱全，从而达到“情境大于景观”，让景观富有感情和意境，让客户触景生情。色，指的是四季常绿且要感觉出季节更替的变化，做到四季有花，且夏天清雅，冬天鲜艳；香，说的是植物的搭配要有香气，选择梅花、蜡梅、紫薇、桂花等香花植物；味，指的是全冠移植，以保证植物原汁原味的生长形态；形，成树的树形要美，甚至就植物的摆放角度也是360度审视，找到客户最佳的观赏效果；声，喷泉和跌水摆放在社区入口、景观视线焦点等处，不仅是一处水景，而且能营造出水声，能听到“景观的声音”。

龙湖景观的厉害之处还在于，它以营销为核心，深入研究客户的敏感点，基于客户心理设计标准化动线，在客户敏感的一些典型节点如密林花径、花田草坪、售场景观、精致休息空间、样板花园上进行浓墨重彩的渲染，取得令人震撼的效果。

不过，有意思的是，绿城、龙湖的景观理念也遭到诸多批评，甚至有人称之为“标签式景观”，原因是这些景观都只可远观而不能亵玩焉，绿地能看不能进、步行街宜行不宜憩、地面好看不好走、雕塑小品可亲不可近，景观的参与性不够，但现时的趋势却是要由看景向用景、由美观向实用的转变，更强调人与景观的深层结合，以居民的舒适安全而非美观为中心。比如老的景观理念将大乔木种在房子边上，拉宽林下空间，最能体现出美观，但五年、十年后，树长大长高了，就会影响一楼的通风采光，一楼的房子就卖不出去了。过去龙湖强调，产品档次越高，硬景比例越低，但从居住的实用角度思考，一块用地规划，建筑覆盖率25%，绿地率35%，道路10%，剩下的硬景（广场、水系、构筑物、小品、游泳池等）占30%，这些硬景其实是满足居民生活必需的。有些小区的绿地率达到40%，看上去绿树多了，可居民只能在几条道路上活动，没有其他活动场地，不方便。

因此，龙湖提出了新一代的“五维景观”理念，从生态、健康、交融、精筑、人文五个维度重塑景观理念。其中健康和交融两个维度强调景观的功能性，景观要从观赏上升到舒适、运动、娱乐，社区的共享空间要能满足社交需求，做到可参与的景观，可感知的风景，让居民乐享、便捷、互动。

以上以龙湖、绿城为例介绍了园林景观的基本法式。需要强调的是，景观和住宅二者的档次定位是需要吻合的，不能脱离住宅定位片面强调景观效果，更不能用高端住宅的景观标准来衡定普通住宅景观的优劣。4.0 时代的职业经纪人对景观档次的定位也应该有清晰的概念，以便有效引导客户。表 3-3 是对 7 个档次的景观规划和配置标准的一个经验总结，营销人员应该掌握以作为大致参照。

表 3-3 景观造价配置标准

景观造价	规划特点	最佳配置标准
1200~1500（元/平方米，下同）	多用于楼盘展示面的投入以及少量顶豪楼盘；主动创造多达 30 多种高差变化，形成立体式园林庭院空间（下沉花园结合地下车库，下沉泳池结合地下室）；注重用地红线外景观打造；风格趋向于度假式酒店	大门入口设置有大型水景或大规格乔木树阵；围墙采用钢化玻璃等；景观建筑、小品、水景等灯光由专业照明公司设计；铺装大量使用高档石材、天然硬木或浮雕玻璃等高端材料，石材铺装体现工艺性要求；栽植一定数量古树名木（每株单价≥10 万元）或丛生植物，植物造景达到五六个层次精致效果；水景形式丰富，多达十几个形式各异的景观喷水池；多种造型亭廊石材打造
800~1000	多用于高端楼盘；绿植、土方的成本相对投入惊人，通过高密度、多种类的植物配置手法，甚至大量运用盆栽植物、热带植物结合造坡；绿地系统分级明显，常设有组团级花园、小区级花园等	与上一个标准相比，硬质采用的材料成本较低；其余相同
600~800	与上相同	门口列植名贵乔木，形成林荫大道；围墙铁艺镀铜制作，工艺精美；部分灯具加工定制；铺装多采用石材或天然硬木；全冠移植，植物造景层次丰富；有大型跌水水景、室外泳池；亭廊铁艺部分镀金处理

续表

景观造价	规划特点	最佳配置标准
450-550	景观档次较高的，受业界认可好评；更加重视规划设计，设计投入相对较高；规划设计仿造或追求某种风格；设计采用下沉式园林或户外泳池	大门入口有水景展示；围墙造型虚实相间、石材贴面；照明层次丰富，追求艺术表现氛围；室外灯具用雷士等一线品牌；全冠移植、多重垂直绿化；水景面积较大；导视牌精心制作，材质较好
300~400	市场定位中等的楼盘，规划有适宜不同人群活动的场地，汽车进入社区直接入库	入口经过认真考虑，设计有水景或对景雕塑；围墙墙垛及铁艺经过设计推敲，造型别致；设计有各种立体照明系统；小区内部石材铺装与通体水泥砖间隔铺设；入口景观、点景树采用大规格苗木；基本全冠移植，高绿化率；有背景音乐设施
200~300	售价不高的普通住宅，有基本的活动场地和适当的绿化。	入口处设计有绿化成组景观或点景雕塑；铁艺围墙；立体照明系统；铺装多样化，水泥砖、卵石、板岩材料等；有少量的大规格苗木（胸径 15 厘米左右）点缀；花木品种丰富（≥30 种）；有水景或喷泉设计；有休息凉亭和儿童活动器材
100~200	经济适用房和农民集资房；景观绿化水平档次较低；有行道树、绿篱、草坪等基本的绿化	常配有简易门岗房；大部分乔木规格较小，水体面积较小且设计简单或无；有简易花架或凉亭；设置有休息座椅、果皮箱等

除了上述内容之外，还有一些关于景观成本的基本常识，比如乔木+大灌木（2 米以上）占总苗木造价超过 80%，其中大乔+中乔（5 米以上）占总苗木造价超过 65%；一棵胸径 40 厘米的大香樟要 10 万元，换成两棵胸径 20cm 的香樟，绿量可能更大，但价格却只有一半。苗木成本分配重点顺序：点睛树—大乔—中乔—小乔—大灌—点睛攀缘植物—中球灌—小球灌—攀缘植物（墙地）—草地被—片植灌地被—宿根花地被—草花地被，这些都需要了解。

最后，再强调两个概念——绿化率和绿地率，很多销售人员不明白其中的区别，导致会被客户投诉。“绿化率”的准确提法是“绿化覆盖率”，即绿化垂直投影面积之和与小区用地的比率。“绿化覆盖率”相对而言比较宽泛，包括屋顶绿化、停车场植草砖以及其他大致长草的地方都可以算作绿化；还有绿化覆盖率计算的是垂直投影面积，比如一棵树的影子很大，但它的占地面积是很小的。绿地率是规划指标，指的是居住区用地范围内各类绿地的总和与居住区用地的比率（%）。绿地率的计算非常严格，并不是长草的地方都可以算作绿地率，比如距建筑外墙 1.5 米和道路边线 1 米以内的土地和地表覆土达不到 3 米深度的土地，不管它们上面是否有绿化，都不计入绿地面积。因此，“绿地率”要比“绿化覆盖率”小得多，因为宣传需要，项目喜欢用“绿化率”的概念，但 4.0 时代的职业经纪人对此要有清晰的概念。

（四）道路

小区的道路规划，主要有贯通式、互通式和尽端式三种。道路一般占小区用地的 10%～18%，一般纯道路只有 9%～12%，如考虑路边停车，会超过 12%，直至 18%。

园区的交通组织规划有立体人车分流、人车混行和平面人车分流三种方式。

立体人车分流则是车直接到地下，地面走人，人车完全分开。近年，还有一些高端小区提出“车车分流”的概念，借鉴五星级奢华酒店环形动线，对进入社区的车进行二次分流。业主车辆进入地下闸口，访客或者出租车则导流进入社区大堂区域，有序进出，互不干扰。

立体人车分流还包括将另外设置一套联系居住区内公共服务中心、户外活动场地或中小学的专用步行道，并将其整体或局部高架处理，做一些步行平台式天桥或台地花园，可以使人行和车行在立体空间上得到分离，达到比一般平面人车分行或混行更好的效果。

平面人车分流这种交通组织方式是 20 世纪 20 年代由美国提出并首

先在纽约郊区的雷德伯恩居住区实施。这种交通组织方式是住宅区内的步行道路和车行道路在空间上分开，用两个独立的路网结构。车行路以尽端路的形式或者环状尽端路的形式深入到各住户单元入口，步行路贯穿于住宅区内部，将绿地、户外活动场地、公共服务设施联系起来，并深入到各住户单元入口，如图 3-2 所示。

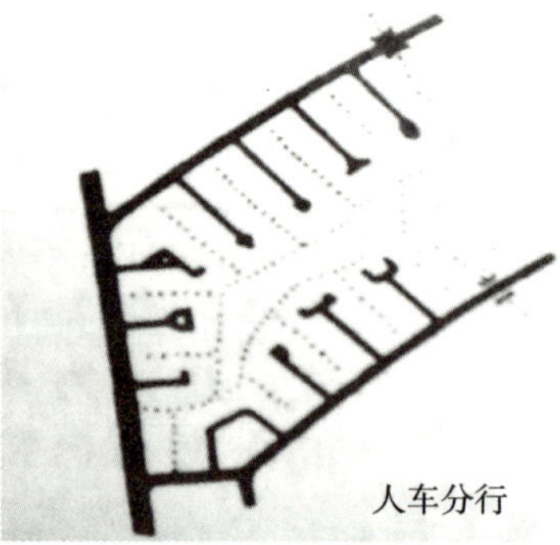

图 3-2 平面人车分流

平面人车分流的方式给居民提供更安静和安全的街道，玩耍的儿童很少担心快速行驶的车辆；不同风格、不连续的短小的街道系统可以增强领域感，促进邻里关系。

人车分行是针对住宅区内部存在较大量的私人机动车交通量的情况所采取的规划措施，而所像别墅类小区，车流量不是很大的情况下，多采取“人车混行”的规划。这种交通组织形式要求道路分级明确，并贯穿于住宅区内部，主要的路网一般采取互通型的布局形式。

二、规划原则

从市场角度来看规划，主要有以下几点原则：

（一）均权和土地价值最大化

所谓均权，就是争取让小区里所有的住户都尽可能多地共享小区资源，包括优先考虑公共空间、景观资源共享、考虑残障人的需求等等。土地价值最大化是指将资源最好的土地排布最好的房子。均权和土地价值最大化是两个既有矛盾又必须得同时兼顾的原则。实践中，设计者必须让更多的房子分享优势资源，更少的房子分担不利因素的影响，比如深圳“万科·金域蓝湾”为了将海景资源最大化，采取弧面规划。

一般来说，刚需楼盘在规划时更多地考虑均权的原则，改善以上定位楼盘则可以更多考虑土地价值最大化原则。比如我们常见的“楼王”规划，往往只适合配置在高端小区，刚需小区规划大户型楼王，滞销的案例则比比皆是；还有常见的“高低配”规划，通过容积率分解，将高密度产品与低密度产品搭配，实现土地价值最大化，这个思路同样更适合中高端以上楼盘。有些楼盘为了片面追求土地产值最大化，在刚需地块上也做高低配，高端别墅搭配纯刚需高层，导致低密度产品缺乏品质和客户支撑，结果滞销，这都不是好的规划。

（二）社区氛围的营造

一个优秀的小区规划，除了保证基本功能的排布之外，社区氛围的营造也是重中之重。营造社区氛围的规划原则和手段主要有以下四个：

1. 注重社区的文脉

所谓文脉就是城市文化和城市记忆的延续。设计者在开始规划前就得梳理地块的文脉，设计时应注意保留历史、尊重地貌，建筑风格注意与当地文脉协调，同时创造有文化的社区氛围。天津万科“水晶城”原址为有百年历史的天津玻璃厂，小区规划秉承“历史中建构未来”的理念与原则，尊重天津时代记忆的基础，保留社区中的火车头，成为社区乃至城市的独有徽记，也成为天津历史文脉的重要延续。杭州万科良渚文化村以“延拓文明，涵养生命”为宗旨，将“田园城市”的理想、有机生长的理念与良渚五千年的历史文脉紧密结合起来，形成有生命力的、可持续的、值得纪念的当代社区田园生活体验。这些项目都是文脉传承和再造的典范之作。

2. 突出公共建筑的标志性

住宅小区的公共建筑如会所、商业街、学校、教堂、邮局、剧院、图书馆等对提升项目整体形象，营造项目的场所感和领域感都起着至关重要的作用。规划设计者强化突出公共建筑物的景观价值与视觉地位，在沿街的标志性形象上下功夫对营造社区氛围能起到事半功倍的效果。

3. 创造有关怀的邻里

规划学意义上的“邻里单位”概念由美国社会学家、建筑师克莱伦斯·佩里（Clarence Perry）于 1929 年提出，该思想可以概括为以下原则：邻里的适宜规模、突出的中心和公共空间、鼓励人们的参与性，形成社区感、安全感。

适宜规模对促进邻里交往非常重要。人的交往过程中 300 人左右是构成一个交往小群体的上限，一个大的群体会细分为若干个小于 300 人的小群体，超过 300 人这一上限后，交往的亲密度就会降低。亚历山大在《建筑模式语言》一书中指出，人的认知邻里范围不宜超过 274 米。居民从家中步行抵达时间不应超过 5 分钟，即服务半径 300 米左右，超过这一服务半径，居民的使用频率就会降低，不利于强化社区关系。

万科倡导的“室外客厅”和儿童户外活动场地空间标准化，就是创造邻里关怀的最佳实践之一。室外客厅围绕交流休闲和生活便利两大功能进行全方位升级，设置有休闲座椅、婴儿车车位、残疾人车车位、宠物栓等，使楼下的等候、看护、交流等行为更加人性化，让室外客厅成为近距离邻里交流、户外休闲的第一场所。儿童户外活动场地则深入研究儿童的户外活动方式与形态，兼顾长辈的看护需求，着力打造一个城市公园级别的户外空间。比如设置近距离监护区和康体活动区，既能加强家长与孩子的亲密互动，也能让大人在看护的同时锻炼身体。

4. 创造新的生活方式

一个社区的灵魂是生活方式，设计者通过建筑和景观的规划创造出新的生活方式，让住户的物质需求满足之后还能满足他们的精神需求，小区的氛围也能大大提升。

目前很多社区都采用了全龄化设计，各年龄段的人在其中都有活动场所。比如近年业内流行的“夜间无忧跑步系统”，除了一条 400～1000 米长的环形塑胶夜光跑道之外，还配套有感应呼吸灯、驱蚊灯、驱蚊植物、休息座椅、洗手台、自动贩卖机、里程划线、醒目标识、互动雕塑等。

旭辉 CIFI-6 产品创造性地引入了“缤纷格子”这种形式，单个格子的大小是 3.6 米×3.6 米，2 个盒子、3 个盒子、4 个盒子，可以进行不同的组合。格子安放在小区的露天绿地上、花园里，是透明的，不管晴天、雨天，大家都可以在里面活动。格子可以是一个公共健身房，也可以是一个公共厨房，还可以是共享儿童活动房、共享 KTV、共享书柜、共享朗读亭……

三、规划布局

在国内常见的小区结构规划中，最为传统环境也最好的布局是“小区—组团—院落”三级布局（图 3-3），以住宅组团（一般为 300～500 户）为小区的基本单位，一个小区由多个组团围合成一个公共绿地或公共中心，组团中各住宅单体通过退让形成各自的组团级绿地。大量多级化的绿地使得建筑密度降低，导致相对较低的容积率。

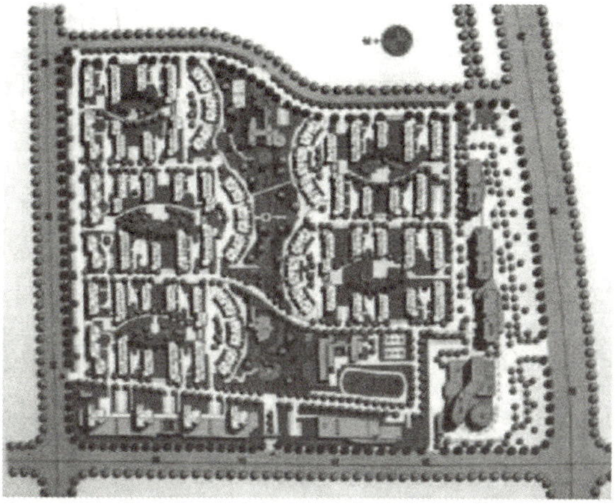

图 3-3 “小区—组团—院落”三级布局

容积率更高、环境次之的布局则是“小区—院落”两级式布局（图 3-4），组团级的道路与绿地被集约用于提高建筑密度和创造良好的小区中心绿地与宅间绿地，形成了居住小区—院落的二级规划结构。如前文所述，人的邻里认知范围不超过 274 米，公共空间的服务半径不超过 300 米。在住区中，住宅院落绿地较组团绿地和中心绿地的使用频率更高，更利于邻里交往。这种结构的优势在于可以促进邻里交往，形成各具特色的居住环境空间。

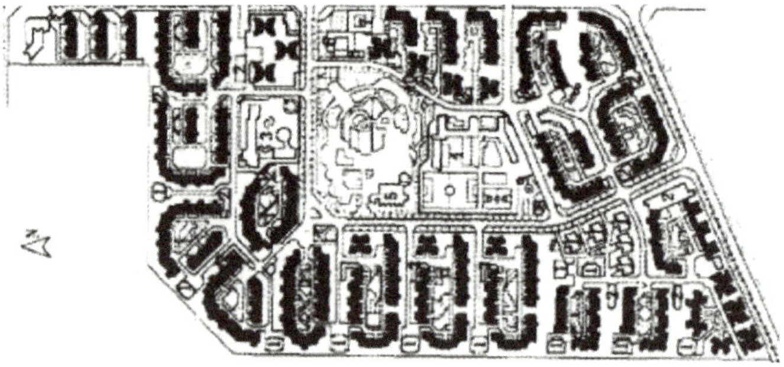

图 3-4 “小区—院落”两级布局

传统的三级式、两级式布局思路落实到具体手法上，则有向心式、轴线式、围合式、隐喻式这几种。向心式布局指小区布局围绕中心景观点来布置，让整个小区居民来共享中心景观资源。轴线式布局指的是小区规划以水系、道路、景观带为轴线来布置，这种布局形式的好处是仪式感较强，整个小区呈现层次递进、起落有致的均衡性，尤其适合有高低起落的地块布局，但是如果轴线太长的话，处理不好会感觉比较单调。围合式布局有全围合和半围合，适合于地块较小、容积率较高又追求品质的项目。这种规划形式可以形成宽敞的中心庭院和舒适的空间，易于构建和谐守望的邻里关系，但布局的居住品质可能也会受到一定影响。隐喻式布局指的是将原型经过概括提炼抽象成建筑与环境的形态语言，使人产生视觉心理上的某种联想和领悟，增强环境的感染力，构成了“意在象外”的境界升华。图 3-5 的规划巧妙构思，将整个小区按照“鲸鱼”的原型进行布置，形成良好的小区生态系统。

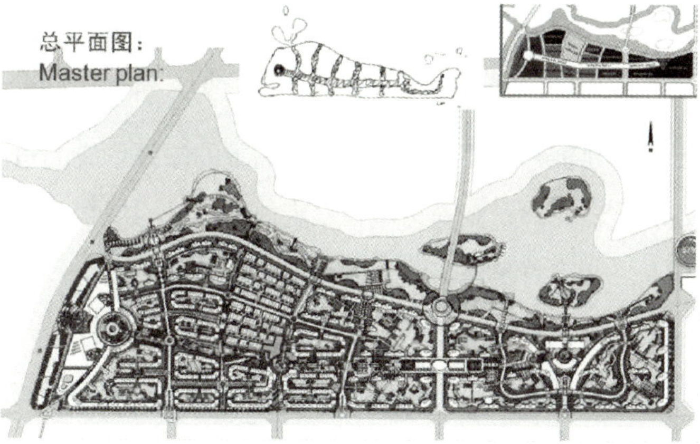

图 3–5　隐喻式布局

规划实践中，更高密度的小区布局则采取街区邻里式和集约式。

街区邻里式布局中，传统的中心绿地、组团绿地被淡化，被更高密度的使用土地所代替，形成了最大限度的建筑布局。在规划形态上可以表现为片块式，也就是常说的行列式或兵营式。这种规划形式的优点在于各片块、组团相对独立，便于施工及管理；同时能保证每个住户都能得到良好的日照和通风条件。因此，尽管这种规划布局方式无主次空间之分，缺乏层次感，但在规划实践中还是被大量采用，尤其是像中国北方地区，对朝向、采光要求苛刻，围合式、向心式布局基本不可行的情况下，行列式布局仍不失为一种简单实用的规划方式。

集约式布局是指将住宅和公共配套设施集中紧凑布置，并尽力开发地下空间，使地上地下空间垂直贯通，室内外空间渗透延伸，形成居住生活功能完善，水平、垂直空间流通的集约式整体空间。集约式布局由于节省用地，可以同时组织和丰富居民的邻里交往及生活活动，尤其适合于旧区改造、用地较为紧张的地区，另外在一些用地狭小、地段不规整的区域，也适合选取这种规划形式。当然，由于这种布局开发强度较大，多为高密度点式楼，居住品质也会较低，多适用于普通住宅。

好规划的底层规律

规划就是将建筑和景观按照满足人的需求的原则形成的布局。规划是总量，建筑是表情，景观是意境，三者协同。好的规划就是处理好建筑、景观和人之间的关系，实现人与自然、人与人、人与自我这三个界面之间的和谐共存，我们称之为“住宅精神”。

绿城主张的开发理念就很好地传达了“住宅精神”的精髓。

人与自然：自然是永恒的，房产品要使得居住者与被改造过的自然和谐共生，以房产品的景观保护和景观设计使得居住者更向往在户外生活；

人与人：房产品要创造出人和人之间共享和谐的环境，通过细节设计促进邻里之间的交往与和睦，更要让一家几代人之间能和谐相处，使得这样的房子可以代代相传；

人与自我：房产品必须满足人的多种生理和心理需求，以人文艺术的外观，在物质与精神的双重层面使人有种如鱼得水、归鸟入林的境界。

安定、美好：符合风水追求的境界，安定代表安全、平静，美好则是诸如和谐、清新、典雅等元素构成的一种立体效果。①

人从大自然中来，天生就向往大自然，人与自然之间能否和谐共生是“住宅精神”的核心内容。大自然包含天与地两个层面，“天”指的是日照、通风、采光、视野等大自然先天的馈与，“地”包括先天的山、水、风物以及后天打造的园林景观。人与人之间的关系，包括与家

① 摘自绿城集团《房地产商的本质定义与使命》。

人、邻里、小区内部及外来的管理服务者之间的关系，小区规划既要促进人与人之间的交往，满足生活的便捷，又要注意体现身份与保护隐私。人与自我的关系，包括精神和物质两个层面。精神层面指的是通过建筑、景观的人文艺术外观设计以及小区氛围的营造，使人精神愉悦、放松，如鱼得水、鸟归山林。物质层面说的是人在园区和宅内独处，身、心、灵都能得到很好的放松和保护，这就要求房子的朝向、通风、采光、格局、视野、噪音方面都有较优的表现。如果一处房子建筑密度太大，楼间距太小，挡光、对视严重，视线受阻，或者主要功能空间卧室、客厅都是北向，终年不见阳光，待在里面感觉阴冷潮湿或心情压抑，就满足不了人与自己关系的和谐。

讲和谐共存容易，但究竟什么是和谐共存，怎样才能和谐共存，需要“智慧”！那什么是规划的“智慧”呢？

（一）智慧是一种“去中心化”的思维方式

早期的规划也讲究人与自然（包含天与地）、人与人、人与自我之间的和谐，但实际上这三个和谐之间是割裂的。人与自然的关系交给园林，人与人的关系交给会所，人与自我的关系交给内宅。小区的园林做得美轮美奂，但仅可远观不可亵玩焉；会所做得高大上，但无人消费；小区内冰冷的轴线、冰冷的凉亭，人只能“宅”在内室。这种规划思维的本质是一种“中心化”，景观、建筑与人都以自我为中心，站在自己的立场，产生无形的疆界，不相往来。

真正好的规划则是一种“去中心化”的思维，天、地、人实现天地互联、天人互联、地人互联、人人互联，你中有我，我中有你。好的规划，既能实现人与天、人与地的连接，也能实现人与人、人与自我的连接。好的场所，既能满足人与人的聚集和互动，又能在其中看到美的自然，实现自我的超越。

天地、地人、人人互联往往是容易达到的，而要在人与自然的互动中发现自我，甚至达到天人合一的境界升华则就没有那么容易。我们就拿小区景观设计的标配——儿童乐园来说，都具备一定的功能性，艺术性、识别度则程度不一，至于激励儿童想象力、创新和冒险精神，让他们在玩乐中发现自我、建立自我、完善自我，目前国内地产界几乎做得都很 Low。什么时候，我们小区的儿童乐园设计能达到日本东京富士幼儿园、2015 米兰世博园儿童公园、悉尼 Blaxland 河滨公园、丹麦 Kildebjerg Ry 商业住宅区游乐场这样的水平，中国的小区规划才算是真正有“智慧”。

在中国传统园林中，“灰空间”的概念可谓深谙“去中心化”思维的真谛，比如前廊、回廊、游廊、半山亭、山墙上的漏窗等典型灰空间，将人们的活动空间引导到自然中，以在紧张忙碌的工作之后得到心灵的放松。绿城·杭州丽园的主入口穹顶作为灰空间，不仅具有通风采光的功能，更是上苍和下界的转换处，将居住者的视线引向苍天。绿城·临安曼陀花园，直面青山湖湖景，通过通透化的设计，将景观最大化地引入到灰空间内，让人不禁有坡公“长恨此身非我有，何时忘却营营。夜阑风静縠纹平。小舟从此逝，江海寄余生”的慨然之思。当灰空间与容积率等指标冲突时，很多开发商往往会选择压缩甚至完全舍弃，而绿城却给出了自己不同的答案，可真是得了“住宅精神”的真味。

绿城提出的“室外景观室内画，室内功能室外华”的理念则是对“去中心化”思维的最生动诠释。坐在室内的人能看到室外，碧绿的草坪，闲散地跳落几只和平鸽，法国梧桐幽映白日，时有落花飘进院内；院子里的料理台、SPA、亭台斋阁，家人与朋友的休闲与忙碌，人、自然、建筑都交融在一起，江山如旧、老友如故。

明代著名画家文震亨在《长物志》中阐述他理想的住宅：

要须门庭雅洁，室庐清靓，亭台具旷士之怀，斋阁有幽人之致，又当种佳木怪箨，陈金石图书，令居之者忘老，寓之者忘归，游之者忘倦。

“忘老”“忘归”“忘倦”的“三忘”，“忘”的境界就是真正地去中心化，是人与人、人与自然、人与自我的真正和谐和情怀具足，是“庄周梦蝶”中，不知庄周化为蝴蝶，还是蝴蝶化为庄周的境界，是一种从人的有限进入到宇宙无限的意境，这才是理想的“智慧”住宅。

（二）智慧是一种“平衡”思维，分别智，平等慧，建筑强调“分别智”，景观则应追求“平等慧”，景观和建筑达至一种平衡

说到建筑，尼采有一句名言：

在建筑中，人的自豪感、人对万有引力的胜利和追求权力的意志都呈现出看得见的形状。建筑是一种权力的雄辩术。

“建筑是一种权力的雄辩术”，尼采的这句话一针见血地概括出了建筑的精神实质。从某种意义上，我们可以说，“权力意志”是豪宅的防伪标记。目前市面上常见的私家林荫路、高墙大院、仪式感的入口广场、上升台地、三进制门第、类酒店式入户大堂、双开入户门、十字圆厅、六合一主卧套、主仆分道、双主卧、主卧双手盆和双坐便以及城市天际线、零栋距、楼王、人车分流、车车分流、司机等候大堂以及仪式感的入户动线等无一不是“权力意志”的体现；单元空间面积是衡定豪宅的奢侈指标，道理也在此。

以“十字圆厅”为例，该设计发源于公元537年建成的土耳其圣索菲亚大教堂，这座教堂被誉为改变了建筑史，就因其创造了以大穹顶覆盖下的集中式开放性空间。集中式空间区别于之前的多层次、开放性的内部空间，由中央大穹顶统率全体，形成建筑足够强大有力的中心，举行仪式时，圣职人员位于中央，会众分布在四周，这种集中式建筑强调信众们的亲密一致、和衷共济，具有端重肃穆的纪念性，同时开放的空间也增加了使用的灵活性。后来，拜占庭式教堂建筑继续发展，形成了典型的等臂十字型的型制，成为“希腊十字式”，正方形平面，中央是

一个圆形大厅，四周伸出完全对称的四臂，就是今天我们在顶级豪宅里看到的“十字圆厅”的滥觞。“十字圆厅”布局的意义就在于营造出主宰四方之感，极具仪仗感的圆厅，围绕其分布各个房间，好像一个家族，以一家之长为核心开枝散叶，又极其富有凝聚力。家中如有宾客来访，“圆厅”不失为一个家族形象最直观的展示。这种平面设计就是反映了人追求权力意志的本能。

因此，建筑是一种“分别智”，建筑通过设计将人的阶层、长幼、尊卑进行区分，满足人的内心追求仪式感、尊贵感、自豪感等礼序格局的追求。建筑的本质就是一种“血统”。正如绿城概括的：

> 真正的豪宅就该是深宅大院，是不屑于在普通人前暴露的。这不仅是安全的需要，同时更是自由私密生活的保证。对领域感的要求同时体现于建筑内部与外部。因此豪宅的设计在保证向外的景观视线的同时，更要考虑避免外部视线的干扰，内部空间主客分明、主仆分明。

在新一代的住宅小区规划中，优秀的开发商都重视“小区动线”的设计。除了访客和保姆/钟点工，社区内有时还有一些服务人员，比如快递员、物业人员等，当这些人与业主同时出现的时候，也需要相对独立，不干扰业主的生活，也不妨碍工作人员的工作。这需要通过不交叉的动线设计来实现。旭辉第五代产品中，对各类人群的大堂动线做了包括地上大堂住户流线、访客流线以及信奶流线，地下大堂住户流线、地下垃圾清运流线以及地下大件物品暂存流线的设计，这也是我们所说“分别智”的体现。

如果说建筑是“分别智”，景观则要讲究“平等慧”，一个“智慧”的小区规划必须懂得平衡的思维。建筑在划分阶层、长幼、尊卑，而景观则要对这种权力格局进行均衡。中国地产界一度风靡欧式宫廷景观，讲究轴线对称、几何工整，喜欢布置突破地心引力的喷泉以及形式大于意义的广场、欧式凉亭，这种景观本质上也是一种“权力意志”，是对建筑体现的“权力意志”的延续和强化。这种冰冷的权力格局阻碍人的交流，阻碍生活方式的发生；新式的小区规划如龙湖的五维景观、绿地的景观会客厅则力图在打破这种“分别”，在小区内倡导“平等”交流的智慧，让景观来中和建筑给人带来的冰冷壁垒，给小区带来情怀和温度。

有意思的是，建筑的“分别智”和景观的“平等慧”并不是绝对的，建筑与景观的内部设计逻辑也得讲究“分别”与“平等”二者之间的平衡。

比如建筑户型，内部格局既得有讲究“分别”的功能分区，也得有讲究“平等”的共享空间；小区内部，既得有绝对私密的内宅，也得创造有关怀的邻里空间。

景观布局也是一样，既要在入口、房角、路拐点、墙头等地方浓墨重彩，比如栽种大型点睛孤直树、点睛树群落或者攀缘植物，形成视觉焦点，又要兼顾其他“不完美枝型”树木，高低搭配。

更加“智慧”的规划则可以做到，建筑和景观融为一体，建筑即景观，景观即建筑，建筑里有景观的“平等慧”，景观里也有建筑的“分别智”，既有“去中心化”，又有“平衡”思维。这种妙处，我们只有到老祖宗的遗产中去寻找，比如中国的庭院：

在西方人的眼里，中国传统的庭院是迷人而神秘的。为什么？因为中国式的庭院是园林和建筑合一。在中国庭院里，不仅有四季植物呈现出来的时间的流动和生命的变化延续，同时有凝缩的山峦丘壑，有亭台楼阁、曲径通幽。更为重要的是，中国庭院是表现中国文化中家庭血缘、伦常和道德意识的世俗性“殿堂”，又是一处给人带来平等感的另类空间。①

① 摘自绿城集团《景观设计手册》。

总之，一个具备“去中心化”和“平衡”思维规划的小区，才是真正的“智慧”小区。挪威著名城市建筑学家诺伯舒兹在1979年提出“场所精神”概念，他所说的场所指的是因为空间的特性，让人对一个地方产生精神上的认同感、归属感和方向感。一个具足规划“智慧”的小区，应该就是一个具备“场所精神”，能让人体验富有意义的生活情境的家园。

评判好规划的思维模型

评判规划方案的优劣有两个角度，一个是从市场的角度，一个是从科学的角度。

从市场角度评判规划，主要有三个维度。

维度一：经济指标是否满足，产品线的搭配能否实现利润与现金流的最佳平衡；

维度二：分期推售的适应性，包括首期产品是否能较好地衔接市场，是否容易分期开发，展示区是否可以先行建设等；

维度三：卖相是否符合整体定位形象要求，包括沿街的标志性建筑以及内部商业等特殊空间是否能提升项目的整体形象。

从科学的角度评判规划，我们可以在上述概念和底层规律分析的基础上研发出一个简单实用的思维模型（图3-6）。我们把规划分为天人、地人、天地、人我、我天等五个维度，分别解决小区的舒适度、内涵、氛围、次序、意境等五个层次的问题，这五个层次由低到高，代表着小区规划的五重境界。

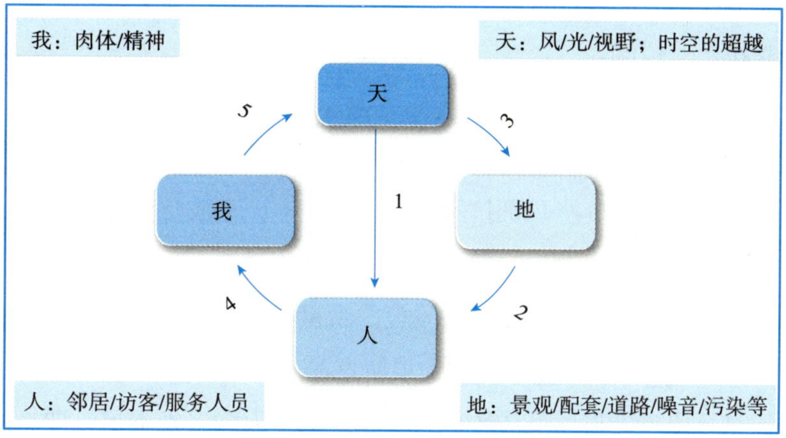

图 3-6 规划的五维与五境

一、天人维度：社区舒适度

天，指的是自然风、日照、光线、空间、视野等自然因素。这些自然因素看似简单、原始，但却是对人居生活质量影响最大的因素。因此，天人维度解决的是小区舒适性的问题，也是规划方案首要考虑的第一维度。舒适性不满足，规划方案其他维度的追求就成了无源之水、无本之木。市场上豪宅与非豪宅的最重要的区别之一也在于天人维度的具足程度不同，我们前文所说的单元空间面积、户均空间面积、房均面积、梯户比等豪宅奢侈指标，无一不是指向天人维度的考量。我们经常说，一梯一户优于一梯两户，一梯三户优于一梯四户，一梯五户优于一梯六户，梯户比越高，日照、通风、采光就会越优秀，舒适度就越高，这都属于天人维度。

同样是5.0的容积率，方案一是纯点式楼，朝向东西南北；方案二是纯点式楼，全朝南；方案三是部分点式楼加部分一梯四户板式楼，全朝南。三个方案虽然日照都能满足，但一般来说，肯定是方案三优胜，因为除了日照之外，全南向板式楼的通风、采光、视野都要更优秀，一个优秀的规划方案懂得在均权和资源最大化之间做出平衡。即使方案

一、方案二的集约程度可能更高，地人、天地维度可能更优秀，但天人维度是排第一位的。

再比如常见的“高低配”规划方案，将容积率分解成高密度和低密度产品的组合，但我们经常见到容积率拉高、拍低过度，导致二者比例失衡，要么高密度产品拥挤不堪，楼间距小，几成牵手楼，朝向、通风、采光、视野都很糟糕；要么低密度产品的面宽不足，超大进深，采光不好，品质低。这都属于天人维度的考量不足，当然不是好规划。

有的楼盘，容积率 1.1，却为了所谓的有天有地，硬要规划纯排屋小区，结果出来的排屋品质较低，要么进深过大，采光不足；要么间距小，对视严重，私密不足；要么出现背靠背排屋，采光通风都不好。天比地重要，这是原则。

天比地重要，还得具体问题具体分析，有时也有例外。规划实践中经常会遇到景观与朝向的矛盾，比如小区北面看河，那么小区的主朝向应该是朝北还是朝南？关于这个问题，主要是看“地点”“景点”与“毒点”三者之间的利弊权衡。在中国南方地区如两广云贵川等地，大多不注重朝向，如果景点一侧无毒点，如高级别马路带来的噪音、污染源等，则一般可以选择景观优先，如果有毒点，则可能朝向优先；在中国东北高寒地区，冬天阳光稀贵，即使景点一侧无毒点，也要注意尽量朝向优先，兼顾景观；在华中、华东等较注重朝向地区就需要权衡，对比景观的稀缺性和“毒点”的重量级，两害相权取其轻，两利相权取其重。

二、地人维度：社区内涵

地人维度指的是如何调用地上的景观、道路、商业配套等资源为居民服务，同时最大程度规避“毒点”对居民生活的影响。地人维度包括人与小自然（大自然是天）、人与人之间的关系，是一个社区之所以为社区，之所以区别于医院、酒店、学校等建筑的本质和内涵所在。

一个好的小区规划，要最大化地照顾人在地面上健康、交融、安全、便捷的需要，要能把人多吸引到户外及地面上活动。小区要有适宜规模的组团或邻里，要有突出的中心和公共空间，景观的生态性、功能性、可参与性都是必需的，不但要做到人与自然间的互动，还要吸引和照顾到人与人之间的互动。最好要能做到人车分流，园区道路要有人性化的尺度，要有安全的步行系统，公共空间的道路既美观又充满情趣。商业配套既要便利到居民又要避免对居民生活的影响，小区要达到飞鸟入林般安定和美好。

三、天地维度：社区氛围

天人、地人维度是规划考量的基本维度，一般规划方案都会关注到，区别只是优秀程度的高低；但到了第三个层级以上，较为低级的规划就不会关注了。

人走到一个园区空间，有的会感觉惠风和畅、心情明媚、豁然开朗，有的则会感觉压抑闭塞、阴气沉沉甚至满目萧然，之所以有如此区别，关键就在于规划时对天地维度的考量与否。小区里的植被和水景都应该布置在向阳的地方。在没有阳光的地方种植大量的树木是对植被的不尊重，也是非常严重的浪费。水景也是一样，背阴之处的水景除了滋生蚊子、浪费小区资源之外，其他实在是乏善可陈。科学规划的项目，则会在阳光充足的区域种树和布置草坪，阳光比较差的地方则布局临时停车位，布置常绿植物或者生动雕塑物等元素。笔者就曾去过一个园区，绿化是很好，但密得有些阴森，不透阳光的背面，走在树下，不时有虫子掉下来，这就是典型的规划时没有考虑天地维度。

天地维度，指的是要考虑空间、日照、通风等因素对园林、儿童与老人等公共活动区的影响。天地维度解决的是社区氛围的问题。万科在规划之前，都强调从日照、通风这两大重要因素去切分公共区域与私属住宅的比例划分，以确保后期的园林、儿童游乐场、老人活动区等有足够的空间、日照、通风。很多规划都忽略了这一点，把活动区放置在背光面或者完全阳光曝晒，完全不利于人到户外活动。

天地维度还包括建筑物高度与覆盖率之间的平衡与协调。一味拉高建筑物，降低建筑密度，规划出再大的花园，参与度也不会高。亚历山大的《建筑模式语言》一书引用了珍妮·莫维勒的一份研究丹麦情况的报告：

> 2 至 3 岁的儿童，开始独立地在户外玩，高层公寓只有 2%，而低层公寓却占 27%。年满 5 岁的儿童，至今未独立在户外玩的，高层公寓的有 29%，低层公寓的则一个也没有。①

相反，一味降低建筑高度，增加建筑覆盖率，导致没有中心花园和公共空间，园区氛围也会受影响。在可能的条件下，在天、地两者之间做一个平衡，增强亲地性，也是好规划的题中应有之义。旭辉 CIFI-6 产品中，除了地面的各种公共活动场地，还在高层住宅中设计了易于到达的“类地面”场所——共享空中花园，就是出于这一维度的考虑。

四、人我维度：社区次序

人我维度指的是小区规划要处理好业主与访客以及服务人员之间的动线关系，既要注重便利又要防止干扰，前文所说的旭辉六大动线规划就是这个维度的考量。人我维度解决的是小区次序问题。

许多楼盘的物业服务做得不好，并不全是物业人员不负责任，很大一部分原因就在于小区规划没有考虑业主入住以后的人我动线设计，结果导致收快递不方便、送外卖不方便、访客停车不方便、丢垃圾不方便、外人进出不方便、车辆进出不方便、司机等候不方便、找物业人员不方便等种种问题，小区安全也没有保障。一个没有次序的小区，除了不安全、不方便之外，也一定是没有档次的，因为礼序是豪宅的冠冕，是马虎不得的。

---

① ［美］C. 亚历山大，等 . 王听度，周序鸣，译 . 建筑模式语言［M］. 北京：知识产权出版社，2001：295.

人我维度规划涉及种种细节，普通的规划方案中也是少有考虑的，只有高水平的规划才能做到这一点，因此，可算是规划较高的第四重境界。

五、我天维度：社区意境

这里的“天”指的是超越性，我天维度指的是人在小区里能达到一种对“有限自我”的一种超越，这种超越可以是时间的，也可以是空间的，其最高境界是中国传统文化所说的“天人合一”。我天维度解决的是小区意境问题，这个维度是最难的，也是规划最高的第五重境界。

所谓意境，就是情景交融、意在象外。对房地产规划来说，“景”和“象”，可以概括为园区可以满足人自我实现的三种渴求——美、权力、桃花源，园区的规划能让人看到美好、意义与情感，能看到权力的骄傲，能看到桃花源般的安定与闲适。比如杭州绿城·桃花源项目就以陶渊明笔下的“桃花源”为蓝本，规划园区村落，将大自然美好融入居住空间环境。但光有这些还不够，意境是要超越具体的、有限的场景，进入无限的时间和空间，即所谓“胸罗宇宙，思接千古”，从而对人生、历史、宇宙获得一种哲理性的感受和领悟。

小区规划要做到有意境非常不容易，我们前文所说的“灰空间”即属于这个维度的考量。

综上所述，这五个维度代表着小区规划的五个境界，能否具足这五重境界就能评判小区规划水平的高下。这五重境界呈金字塔型分布，顺序是不能颠倒的；五重境界中的四种因素——天、地、人、我，互相交织，你中有我，我中有你，共同建构一个美好的社区。

房地产开发实践中，评判一个规划方案的优劣，我们一般同时从市场的三个维度和科学的五个维度去全面衡量。掌握了上述模型，能够帮助我们更快、更全面地做出判断。当然，这些思维模型需要我们在实践中不断修正、完善，以便于更好地接近真知。

第 4 讲　讲解户型的三个标准

【概　　念】坐标思维　立体思维　场景思维　别墅

【思维模型】户型的基本面与项目面　户型性能标准表　住宅朝向排序表　住宅家具尺寸表　住宅收纳空间表

本讲继续“蹲马步”的练习，开始“马步二讲”的第2讲：户型。有句话讲，来不来看环境，买不买看户型。对购房者来说，户型是置业决策最看重的因素之一；对开发商来说，户型是实现项目溢价、赢得竞争的“杀手锏”之一。因此，讲解户型是4.0时代的职业经纪人必须掌握的最重要的基本功，没有之一。

中国地产30年，培养了一批又一批多次置业的“老司机”，他们很多人对户型的研究甚至超过普通的售楼员。在4.0时代，如果还只会给客户指出客厅、卧室、厨房的位置，告诉他们进深、开间的尺寸，区分是否南北通透，这样的销售人员对客户来说，几乎是毫无价值的。

业高为师，4.0时代的职业经纪人要成为置业“老司机”的老师，在讲解户型上至少要达到三个方面的标准：透、细、活。

第一个标准：透——坐标思维

“透”是穿透的“透”，合格的讲解必须具有穿透力。正如本书下一讲要讲的，卖点是在商品本身与竞品构建的一种“关系”框架中确立的比较优势：价值最大或者风险最小。因此，讲解户型的第一步是，必须树立“坐标思维”，通过与竞品价值坐标的比较来宣示户型的卖点。这样，就能穿透市场的迷雾，让客户获得具足安全感的销售指引。相反，如果销售人员只是拿着户型图自说自话，对竞品市场不做透彻的了解和比较，这样讲出来的只能算是“信息”而不是“卖点”，对客户当然没有杀伤力。

要用坐标思维讲透一个户型，这里介绍一个好用的思维模型——户型三叉星（图 4-1），帮助大家克服盲人摸象的思维局限，掌握户型鉴赏这一最重要的基本功。所谓“户型三叉星”，大家脑海里可以想象奔驰的“三叉星”标志，意思就是从三个维度——户型的基本面、项目面和竞争面来剖析户型的价值。

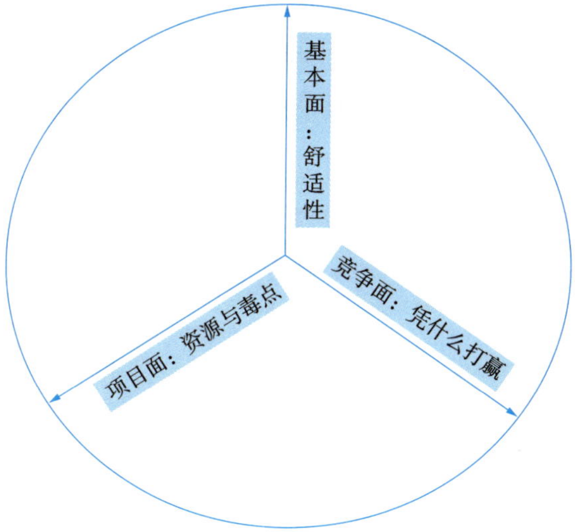

图 4-1　户型三叉星

一、户型的基本面

户型的基本面主要包括户型尺度、格局合理性、户型附加值三个方面，主要反映户型单体的性能和舒适度。

（一）户型尺度

户型尺度的标准是相对的，不同的户型根据其所属的不同档次，对尺度的要求标准也不同。比如，一个 130 平方米的两房算是“享受型住宅”，其客厅开间至少要求 4.5 平方米以上，而一个 150 平方米的四房则只能算是“舒适型住宅”，客厅开间达到 4.2 平方米就合乎标准了；一个 70 平方米的“经济型住宅”，主卧室开间达到 3.3 平方米即正常，而一个 150 平方米的“舒适型住宅”，主卧开间则至少要 3.6 平方米才算达标。

根据户型的功能定位，我们可以将其分成四种：社交型、享受型、舒适型和经济型。我们在本书的第三讲将后两种户型统称为刚需产品。刚需产品和享受型产品的分野就在于房均面积是否达到 48 平方米，至于社交型产品，则在房均 80 平方米以上。

关于户型尺度，4.0 时代的职业经纪人首先得掌握一张“户型性能标准表”（表 4-1），对各类户型尺度的大小有一个基准点概念，大则为优，小则欠佳。

表 4-1 户型性能标准表

户型性能标准	享受型	舒适型	经济型
客厅开间（m）	≥4.8	≥4.2	≥3.3
客厅实墙面长度（m）	≥5.7	≥4.5	≥3
客厅面积（m^2）	≥30	≥20	≥10
餐厅面积（m^2）	≥16	≥12	≥6
餐厅实墙面长度（m）	≥3.6	≥3.3	≥3
主卧室开间（m）	≥4.2	≥3.6	≥3.3
主卧室（不含主卫）净进深（m）	≥4.8	≥4.2	≥3.6
主卧室面积（m^2）	≥20	≥16	≥10
小卧室面积（m^2）	≥12	≥10	≥7
书房面积（m^2）	≥7	≥7	≥5
卫生间面积（m^2）	主卫≥6，公卫≥4	主卫≥4，公卫≥3	≥3
厨房净宽（m）	≥2.4	≥1.8	≥1.5
厨房面积（m^2）	≥8	≥6	≥4
生活阳台进深（m）	≥1.5	≥1.5	≥1.2
层高（m）	≥3.1	≥3.0	≥2.8

除了上述的绝对尺度外，各个功能空间也有一个相对比例和尺度，

不然就会失衡，如厨房占套内建筑面积比例一般不小于 5%，客厅、卧室的宽深比应小于 1∶2 等。当然，这里要强调的是，户型的尺度也是有限度的，房子的大不是傻大，故宫 72 万平方米，皇帝的卧室也只有 10 多平方米。中国文化强调藏风纳气，一般来说，卧室层高一般不要超过 3.5 米，主卧室不宜过大，一般不宜超过 30 平方米，否则，一则身体散热太快，二则心里空旷难以建立安全感。

（二）格局合理性

房屋格局的合理性包含四个关键词：通风、采光、宁静与交融。

1. 通风和采光

在中国，除了东北、西北等高寒地区强调采光，其他地区的户型都强调通风是第一要义，尤其对于南方炎热地区来说，通风不行的房子，采光好反而是一个缺点。对于中国购房客户来说，南北通透是住房的第一理想，采光好，也能形成南北对流的穿堂风，冬暖夏凉。南北通透当然最好，但很多小户型很难做到，退而求其次，厨房和卫生间最好有窗户，可以形成自然通风。

值得注意的是，除了南北对流之外，侧窗也能形成对流，这就是“端头户”的好处。比如东边户，东向的窗户和南向的窗户同时打开，也能形成对流，夏天比较凉快。现代住宅设计中，为了加大穿堂风，一般会适当加大南向房间窗墙比，但南北向窗墙比不可相差太大，否则也不利于夏季穿堂风的形成。

除了通风之外，采光也很重要，尤其是在北方寒冷地区，冬天的阳光是最珍贵的资源。户型内部的主要功能空间如客厅、主卧最好都能采光，最低限度，主卧室必须能晒到太阳。采光跟朝向有直接关系，朝南的房屋可以保持充足的阳光。不过，一般来说，正南、东南、西南朝向的房子光照都不错，一天之内室内能接受 2～3 个小时的阳光射入时间已经足够，已经足以起到杀灭细菌、调节室内温度的作用。

关于通风采光，有一个较易忽略的指标——“窗地比”，即窗户采光口面积与地面面积的比例，它是估算室内天然光水平的常用指标。一般说来，住宅客厅的窗地比是 1∶6~1∶4，卧室的窗地比 1∶6~1∶8，最好不小于 1∶7，这样采光和通风才比较好。

户型的进深过大会影响采光。一般来说，普通住宅的进深以不超过 14 米为宜，有些阳光薄板户型进深在 10 米左右，南北通透并且客厅、餐厅、卧室、卫生间、厨房五明，可谓户型中的极品。值得注意的是，并不能一味强调大开间、小进深，卧室的进深过小会影响到衣柜、床头柜等收纳空间的布置，进而影响到居住的舒适性，也不是最佳格局。一般来说，主卧室的静进深（不含卫生间）不宜小于 3.6 米。

2. 宁静

墨西哥著名的建筑师路易斯·巴拉干说：

> “宁静是解除痛苦和恐惧真正伟大的良药，无论奢华还是简陋，建筑师的职责是使宁静成为家中的常客。”

“宁静”对住宅是如此重要，有意思的是，中国古代风水强调的原则，如玄关、避免门冲、一箭穿心以及挡煞等，其本质都是强调“宁静”。要注意的是，这里所说的“宁静”主要是强调卧室的宁静，并不指的是动静分区。在现代住宅设计中，早年倡导的“动静分区”理念是一个伪命题，现在更青睐客厅放中间，次卧室和主卧室分列两边的户型，客厅作为主卧室与其他卧室之间的“缓冲区”。在销售中，我们会经常遇见一种“手枪柄”户型（图 4-2），样子难看，并且普遍进深

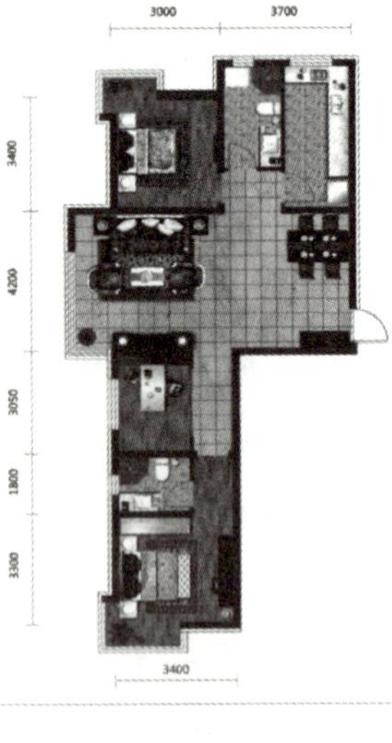

图 4-2

较大，采光不足，在销售中抗性较大。但该户型的最大优点就是卧室的宁静，南面的主卧区与北面的次卧区隔了一个客厅，主卧区自成一体。

除了客厅之外，步入式衣帽间、卫生间、书房等都可以作为缓冲区。缓冲区设计可以有效保障卧室之间的互相干扰，尤其适合三代同堂家庭，或者家庭成员中有打呼噜习惯和神经衰弱症的人，是非常人性化的。

缓冲区设计的典范之作就是万科在 2015 年推出的“四叶草”户型（图 4-3），这种户型的布局是厨房、餐厅、客厅三大功能空间布局中轴，东西南北四个角布置四个房间，如叶片般舒展，每个房间的成员，相隔较远，不易互相打扰，空间上更加私密。

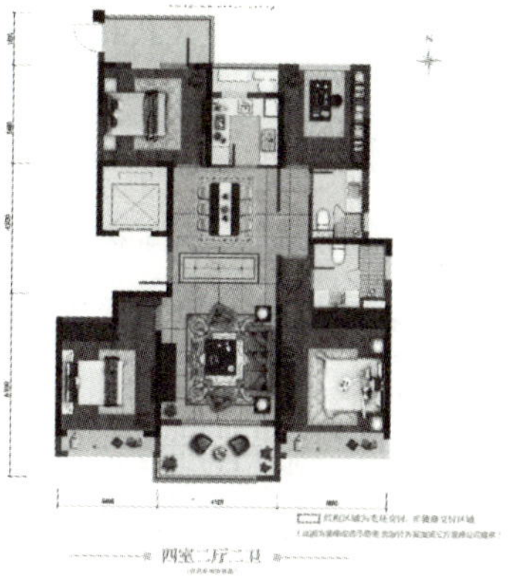

图 4-3

3. 交融

如果说卧室区的设计要求是宁静与私密，那客厅、餐厅、厨房等功能区的讲究则是交融；如果说前者设计的要义是安静地休息，那后者承载的则是家人、亲友对情感和交流的渴望。从“社交厨房”到“横厅”再到“巨厅”，这些概念正在试图优化重组空间，重塑家人、朋友关系。旭辉 CIFI-6 产品提出“巨厅”设计，把传统的客厅、餐厅、阳台、中厨、西厨、书房、玄关等都并入了一个大空间。一个四口之家，下班后，丈夫加班，妻子做饭，两个孩子玩耍，可以在同一个空间进行，每个人都可以看见其他人，一家人随时用目光产生交融。这个大空间还可以用来开 Party，满足主人的社交需求。

这里需要指出的是，充足的通风采光、卧室的宁静私密、功能区的交流融合，住宅户型格局的这三大原则要全部满足是不容易的，一般情况下，在大户型中比较容易实现，经济居家的小户型则视情况要做出一定取舍。

（三）户型附加值

常见的户型附加值主要有赠送面积、超小公摊等等。目前市面上销售的户型，通过设计入户花园、错层挑空露台、阁楼、夹层、凸窗、飘窗等赠送面积的较为多见。但值得注意的是，赠送的面积必须得注重实用性，不能玩花哨，成为垃圾面积。比如同样的赠送地下室，在干燥的北方很受欢迎；但在潮湿的南方，地下室的实用性就大打折扣；再比如赠送入户花园，但面积过小，既不能改造成房间，又不能与其他主要空间形成联动，成为食之无味弃之可惜的鸡肋，这样意义就不大了。

一梯一户（或两梯、三梯一户）专属电梯或者电梯直接入户形成的专属电梯厅虽然算不上赠送面积，但电梯厅毕竟可以作为业主独家使用的一个半私密空间，也算是户型的附加值。

最近在业内风靡的以全生命周期理念打造的“万花筒住宅产品”，取消室内墙，做结构大板处理，解放室内空间。以 125 平方米户型为例，可以变幻出 6 种格局，分别为均好型幸福家、改善型思想家、炫酷型社交家、便捷型生活家、双孩型成长家、乐龄型尊老家。6 种处于不同生命周期的家庭均能找到适合自己的功能需求，赋予一种户型空间无限的可能性，这也是一种附加值。

二、户型的项目面

户型的项目面指的是因为户型所处项目位置的不同，导致天、地、人三个层面的资源优劣的差异。天，指的是通风采光、视野等；地，指的是景观、噪音、污染等；人，指的是梯户比、人口套密度等指标。同样一个户型，外部资源和“毒点”不同，其价值可能千差万别；A、B、C 三个竞品项目，户型设计都不错，单从基本面很难分出高下，如果结合户型项目面占有的项目资源来评估，可能就很容易做出取舍了。一个成熟的置业顾问应该懂得将具体户型放在项目的具体位置来考其优劣，而不仅仅是简单地看户型图。

一个户型单从基本面上看不错，但到实地一看，可能临主干道，噪音太大，或者楼间距太小，视野不佳，通风采光均受影响，这个户型的价值就会大打折扣；相反，户型本身可能有些瑕疵，但如果有较好的景观面或超大楼间距，视野永久性无遮挡，南向日照充足，那这个户型也能畅销。这是先天的资源差异导致的价值差异。

户型的项目面基本是由项目的先天资源和规划布局决定的。现代规划理念讲究土地价值最大化和均好性的平衡。土地价值最大化指的是将好的土地资源向好的户型倾斜，比如我们常见的“楼王”，即将最好的天——最适宜的朝向、最大的间距，最好的地——最佳的景观资源、最少的噪音影响，最少的人——尽可能低的密度、尽可能低的梯户比都堆在楼王——最大的户型、最佳的格局身上，创造最高的价值。均好性则讲究对不利因素的规避和弥补，比如临马路一侧的户型，噪音较大，但户型附加值却最大。

这里需要注意的是，天、地、人三个层面的价值都是相对的，要根据每个项目的实际情况辩证地衡定。比如，户型朝西，本来是不好的朝向，但因其西向看江，价格却最贵。

关于天、地、人元素，我们重点说一下其中的朝向问题。

说到朝向偏好，首先我们来普及一下关于房屋朝向的常识。判断房屋朝向主要是看其主要采光面即客厅和主卧室的朝向，选择主要采光面和主人的生活习惯相关，即哪个空间使用率最高、使用人数最多，哪个就是主要采光面。如果主人是“宅一族”，整天宅在客厅或主卧室，那客厅或主卧室的朝向就代表房屋的朝向；如果主人是繁忙的上班一族，家基本上是睡觉的地方，那主卧室的朝向就代表这房屋的朝向；如果是三四代同堂的大家庭，卧室较多，那多数卧室的朝向就代表房屋的朝向。

关于朝向的好坏，大家都知道，正南>东南>西南>东>西>东北>西北>北，但值得注意的是，阳台对不佳朝向具有特殊点化作用。西向的缺点是西晒，但西向有了阳台后，射进的阳光会减少 60%～70%，西晒的主要矛盾被大大削弱；而西朝向所带来的好处比如说晾晒衣物、被褥，傍晚欣赏美丽的夕阳以及冬天那温暖而宝贵的阳光就会让生活变得非常惬意。北向的缺点是阳光不足，但到了夏天，朝北的房间就变得非常凉爽，尤其对于炎热的火炉城市来说，这也是一大卖点。冬天会有西北风，但有了阳台就可以将风挡掉大部分。

户型价值不一样，价格当然不一样，有心的销售人员，善于分析价格表，结合户型的价格与价值以及客户的需求来给客户推荐性价比最高的户型。如果有条件的话，置业顾问可以对照营销团队在做价格表时的“爬楼打分表”①，自己实地去勘察每个户型，就能理解价格差是如何形成的，通过价格差就可以有效引导客户。比如以下说辞：

陈先生，您相中 3#楼 20 层的 G 户型，但就是觉得价格有些贵是吧？我刚才也听明白您的需求了，家里有老人、小孩，最看重房子的通风、采光，景观倒无所谓。您刚才看的那套肯定是比较贵的，3#楼位于我们园区中心，能看到整体园林景观。20 楼，采光、通风都非常好，而且北面能看到河景。您嫌这套价格贵，我给您推荐 2#楼 7 层的 H 户型，2#楼位于我们园区的第一排，隔着一条小马路的对面小区都是 6 层的多层，7 楼越过多层，南向永久性无遮挡，视野和通风采光是很优秀的。这两套面积差不多的，但 H 户型价格要便宜 1120 元/平方米，只不过 H 户型不能看河，小马路可能会有一些噪音，但道路级别低，没有货车通行，平时交通也不繁忙，不会影响您的休息，并且正因为隔着一条小马路，2#楼的南向楼间距达到了 60 米以上，采光非常好。您如果较看重通风采光的话，我觉得这套是最适合您的。

---

① 陈利文．房地产营销 19 讲［M］．广州：广东经济出版社，2010：120.

三、户型竞争面

户型竞争面指的是将户型放在与市场竞品的比较中确立起比较优势，明确自己的竞争占位。很多户型表面上看起来很普通，没有太多亮点，但是将其放在与竞品的比较中就能看出优点，这就是“不怕不识货，就怕货比货”。比如一个两房两卫的户型，75 平方米，格局中规中矩，优势不明显；但如果与竞品的两房两卫，85 平方米的户型放在一起，优势就显现出来了：同等功能面积最小化，公摊小，总价低。

正如科特勒所说：

> “为了避开商品陷阱，营销者必须相信任何事物都是可以差异化的。”①

优秀的置业顾问需要做足功课，反复研究竞品，对各个项目、各个户型的优劣势都了如指掌，对自己项目“差异化”的占位成竹在胸，才能提出洞见和新知，真正以“老司机”的标准胜任置业顾问。

第二个标准：细——立体思维

讲解户型的第二个标准是细。4.0 时代的职业经纪人要成为半个“室内设计师”，拿着一张户型图或者进入一套房内，脑海里必须能浮现出一幅三维立体的家居设计场景，这样的专业度才能让客户信服。比如以下案例：

陈先生，您是觉得这个小卧室太小是吧？我们现在看的是毛坯房，显得小，装修好，摆上家具之后就不会了。我们项目的户型是设计师经过反复研究并且摆放家具测算过的，所有的户型都必须保证其功能实用

① 菲利普·科特勒．科特勒营销思维（第 1 版）［M］．北京：中国人民大学出版社，2015：85.

性。您看这个小卧室，开间2.5米，进深2.8米，我们是按照业内最小面积标准7平方米设计的。功能布局是一个小号的双人床，一个衣柜，床是1.5米×2米。我们先看进深，这个房间的净进深是2.6米，床的宽度为150厘米，衣柜的深度是55厘米，另外还留下一个55厘米的人行过道，过道的顶头刚好可以放一个50厘米宽的床头柜。再看开间，这个卧室的净开间2.3米，摆一个2米大床是够的。不过，这个房间我还可以建议您装修一个榻榻米，三面靠墙，可以当书房、茶室、客房，一房n用，同时收纳空间还增大了一倍不止，非常好用。

要训练讲解户型的立体思维，销售人员必须谙熟各种家具的基本尺寸以及户型内部空间的收纳等精细化、人性化的设计。

一、三种户型的家居合理尺寸

如上所述，我们将常见的户型分成经济型、舒适型、享受型三种，实践中，销售人员可以掌握其中的一种户型，以之作为参照系，就很容易形成系统的立体思维。下面，我们就以经济型户型作为研究家居合理尺寸的蓝本。

（一）客厅

经济型户型客厅面积最小在10平方米以上；进深方向考虑三人沙发及一组单人沙发，至少大于3000毫米；同时需考虑视觉效果，电视观看距离以屏幕对角线3倍为视觉效果最佳，以普通40英寸电视为例，合理视距为3000毫米，除去沙发及电视与墙距离，净开间尺寸在3300毫米。

（二）主卧室

主卧室（图4）是经济型住宅中最重要的功能空间，我们可以从家具的尺寸反推布局。

（1）净宽：床长度2000毫米+卧室门1000毫米，开间≥3000毫米；

（2）净进深：床宽 1500 毫米+床头柜 1200 毫米+衣橱 600 毫米，尺寸≥3300 毫米；净进深增加到 3900 毫米以上，可设置梳妆台 800~1200 毫米宽，人的活动空间加大；

（3）其他尺寸见表 4-3。

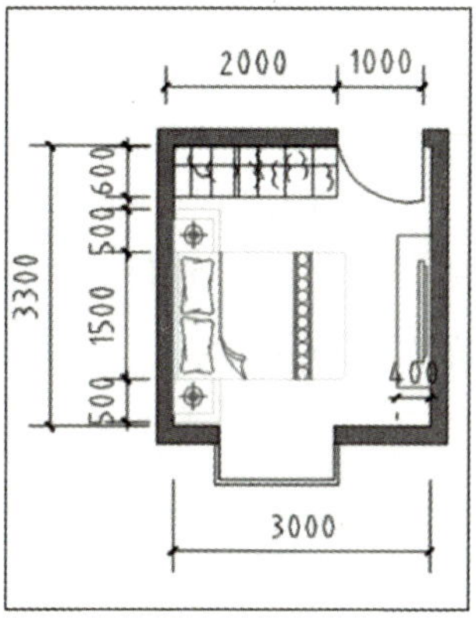

图 4-4

（三）儿童房

对于经济型儿童房（图 4-5）布局，考虑到电脑及书架，衣橱等，在面积受限制下：开间最小净尺寸可≥2400 毫米；进深方向可≥3000 毫米。书架深 240~280 毫米，其他具体尺寸见表 4-3。

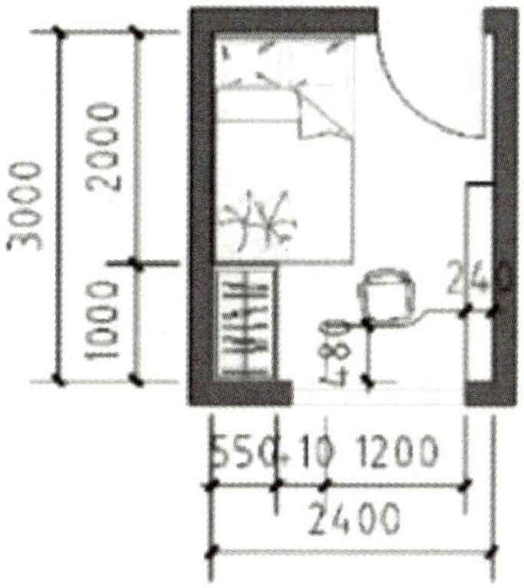

图 4-5

（四）书房

经济实用书房（图 4-6）主要考虑办公桌及书架设计，另外可增加休闲区域，一般 5 平方米左右房间即可布局。具体尺寸：

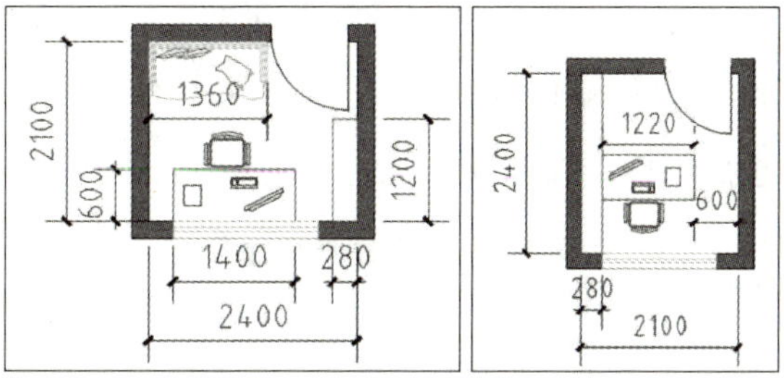

图 4-6

（1）书架：宽 600~2100 平方米，宽较为灵活，深 240~280 毫米；

（2）双人沙发：宽 1200~1700 毫米，深 600~900 毫米。

（五）厨房

经济型户型一般布置 I 型和 L 型厨房。舒适型以上大户型则可以布置半岛型、岛型开放式厨房，岛型平面只适用于大厨房，令“工作三角”更紧凑高效。小岛本身是一个独立操作台，可以用来贮物，安装灶具或水槽，岛的另外一侧可以设计成吧台，客人可以在这里与厨房操作的主人聊天，因此，这类厨房也被称作“社交厨房”。

I 型厨房最适用于狭长的房间，占用面积较小。要想达到理想效果，一面墙不能短于 3000 毫米；最小净宽要求 1500 毫米以上，最小净长 3000 毫米左右，经济型户型厨房操作台最小尺寸 2100 毫米。其他尺寸：冰箱：宽 580~630 毫米，双开门 900 毫米；水槽：宽 770~820 毫米；灶台：宽 700~750 毫米；微波炉：宽 480~520 毫米。

L 型厨房的橱柜沿着两面相邻的墙布置，非常实用而高效。L 型厨房的最小净宽要求 1800 毫米以上，最小净长 3000 毫米以上。

（六）餐厅

经济型户型的餐厅使用面积 6 平方米以上。其空间尺寸需要考虑坐凳和人同行的活动空间：人通行宽 760 平方米，人座位占用宽 520 毫米；可靠墙布局，靠墙面最小尺寸 3000 毫米。4~6 人餐桌一般长度 1000~1400 毫米，宽度 600~1000 毫米。

以上的尺寸我们总结如表 4-2 所示，需要熟记。

表 4-2　住宅家具尺寸表

序号	家具	尺寸	备注
1	双人床（小）	2000mm×1500mm	
2	双人床（大）	2000mm×1800mm	享受型户型床前可放置脚凳，深 500mm
3	单人床	2000mm×1200mm	
4	床头柜	宽 500~600mm	

续表

序号	家具	尺寸	备注
5	大衣橱	深 550~600mm	
6	玄关鞋柜	宽 500~1500mm，深 300mm	
7	方形餐桌（6~8 人）	长 1700~2000mm 宽 800-1200mm	人行通道 760mm
8	圆形餐桌（10 人）	半径 1500mm~1800mm	享受型户型配置，靠墙长度 4000mm 以上
9	电视柜	600~2400mm×400~600mm	
10	梳妆台	800~1200mm×400~550mm	要求卧室进深 3900mm 以上
11	浴缸	1500~1800mm×700mm	浴缸与对面墙的距离最好有 1000mm
12	电脑桌	800~1400mm×480~620mm	座椅：宽 450~650mm，深 450~600mm

二、户型的收纳

收纳是现代住宅装修最重视的环节之一。日本的住宅收纳空间一般达到住宅使用面积的 1/10 左右，且分类细致；万科 95 平方米的精装住宅，收纳空间就能达到 2 万升，相当于 40 个奔驰轿车后备厢。在成品住宅逐渐成为行业趋势的背景下，收纳设计就成了消费者尤其是女主人青睐的一个重要买点，当然也成了各类精装房比拼功力的主战场，单就进门的“大肚量”鞋柜，各家的精细设计就层出不穷。相反，不重视收纳设计，比如进门鞋柜预留的深度只有 20 厘米（成人的脚长一般至少在 24 厘米），这类粗糙户型的竞争力就会大打折扣。

4.0 时代的职业经纪人必须对户型的收纳有着深刻的理解和认识，进入房间内必须有清晰的三维立体概念，知道哪些空间要设置收纳功能，如何对收纳进行细致分类、合理布局，如何合理开发空间的收纳潜力。尤其是小户型，优秀设计师的功力就在于螺蛳壳里做道场的本领。在销售毛坯房的时候，优秀的销售人员同样要具有这样的本领，才能高屋建瓴地引导客户。

收纳空间可以分成两大类十二小类，整理如表 4-3 所示。

表 4-3　住宅收纳空间表

序号	大类	小类	说明
1	常规收纳空间	门厅：鞋柜	大户型的玄关柜面积加大，除旋转鞋柜之外，还可以设置挂衣区、雨伞区、置物区，用以收纳行李箱、烫衣板等较难收纳的物品
2		客厅：电视柜	电视柜宽 600~2400 毫米，深 400~600 毫米
3		过道：物品柜	
4		主卧：衣帽间、五斗柜	衣帽间面积最小在 4 平方米左右，面积较大户型还可以分别设置男士、女士衣帽间，进深 600~800 毫米。L 型衣帽间：面积在 4 平方米左右时，净宽最少在 1500 毫米，一般 2500 毫米×1500 毫米适合. U 或者 II 型衣帽间：面积在 6 平方米至 8 平方米的规则空间
5	潜力收纳空间	次卧：壁柜、床头柜	
6		厨房：橱柜	身高 160 厘米的女主人，最适合的台面高度是 90 厘米；厨房台面需设置隔水沿；冰箱顶部可设置吊柜；橱柜上方墙面利用
7		卫生间：卫生用品柜	墙体可设置壁龛
8		盥洗室：洗涤用品柜	1750 毫米以上的台面设置双台盆；手盆下方悬挂柜、镜柜、马桶上方吊柜，侧面可设置马桶伴侣，放置手机、手纸等
9		储藏室：杂物柜	生活阳台也可以设计一个家政柜，收纳家务劳动必需品
10		向上拓展	高低床、墙面高处利用
11		向下拓展	床、茶几、餐桌、手盆、室内楼梯等的底部空间
12		向里拓展	墙面储物格、橱柜转角空间

这里重点介绍的是“潜力收纳空间”，设计者可以通过向上、向下、向里三个维度的拓展，开发出很多隐性空间。向上拓展的应用比如使用高低床，功用可以一房变两房，解决二胎或者家里来客人的不时之需。另外，客厅、卧室、厨房、卫生间的高处墙面，通过购置或者定做吊柜、壁柜或者下拉式储物柜之类的家具都可以合理利用，增强收纳能力。向下拓展则指的是床、茶几、餐桌、手盆等固定家居的底部空间的

利用，通过购买或定做创新的家具即可实现。向里拓展常见的应用比如厨房的转角拉篮，可以把橱柜里的“黑区空间”充分利用起来。

对于小户型的卫生间来说，收纳是个难题，但如果懂得向上、向下、向里去拓展空间，收纳量就可以轻松增大三四倍。向上拓展比如卫生间的镜柜（梳妆镜后面可以设置储物柜）、马桶上方的吊柜、马桶侧墙的置物柜（即“马桶伴侣”）；向下拓展比如手盆下方设置储物柜，柜体下面能腾出 30~40 厘米的空间，可以放置孩子的浴盆、小板凳等物件；向里拓展比如卫生间里的非承重墙面，装修时都可以挖出壁龛，放上搁板，用以存放洗涤、卫浴用品。厨房也是一样，要利用向上、下、里拓展的思维，充分开拓潜力空间。比如万科的 4 人西厨早餐台（吧台）设计，配置水盆，可以在上面做美食，也可以作为孩子写功课的空间。墙面预留方便家庭火锅的电源插座，吧台下方空间兼顾双边开门设计，既兼顾了厨房的社交功能，又增大了收纳空间。

上述收纳空间按照人体尺度和使用者存取物品的习惯将储藏空间在高度上划分为上、中、下 3 段（图 4-7）。下段是从地面至人站立时手臂下垂指尖的垂直距离，即 620 毫米以下的区域。该区域存储不便，一般存放较重或不常用的物品，也可放置鞋子等杂物。中段是以人肩为轴、上肢半径活动的范围，即620~1850 毫米的区域，为较佳的储存区。该区域存取物品最方便，使用频率最高，也是人的视线最易看到的区域，宜放置使用频率高的物品。上段是 1850 毫米以上的区域，需要借助梯、凳等设备才能触及，多用来放置不常用的物品。

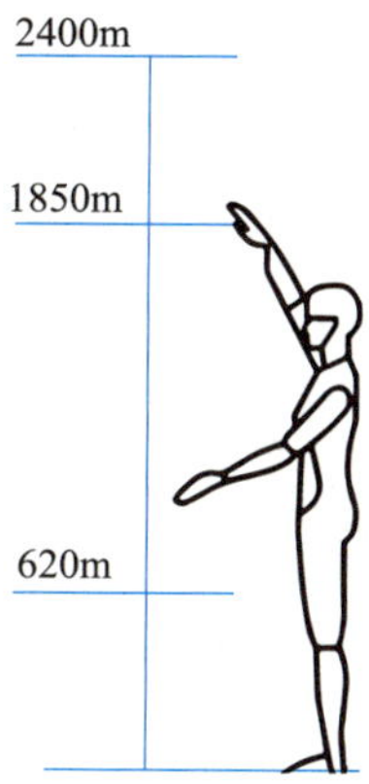

图 4-7

销售实践中，很多销售只是粗浅地带客户看房子的整体空间和格局，而在产品同质化的行业大背景下，户型布局都差不多，因此很难打动客户。实际上，相较于给客户一个空间，给客户一个明确的空间使用方案更重要，也更接地气；能上接天线、下接地气，当然能赢得客户的信任，最终成交。比如下面这个案例：

小明：陈先生，您刚才看了我们项目，觉得怎么样？

陈先生：项目不错，我们全家都相得中，你们这个 125 平方米的四房户型挺好，适合我们家，只是总价太高了，超出了我们的预算。

小明：那您可以选择我们 103 平方米的三房啊，那个户型也卖得非常好的。

陈先生：103 平方米的不考虑，我们家 6 口人，两个小孩，和父母同住，三房根本不够住。再说了，我们家现在住的都是 110 平方米的，也是三房，就是不够住了，才想改善，结果还越买越小。103 平方米的不考虑。

小明：哦，是这样。那陈先生，你们现在住的房子几个卫生间？

陈先生：一个。

小明：110 平方米的房子怎么才一个卫生间呢？

陈先生：我们这房子是原来单位的房改房，设计不太合理。家里有老人小孩，住着很不方便，所以才考虑换房，你们的房子又太贵了。

小明：陈先生，我了解您的问题了。这样，我还是推荐您选择我们 103 平方米三房两厅两卫的户型，绝对够用的。我先给您分享两个专业观点，然后我再带您去看一下这个 103 平方米的样板间，您再做决定也不迟。

陈先生：好的、好的。

小明：首先我给您分享两个观点。第一，房子不好用的最大症结在于收纳和卫生间，① 房间的多少和面积的大小不是最主要的。您自己有住家经验，肯定知道的，您家现在 110 平方米的房子，最大问题肯定不

① 仅限于刚需和刚改类的普通住宅产品，大户型豪宅不在此列。

是没地方睡觉，而是东西没地方放，厕所老是堵车。

陈先生：是的，你说得很对，家里俩孩子，我们弄了个高低床，睡觉没问题。最大的问题就是收纳和卫生间。

小明：您看我们 103 平方米的户型都设计了两卫，卫生间肯定没问题了。收纳空间不够的最大原因就是垂直空间没有充分利用。我们项目所有户型的设计从一开始就与精装修结合考虑，向上、向下、向里多维度进行空间拓展，通过完美的纵向布局让单位面积的使用效能最大化。我们设计师统计过，我们 103 平方米三房两厅两卫，收纳空间达到 2 万升，相当于 40 个宝马轿车后备厢，您原来 110 平方米的老房子能做到吗？130 平方米也不一定能。

您看我们设计的所有储物柜，全部顶天立地，向上拓展，充分利用高处的空间。就拿厨房来说，通过定制橱柜，提前规划，预留水电位，将所有电器都量体裁衣地内嵌到收纳柜体中，边角位还安装了下拉拉篮、转角拉篮，这样能让使用面积提升 40%。向下拓展就是充分利用床、茶几、桌子、手盆等固定家具下方的使用空间。您看，我们这两个次卧室，一个设计成高低床，就可以一房变二房，省下一间二胎房，收纳空间还可以翻两倍；另一个设计成多功能榻榻米，一房 n 用，书房、老人房、客卧、茶室、储物间都可以，还可以使收纳增加 30%；向里拓展就是往墙里渗透，您看我们卧室的衣柜是内嵌到墙体里面的，卫生间的墙体也抠出了储物格，还有推拉门的设计，这样就多出了大量的收纳空间。我们虽然是 103 平方米的户型，但空间做到零浪费，很多一百三四十平方米的户型都不如我们收纳能力强。

卫生间和收纳不成问题了，居住基本就不成问题了。我再和您分享第二个观点：房子不在乎使用面积有多大，而是看起来有多大，因为空间视线通达比使用面积更重要。比如说一个 56 英尺的游艇，其舱内面积也就是不到 40 平方米，但它能容纳 25 人，我们也不觉得小，为什么？游艇四周都是窗户，视线通达性非常好，就不觉得挤了。我们项目户型设计强调平面空间的利用最大化，除了常规的过道不浪费面积之外，还特别强调内部空间的视线通达性。这个户型是边户，三面都有窗户，并且采取的是“餐起一体化”的横厅设计，餐厅和起居厅互相借用空间，开间达到了 7 米，非常敞亮。虽然是 103 平方米，看着比很多 120 平方米的户型还大。

陈先生：嗯，说得有道理，这个 103 平方米的户型刚好在我们的承受范围内，设计确实很关键。您刚才说的很多空间利用手法，我们以前都不知道，也是没有装修经验，所以房子不好用。

第三个标准：活——场景思维

上面我们介绍了讲解户型的两个标准——透和细，以及与这两个标准关联的二维坐标和三维立体思维，但是我们别忘了，户型是人生活的空间，是动态的，是活的，户型承载了“家”的全部爱与情感。想想自己的家，我们可能记不起来户型上的建筑细节，却清晰地记得在客厅的落地玻璃窗前和孩子一起欣赏过优美的落雪，记得在冬夜的床上和爱人拥衾而卧、通宵追剧的场景。

一个优秀的置业顾问必须是画家，他们要先由外而内，进入客户的心里，用客户的眼光感知一家人在户型空间内生活的微场景，然后用自己充满情感的语言把这些场景和故事描摹出来，让客户产生代入感，引起他们的共鸣。正如前面所说的，销售就是会讲故事，客户记住了你的故事，就离成交不远了。

要做到这一点，必须学会用持家人的眼光和思维来讲解户型，要把户型的每一个空间还原成客户在其中休养生息的一个个微场景，使户型丰满并具有动感。因此，讲解户型的第三个标准，也可以说是最高的标准——活；也就是要结合生活在户型中的具象的个体来讲解户型，只有将户型的每个空间和功能都对应上客户个体的生活场景，户型才能从二维、三维进化到动态的四维，四维动态空间才更接近户型设计的本真。我们把这种讲解户型的思路概括称为“场景思维”。

我们看中国主流的优秀开发商如万科、绿城、龙湖等，他们开发的成品房或者展示的样板间，其真正的精华无一不是场景思维的妙用。设计团队绞尽脑汁地想象几十上百个细微的生活场景，然后在这些小场景中发掘种种人性化的生活细节。

成都龙湖光是插座这一项简单的应用，就有好几个令人惊叹的细节，每一个细节对应一个场景：衣帽间：为挂烫机预留插座；卧室床头：设计有 USB 的充电口，手机党的福音；厨房插座：高度要合适，还必须带开关，防溅水又防潮防漏电，同时避免了电饭煲、微波炉等常用家电需要经常插拔的问题；客厅：设有地插，业主泡茶不用再拉个长长的插线板了；生活阳台：预留安装电动晾衣杆的插座。

深圳万科“梦享家 2.0”中有一个细节是卫生间马桶边必须配备专用的清洁花洒，并且花洒的出水量要求 7 升/分钟，超高压强，冲洗有力，对应的生活场景是人体内如果有湿气的话，大便是冲不干净的，常规的清洁刷人工操作起来既不体面，又要反复多次；马桶边的墙面必须配置一个插座，对应的场景是客户需要使用智能马桶，因为对于有肛肠疾病的客户来说，可加热、冲水的马桶是必需的。

旭辉 CIFI-6 产品就充分考虑老人居家的痛点，采取了很多“适老化”的设计；比如在马桶上设置扶手，在淋浴房设置座椅，在卫生间和卧室都设置了应急呼叫，绳索延长至地面，老人即使倒在地上也可以拉到；门尺寸、屋内主要活动空间、柜子开合等都考虑了轮椅的回转半径与活动空间。

上述这些场景只有少部分人会偶尔遇到，对于客户来说，设计团队构想出来的 100 个场景可能只有 5 个能满足需求，但这 5 个往往就是击中他们痛点，促使他们购买的主要原因。有客户为了能放 54 双鞋的旋转鞋柜买万科的房子，有客户为了一条爱马仕丝巾买了龙湖别墅，也有客户为了一个性感的观景浴缸、一个超大的步入式衣帽间、一个方便的天使拉篮、一支 Lamy 钢笔和一个 Moleskine 的本子而买房……这就是“场景思维”的魅力。

场景思维本质是一种“由外向内”的用户思维，与“由内向外”的企业思维相反。场景思维主张站在消费者的视角上去体会、还原他们持家的一个个微场景，用自己的产品优势击碎消费者的痛点和槽点，让他们体验到这是有内容、有经验、有攻略的房子。可以想象一下，你带客户进入一个样板间，把自己当成一个购房者、一个持家的女主人，你和一对小情侣分享如何布置家居，如何构建浪漫的氛围，和他们一起抱怨之前的厨房不方便的地方，再列举现在项目的种种到位的细节。你要对自己的产品和客户都充满感情，让对方全身心地享受交流，尽情地在这个房子里表达自己的憧憬。信任就会在这种情感共鸣中自然而然地产生，你在销售中散发的光芒，最终照回到了自己身上。

4.0时代的职业经纪人，要学会用“场景思维”来讲解户型，最重要的就是要了解客户所在群体的差异化需求，因为场景的本来意思就是“个性化的画面”。场景思维主张对客户群体进行细分，弄清每个细分群体对应的户型设计逻辑，再有针对性地讲解，避免南辕北辙。举个例子，两种小户型，虽然面积都差不多，但针对的人群不同，设计逻辑也完全不同。其中一种是给尽可能少的人住的，它的设计逻辑是开放，开放式的卫浴，客厅与卧室也没有界限，没有明确的功能分区，各个空间相互融合，浪漫、流动、混搭，是一个真正私享的二人世界；另一种是给尽可能多的人住的，它的设计逻辑是分割，将不同家庭成员之间的功能空间进行适度分离，尽可能保证每个居住者的私密和尊严。前者的卫浴间与主卧可能是开敞的，但后者的卫浴间却要设计成三段式，有三个隔断。面对的客户群体不同，产品本身的逻辑不同，场景的性质也不同。

因此，我们在评判户型的时候，首先得清楚这个户型针对的客群是谁，他们的具体需求是什么，然后再来看户型有没有充分满足这些需求，满足了就是好户型，反之则是差户型。我们在本书第 5 讲将客户分成居家、享受、社交三种类型，这三类客户对应的户型设计逻辑都是有区别的。

理解了户型内在的设计逻辑之后，一方面，在具体的销售讲解时就可以结合客户的需求讲户型的设计，就可以讲到客户的心坎里；另一方面，在遇到客户有异议时，也可以有效地加以引导，打消客户的顾虑，增强客户的信心。比如下面的说辞：

陈先生，您现在就是对比我们洋房和对面那个联排别墅是吧？觉得我们的总价比别墅还高，不划算。的确，仅仅从表面看，很多人和您的想法一样，觉得别墅就是比洋房高档，洋房就应该比别墅的价格便宜，这种看法总体来说是对的，但就好比田忌赛马，二流阵营里的一等马往往能打赢一流阵营里的二等马，我们这个洋房项目也是这样的。

陈先生，我首先给您介绍一下我们公司的洋房观。对于洋房产品，我们公司从未把它看作是高层公寓的微缩版，而是以别墅的一切标准指导洋房的打造，包括规划、建筑、园林景观、空间尺度、物业管理等，我们都是将别墅的生活体验与空间享受复制到花园洋房。我们的洋房只有独栋、双拼两种形式，即一栋小洋楼最多只有两个单元，所有的外立面都是按照别墅设计的手法，就每一栋做整体立面设计，从而做到了每一栋建筑都拥有自己的特色，都和别的建筑有所差异。

从户型设计上来看，您看我们底层独门独院，在庭院花草的簇拥下直接入户；二层地下室外接下沉式庭院，其他楼层的立体庭院可以养花、品茶、休憩，享受大开间、大尺度的大平层空间；顶层露台可以与一家人观星、聊天，其乐融融，每一个楼层都有它独特的卖点。用我们专业的话讲，这叫“升维打击”，就是移植上一个层级产品——别墅的很多特点到洋房中来，真正打造别墅的居住体验。

我们的洋房为什么敢比别墅的价格还高？王先生您可以看，我们统计过，我市现在正宗的洋房项目一共是 14 个，而别墅项目却有 31 个，物以稀为贵，从这个简单的数据看就知道洋房其实比别墅还稀缺。从我们的成交客户来看，很多人完全买得起别墅，但他们更青睐洋房，嫌别墅太“扎眼”，买洋房，既有别墅的舒适，又能保持低调。所以买我们洋房一楼和顶层全跃的客户都很高端，一点都不比别墅低档。我们同事经常开玩笑说，住别墅那是暴发户，住洋房的才是品味，是低调的奢华。

陈先生我再给您算一笔账，我们洋房是 160 平方米送 160 平方米，赠送面积比例 1∶1；别墅是 220 平方米送 50 平方米，赠送面积比例仅 1∶0.23。这就相当于您 224 万元买了 320 平方米，每平方米仅 7000 元；别墅是 220 万元买了 270 平方米，相当于每平方米 8148 元。您看哪个合算？

还有户型设计，就拿别墅来说，真正高档的别墅都讲究“轻居住、重功能”，普通的住宅都是围绕客厅为中心点来设计，注重厅、卧、厨、卫等居住功能，但真正好的别墅却讲究健身房、桑拿房、按摩间、游泳池、影音室、阅读室和画廊、酒窖、宴会厅、家庭厅、车库等非居住功能空间的布置，高档住宅的密码是从单一居住功能向半私密、半公共空间的社交功能转变。根据这个标准，您再来对比我们这个洋房和那个 220 平方米的别墅，我们地下赠送 160 平方米的地下室，您可以根据自己的喜好来好好规划这个个性空间。如果您喜欢运动和养生，160 平方米的地下室和 40 平方米的花园可以改造成游泳池、健身房、台球室、桑拿房、按摩间，空间非常宽绰；如果您喜好文艺，地下室可以规划成阅读室、画室、影音室、酒窖等；如果您喜好社交，地下室还可以规划成大宴会厅、酒窖，这处房子那就等于是您的私人会所了。而那个 220 平方米的别墅，无非就是房间大了点，多了点，也就是个升级的普通住宅，主人的生活方式没有发生多少改变，在国外，这种房子根本不能称作别墅。50 平方米的地下室，您去看了就知道，最多只能规划一个小的影音室或酒窖或台球室，只能满足一项功能，您想在家里搞一个

Party 什么的，都不可能。

所以，陈先生，我们买房子不能看表面，主要得看功能。从实用性来讲，220 平方米的经济型别墅远远不如我们这个高端洋房。陈先生，您看呢？

别墅户型

就销售占比来说，别墅产品在市场上属于小众产品，也是被误解得最深的一种产品。很多销售人员会卖普通住宅，但一碰到别墅就发怵，原因之一就是对别墅产品的价值认识过于肤浅。别墅是房地产居住类产品的最高形态，作为一个销售人员，如果不认识别墅，产品知识体系是不完整的。

说起别墅市场，有一个有意思的现象，就是冰火两重天。真别墅高溢价且一房难求，假别墅低价格却门前冷落。那究竟什么是真别墅？为什么说别墅是终极居住形态？

要回答这些问题，先从别墅的概念说起。

原国土资源部对别墅的定义是："独门独户独院，两至三层楼形式，占地面积相当大，容积率又非常低的建筑形态。"这个定义里的别墅即通常所说的独栋别墅，实际上，在国外，只有独栋别墅才是真正的别墅（Villa），排屋只能称为 House，即类别墅。在现在的房地产市场中，习惯把独栋和排屋都称为别墅。

那是不是意味着，只要是独栋别墅就是真别墅，就有价值；排屋就是假别墅，不值钱呢？当然不是，很多独栋别墅卖得烂大街，有些"排屋"却能卖出天价，为什么？因为原国土资源部的定义只是从建筑形态上界定别墅，而建筑形态只是皮囊，真别墅更重视的是内涵。市场上的假别墅无外乎两个特点：一是把别墅简单地理解为建筑本身，认为只要盖一栋别墅式样的房子就是别墅；二是认为别墅户型就是普通住宅的放大版，结果一个主卧室做了 100 平方米，一个 2 米×2.3 米的大床蜷缩在角落里，整个房间空落落的。其实，别墅的设计逻辑和普通住宅是不一样的，后者以客厅为中心铺排居住空间，前者却重功能、轻居住。正是由于认识的偏差与不足，导致大量不伦不类的有违别墅本质的产品出现。

那什么是真别墅呢？真别墅既包括室内居住空间，又包括室外环境空间，是满足社会特定群体的物质与精神双重需求的，具有更多精神内涵、更佳生态效应的物业产品；也就是说，别墅是一种与建筑合二为一的私家独享的环境，兼顾物质与精神的优质人居空间。

一、别墅的特质

真别墅具有独特的“五重特质”——精神性、独享性、私密性、自然性和安全性。中国的造字很妙，把“别墅”二字拆开，即别、野、土，别墅的“五重特质”都包含在这三个字的五层意思里了。

（一）精神性

“别”有另外的意思，别墅即另外的居所，或第二居所。我们论及第一居所与第二居所的分野，多以离市中心的远近来衡量，其实是片面的。陶渊明云：“心远地自偏”，哪怕是地处市中心的城市别墅，只要营造出“心远”的意境，营造成远离现实、逃离压力的“桃花源”，就是真别墅。“梦想中的桃花源”，就是别墅的精神性。

桃花源是与当下的时空相区别，这是通过建筑风格的陌生化实现的。别墅的风格要么是空间上的穿越，如英伦、美式乡村、北欧、托斯卡纳等；要么是时间上的穿越，如近年流行的古典中式风格。这种穿越时空造成的“陌生化”是别墅的精神符号，缺少精神符号，就像人少了魂一样。在房地产开发实践中，因为陌生化符号不足导致销售抗性的案例不胜枚举，比如，深圳中信栖湖别墅就因为跟普通民宅差不多的现代简约风格，而陌生感不强，饱受市场歧视。

别墅的精神性还体现在入户的仪式感和秩序感，其本质是一种“分别”。

中式别墅令人称道的是三进制入户，入户院门、二进影壁、三进入户玄关构成三重礼序空间，既增强私密性，也满足了人的心理需要；有些高端别墅的大门与邻居的大门不在一个平面上，这样能避免邻居相遇，保证别墅的隐私与独立；有些别墅的大门与外面的道路不在一个标高上，沿袭了古人讲究门高于路的规矩，一方面遮挡外人的视线，体现高门大户的威严和神秘，另一方面也描摹出古人高台迎客的礼仪；除了正门之外，别墅一般还有一道后门或侧门，或者二者都有，体现主仆分道的规矩，佣人一般通过后门或者侧门进出。

（二）独享性

普通住宅强调的是环境空间的共享性，别墅则更侧重私家空间的独享性、专属性和领域感。大多数别墅都忽略了这一点，其环境营造开敞性有余而闭合性不足，各家的宅前屋后和左右空间均一览无余，私家花园也都以低矮绿篱作象征性区隔，完全是开敞式的，如同小区的公共绿地；而别墅需要的是与外界截然相反、毫无视线干扰又能阻隔嘈杂的闭合式空间形态。

这种闭合形态的表现形式之一就是庭院，比如绿城 · 杭州云栖玫瑰园的法式合院，院子四面围合向天空敞开，院墙达到“恰能外视而无法内窥”的高度，以墙垣围合成一片自我的壶中天地。

庭院作为一种外围空间，最主要的功能就是融合人与自然、建筑之间的关系，做到引景入室，融物于景，情景交融。绿城有一个精准的表达：室外景观室内画、室内功能室外华，就是通过透视等手法，把室外的景观引入室内，成为一幅画；与此同时，把室内的客厅、餐厅、厨房等生活起居空间延伸到户外，有些庭院的亭廊还装饰帘幔，放置睡椅，让室内功能在户外放出华彩。

总体来说，庭院的上好品相都讲究“对外封闭、对内开放”，充分体现独享性，让人在院墙的私密保护下能自由撒野。

（三）私密性

在所有居住形态中，别墅的私密性是最好的。无论是西方历史上的古堡、庄园，还是当今发达国家的富人别墅区；无论是中国历代的深宅大院和江南私家园林，还是上海近代遗存的各式花园洋房，其私密性都非常强，甚至令人有神秘之感。

私密性的第一个表现就是对外人视线的遮挡，体现别墅的幽隐和神秘。别墅小区应掩映在一片满目青翠的繁茂绿荫丛中，若隐若现。别墅建筑应成为这一人工自然环境的点缀，而不是主体，别墅应隐入这一自然环境之中且突出环境本身。很多低端别墅的失败就是幽隐和神秘营造不足。

私密性的第二个表现是与邻居的分离。市场上有一些“排屋独栋化”的设计手法，如L型错落式排列、二层和三层参差型排列、联排墙体不相连等，都是努力从建筑单体上做到独立、自由的体现。反观一些低端别墅，与露台有一段矮墙之隔就是邻居的露台，花园的低矮栅栏外面就是小区道路，这都是私密性欠佳的表现。

私密性的第三个表现是室内的私密性，即尊重家庭成员的隐私权。别墅户型可以通过内部空间的分离来确保私密。以常见的3+1层别墅为例，首层一般为礼仪公共空间，二层是家中长辈和儿童的居寝空间，三层是主人的专属套间；地下是为主人打造的个性爱好空间，台球室、雪茄吧或是家庭影院等。

（四）自然性

回归自然，相融于自然，这是别墅的重要特质，也是别、野、土中“野”的体现。

别墅的自然性是自然景观的视觉效果以及审美要求，即前面提到的“幽隐气质”。别墅环境应给人以林木深深且充满清静、安宁的自然气息，使人仿佛置身于自然的怀抱和天然山林之中。别墅的幽隐和自然性要么先天就处在风景胜地，要么由后天的园林景观来弥补。景观是建筑的第二外立面，这句话用在别墅上更是绝对的信条。别墅失去园林的掩映，就跟脱了毛的凤凰一样。

自然性还表现在环境生态效应的优化与强化。别墅小区需要大量移植各类乔木、灌木和地被植物，而不是大量铺植草坪；要尽可能地减少别墅环境中的硬地，增加绿地；人工水系要具有天然水系那样的水体自净能力以及与环境的良性交互作用，其目的就是为了增加植物的释氧量、废气吸收量以及吸音阻尘，调节环境的小气候，与水系、土壤、微生物、小昆虫等构成一个相互作用、影响，具有良性循环功能的、不断再生的、不断自我更新修复的人工生态系统。

（五）安全性

别墅的安全性与两个方面有关。

第一个方面是亲地性，亲地性能给我们带来安全感，这也是别、野、土中“土”的表现。

亲地性的两个重要元素，一是花园，另一个是地下室。人类出于尘土又归于尘土，内心深处希望处在地下，享受一种绝对私密，绝对被包围的安全感，所以对于高端别墅来说，地下室是必须的，直接决定着产品的品质。很多高端别墅都采取加大地下室层高，然后引入下沉庭院、采光天井等设计，实现地下空间地上化，地下活动的舒适度如同地上空间，将地下室由辅助功能空间转变为重要起居活动场所。相反，很多低端别墅都取消了地下室，这也毁掉了别墅的一个标志。

值得一提的是，地下室是别墅最重要的垂直空间。对于首次购买别墅的客户来说，垂直空间往往对他们的冲击力最大。垂直空间除了地下室之外，还包括错层、内部挑高与挑空、（半）地下室、阁楼、夹层等。垂直空间的好处是轩敞、大气，但装修时要讲究“宽敞但不空旷”，可以选择体积庞大、样式隆重的灯具将顶部的空旷空间补上。

第二个方面就是别墅的安防标准要远远高于其他类型的住宅。很多高端别墅项目，除了物业层面的安防，在规划方案之初就开始统筹考虑安全问题，比如，有些项目在别墅区域周围开挖类似护城河的人工水系、各组团空间形成封闭式的中庭环境等，都是出于安全的考虑。

以上是别墅的“五重特质”，那客户为什么要买别墅呢？一般说来，无外乎四个原因：一是别墅能提供给家庭更大的生活空间；二是别墅能满足更高标准的安全需求；三是获得精英阶层的邻里关系；四是实现自我嘉奖。其实前三个原因，所有的豪宅，比如高层大平层都能实现，那人为什么还要住别墅？原因在第四个——实现自我嘉奖。为什么住别墅就是自我嘉奖？因为别墅是人类居住的终极形态；为什么是终极形态？因为别墅具备“五重特质”。除了别墅，其他所有的豪宅品类，可能具备其中的四项特质，但不可能五项全能。反过来看，市场中的洋房、高层大平层产品因为吸收了别墅的某几项特质，便因此身价百倍。这就是别墅的魅力所在。

二、别墅的品相

别、野、土是别墅精神的本质，其外在表现则是品相。特质和品相直接决定别墅档次的高低。品相主要表现在门户、庭院、垂直空间三大方面，分别对应别、野、土三重特质。

（一）门与户

从原国土资源部对别墅的定义来看，别墅最重要的标志就是“独”，独门独户独院。别墅的“别”即分别，门户是宅第之冠冕，也是最容易体现“分别”的符号。我们经常强调的豪宅入户的仪式感和秩序感，其本质就是一种“分别”。

中式别墅令人称道的三进制入户，入户院门、二进影壁、三进入户玄关构成三重礼序空间，既增强了私密性，也满足了人心理的需要。有些高端别墅的大门与邻居的大门不在一个平面上，这样能避免邻居相遇，保障别墅的隐私与独立。有些别墅的大门与外面的道路不在一个标高上，沿袭了古人讲究门高于路的规矩，一方面遮挡外人的视线，体现高门大户的威严和神秘，另一方面也描摹出古人高台迎客的礼仪。除了正门之外，别墅一般最少还有一道后门或侧门，或者二者都有，体现主仆分道，佣人一般通过后门或者侧门进出。

（二）庭院

庭院是别墅最重要的外围空间之一，也是体现“野”的特质的最重要空间。西式庭院包括花园和院墙，中式庭院则是建筑和园林合一；前者的院内主要以四季的植物为主，后者则还有凝缩的山峦丘壑以及亭台楼阁等建筑。

总体来说，庭院都讲究“对外封闭、对内开放”，院墙高度 1.5 米左右，达到“恰能外视而无法内窥”且不影响通风采光。以墙垣围合成一片自我的壶中天地，任身体和思绪皆轻松自得，这是别墅院子的最高境界。国内近年的优秀别墅产品尤其是中式别墅都是在“院子”上面极致创新，绿城杭州“桃源小镇”一处 165 平方米的中式别墅设计了堂院、雅院、景院、宴院、静院、礼院 6 处院子，按照功能分为入户院子、起居院子、活动院子以及后勤院子和采光院子等，不同的院子承载不同的功能。正如绿城所说：

在中国人传统的居住方式中，庭院的意义是十分丰富的。除了作为私家园林空间外，庭院同时也是家族成员活动起居、沟通交流的理想所在。从某种意义而言，庭院就是建筑的灵魂所在；一座没有庭院的建筑，就像是没有了舞台的人生，冗长而乏味。①

庭院作为一种外围空间，其最主要的功能就是融合人与自然、建筑之间的关系，做到引景入室，融物于景，情景交融。绿城有一个精准的表达是“室外景观室内画’室内功能室外华”，一方面，通过门窗的对景以及起居室和客厅与花园的透视关系，让室外景观不知不觉延伸到室内，与室内活动者产生“如影随形”的关系；另一方面，通过庭院里的客厅平台或者晚餐平台，把室内的生活起居搬至室外，把家庭的生活空间延伸到户外。有些庭院的亭廊还装饰帘幔，放置睡椅，把室内的功能在室外延展。

（三）垂直空间

垂直空间也是别墅的一个重要标志之一。对于首次购买别墅的客户来说，垂直空间往往对他们的冲击力最大。垂直空间主要包括错层、内部挑高与挑空、（半）地下室、阁楼、夹层等。

错层与内部挑高往往是一体而生的。别墅客厅的层高常见的有3.6~4.2米，体现空间的轩敞与气派，餐厅和厨房区则不需挑高，中间的高差则通过错层实现。采用错层可以增加室内空间的层次感，同时也能挑高一层客厅和二层主卧，提高空间感和舒适度。挑空也较为常见，近年也成了很多经济型别墅“偷面积”的一种重要手段。

地下室与半地下室以及配合坡屋顶做出的阁楼，前文已经说过，兹不再赘述。

依据别墅的特质和品相，我们不难总结出别墅的设计逻辑与普通住宅有什么不同。从功能上说，别墅是享受型和社交型两种住宅的复合体，居家功能反居其次，因此，它的设计讲究“重功能、轻居住”。普通住宅是以客厅为中心来安排室内格局，以卧室数量来衡量功能大小；

① 摘自绿城集团《景观设计手册》。

别墅却是多功能、多中心，休闲功能往往大于休息功能，心理意义大于物理意义。龙湖·颐和原著 3200 多平方米的别墅，也仅 7 间卧室，占全部使用面积的 1/4 多点。

以上我们讨论了各种户型鉴赏的理论和原则，销售人员在实践中还需勤学多看。除了多看户型以外，还得多去研究客户的需求和心理，多去看时尚装修和家居设计的杂志等等。再次强调，讲解户型是职业经纪人的看家本领，不掌握这个本领，学习再多的销售技巧也不过是脆弱的“马其诺防线”而已。

第 5 讲　构建“价值金三角”

【概　　念】陌生人困境　卖点 & 买点　地段的相对价值　凡勃伦效应　电梯演讲

【思维模型】价值金三角　需求三角模型　客户置业 GPS　价值金字塔　大画面与小画面

前面三讲，我们从房产、规划、户型三个方面介绍了关于住宅产品的基础知识，目的是帮你掌握一个个“知识组块”，从而构建关于产品的知识体系。

掌握了产品知识就可以胜任销售了吗？当然不是。

在销售过程中，我们经常可以看到这样的销售人员，他们的说辞能力很强，产品知识也比较丰富，口才很好，销售时滔滔不绝，可客户就是不来电；尤其是遇到“便秘型决策”的客户时，销售基本就会以悲剧告终。为什么会出现这样的情况？答案很简单：情商不够。情商是一种对他人与自我的认知能力。情商高的人具备同理心，能认识他人需求，能说到别人的心坎上，同时还善于控制自身情绪，因此有亲和力和自信。

对于销售人员来说，除了掌握产品知识、市场知识、拓客、逼定与谈判技巧等硬性的销售技能之外，还必须学会和情商有关的软性销售技能，如同理心、亲和力、抗压能力等，尤其是同理心，4.0 时代的职业经纪人，必须对人性的微妙之处有深刻的认知。因此，前面三讲我们着重学习关于产品的底层规律，接下来的两讲，将要学习关于客户的底层规律。

在销售过程中，要随时能切换到客户的视角思考问题，设身处地为客户着想。英国有一句谚语：“要想知道别人的鞋子合不合脚，穿上别人的鞋子走上一英里。”如何穿上客户的鞋子，深入了解他的需求，了解他购买决策过程中每个阶段的心理状态，摸清他的决策“七寸”在哪里，都是很重要的。具体到卖房过程，为什么会出现拳头打在棉花上，有力使不上的情况呢？美国销售力大师蒂姆·赫森在其著作《高情商销售》里提出了一个概念——“陌生人困境”：

早期人类……以家庭群体为单位，……财产可能由大家共享，相互之间交换使用物品，简单明了。你了解邻居的性格、技能、优缺点、好恶和他的需求——这些几乎与你一样。

没有人真正需要“卖”东西给别人。

但是后来，情况发生了变化。有一天，一个陌生人来到镇上。你的家人第一反应可能是将他赶走。毕竟，没人知道一个外来人可能带来什么样的不幸。

但是这个陌生人拥有一些你以前从未见过的东西，一些可以交易的东西——一根特别精巧的狩猎棒。突然之间，态势就发生了变化。终究，你意识到可能有理由欢迎这位陌生人，即使是小心翼翼地欢迎他。

当然，这个陌生人将不得不说服你相信如下几件事情：

首先，他的东西在某种程度上对你有好处，他的东西将如他所表示的那样有用，以及你可以相信他说的是实话。

其次，他提供的东西值得他索要任何回报。如果这个陌生人想换取你千辛万苦做成的手斧，他将不得不提出对你有利的交易。

最后，如果你的兄弟或邻居要让你相信他们的东西，他们会依靠他们的名声来说服你。但是这个陌生人在这方面没有优势，所以他还要想个办法把东西卖给你。①

自从这个陌生人来到镇上，提出用他的狩猎棒做交易来换取你的手斧，多少年以来，情况并没有发生多少变化。只要是销售人员，我们就会面临同样的“陌生人困境”，难处主要有以下三点：

① ［美］蒂姆·赫森，蒂姆·邓恩．常雅琼，译．高情商销售［M］．北京：北京联合出版公司，2017：2.

第一，客户面对陌生人会产生不安全感，他们担心一个外来人会给自己带来不幸；

第二，客户相中陌生人带来的差异化的产品，但不知道它的价值；

第三，客户不相信陌生人说的一定是实话。

这个“陌生人困境”让我们知道，所有的销售达成无不基于两个原因：价值和信任。作为销售人员的陌生人，只要输出价值和信任，就能将生人变成熟人。这里给大家介绍一个好用的思维模型：价值金三角。

用“价值金三角”重塑买点

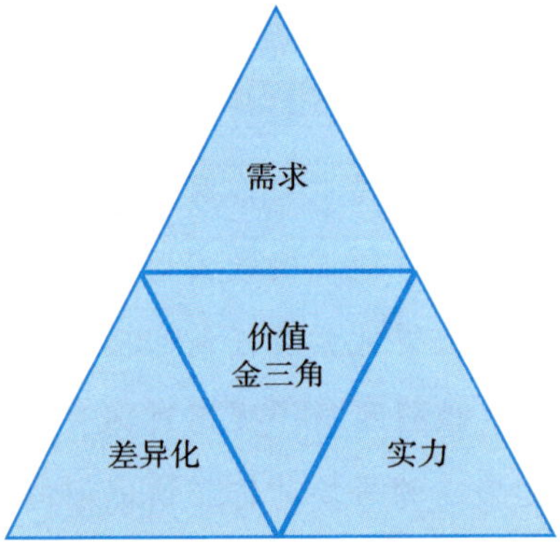

图 5-1　价值金三角

“价值金三角”共同构成销售发生的三大支点，撤除其中任何一个支点，整个销售行为就崩塌了。没有需求，客户就会失去兴趣和共鸣，也就不会购买；如果没有差异化，客户就会在价格上纠缠，或到你的竞争对手那里去寻找更低的价格；如果没有证明自己兑现承诺的实力，客户就会起疑心，担心你说到做不到。“价值金三角”的递进关系可以表示为需求——特定需求——最低风险，销售的达成就是因为满足了客户的特定需求且风险最低。

“价值金三角”揭示了销售过程中的一个基石概念：买点。买点，顾名思义，就是消费者购买产品时的想法，即满足了他的特定需求且风险最低；换句话说，“价值金三角”就是客户的“买点”。与“卖点”相比，“买点”具有以下特征：

（一）卖点以产品为中心，买点则以客户为中心

一个流传甚广的故事很好地揭示了二者之间的差别：

有一天，一个老太太走进一家水果店，问老板：“这个李子怎么样？”老板说：“又大又甜，新鲜的。”老太太什么都没买，又走到另外一家水果店，问了同样一句话，老板还是同样回答，老太太还是走了。就这样，老太太看了好几家水果店，最后什么都没买。其中一个水果店的老板很纳闷地问：“我看您走了好几家水果店了，您到底想买点什么呢？”老太太回答：“我儿媳妇怀孕了，想吃酸李子，但所有家的李子都是甜的。”

在这个故事里，卖点是甜，买点却是酸。买点的建立要从了解客户需求开始，就像追女孩儿一样，她看重的不是你有多强壮，而是你有多在意她。你只讲卖点，不讲买点，结果往往南辕北辙。

以地段为例，本书第二讲提到“城市生态复利”，提到升值地段的三大标准：立体交通、中小学校、高知产业，按照这个理论，交通便利、学区优秀、商务发达的区域一定是好地段，可以称之为“地段的绝对价值”。但是，如果从客户的买点视角来看却不一定，对于客户来说，满足自己特定需求的就是好地段，称之为“地段的相对价值”，比如有些客户是为了小孩上学，那学校对面就是最好的地段；有些客户需要妈妈帮忙照看生活，那离妈妈家近比离地铁站近更重要；有些客户看重清净，对他来说，郊区就比市区好。现今的市场已经从“大众时代”进

化到“小众时代”，客户更注重个体使用场景下的情感和价值诉求，更关注自己的“小确幸”。因此，买点视角下的“地段的相对价值”就必须定义为：

讲究地段是需求便捷的底层需求在驱使。为什么要便捷呢？因为人的寿命是有限的，如果人可以长生不老，那么效率就毫无意义。所谓地段好，就是离你生活中经常想去的地方近。比如你家到上班、社交、休闲的地方都很便捷，那一定就是好地段。如果你想去的地方扎堆在国贸，那么国贸区域的房子对你而言就是好地段。本质上，是它节省了你大量的时间和精力。如果你压根不去国贸，喜欢压力不大的田园牧歌式的生活，那么大理才是你的好地段。这完全因人而异。①

（二）商品并不一定有卖点，但对于客户来说，买点一定有且唯一

卖点强调与众不同，因此具有明显的排他性，如果两个企业都提炼出同样的卖点，那就意味着这个卖点生命价值的终结。在商品极大丰富、竞争异常惨烈、产品同质化日趋严重的今天，很多项目所谓的卖点并不独特，更不唯一，也就是说，并不一定有卖点。但是，对于买卖行为来说，一旦成交，客户的选择就是唯一的，也就是说，客户的买点一定有且唯一。这就好像风靡世界的哲学童话《小王子》中的一段描述：

“对我来说，你还只是一个小男孩，就像其他千万个小男孩一样。我不需要你。你也同样用不着我。对你来说，我也不过是一只狐狸，和其他千万只狐狸一样。但是，如果你驯服了我，我们就互相不可缺少了。对我来说，你就是世界上唯一的了；我对你来说，也是世界上唯一的了。”

世界上最难能可贵的关系是你于某个人来说是独一无二的，是不可

① 引自李雪凇《豪宅 6 论》。

取代的，是唯一的。卖房子也一样，在未成交之前，房子就是一套房子，跟其他千万套房子一样，但是如果客户被“驯服”了，对于他来说，在这个买点上，这套房子就是世界上唯一的了。换句话说，买点是独一无二的，是唯一的。

购买过程中，客户的买点就是差异化，换句话说，没有差异化就没有买点。正如我们在上一讲提到的科特勒的观点：销售人员必须相信任何事物都是可以差异化的。为了避开竞争陷阱，你的任务就是找到客户需要的买点——差异化。

（三）买点有“显性”与“隐性”之分，并不局限于产品本身

买点的形成是一次把生人变成熟人，将不信任变成信任的过程，在这个过程中，客户本人非常在意和希望获得的任何东西都可以成为买点。这些东西并不局限于产品本身：购买和使用带来的欢愉、生活质量的改善、避免的损失、减少的痛苦、看重的人际利益等，都可以成为买点。

从“价值金三角”构成的买点来看，需求、差异化和实力被证实都有理性与感性、显性与隐性之分。

首先说需求。

客户要买房，根据其置业阶段和生命周期的不同，其目的一般有在城市扎根、改善生活质量、给孩子买学区、财富保值增值等，然后根据其资金预算、置业焦点的不同有各种各样的考量，这个是显性需求。

客户的敏感点还和他人的尊重有关。正如销售大师博恩·崔西所说：“不管你销售的是什么，潜在客户都会考虑他做出这个购买决定后，别人会怎样看他。”作家殷智贤描述得入木三分：

“这个诱惑所包含的不仅有住得更宽敞舒适，也包括证明自己不断进步、生活水平逐年提高，还包括在与周围人的比较中自己能有一种荣耀感和安全感。毕竟在今日中国，能花钱购买居住理想的人总是有限的，有些实力的人多少可以确信自己是在社会阶层金字塔靠塔尖的部

分。这个证据非常有意义，它能在很大程度上化解中产阶层心底深处的焦虑和不安全感——只要自己比别人走得快一些，自己便不会被这个社会抛弃。"①

客户买房，同时也买了附属产品：身份认同。购房行为的本质是关乎买主身份的变化，哪怕是购买最低档次的经济适用房，客户也从无产者变成了有产者，其内心深处都在意自己的身份变化，这是隐性需求。所以，我们看到很多成熟的开发商，如恒大、碧桂园，即使刚需楼盘，也营造了很多豪宅符号，如气势宏伟的大门、欧式坡屋顶、高端物业管家服务等，就是为了满足客户对"身份象征"的隐性需求。

除此之外，还有一种隐性需求容易被忽略，就是客户对"人"的需求，客户在与卖方人员的接触过程中寻求安全感。在交易的初期，客户见到的都是陌生人，他害怕做出错误决策，给自己带来不幸，因此，对陌生人的戒备心理占据首位，因此，他的隐性需求是希望在卖场接触到的每一个人都能给自己带来安全感。正如前文所说："在 4.0 时代，销售员本人是最大的买点。"很多传播学者认为："媒介即信息"，卖方人员尤其是置业顾问，作为客户与产品之间的媒介，其本身就是产品的一种间接形式，他影响着客户对产品的感受。博恩·崔西说得很有道理：

"通常仅仅由于销售人员个人的性格和能力，客户就能做出是否购买的决定。客户也许不能分辨出各个竞争厂家说的互相矛盾的地方，但是他们却能够对销售人员的性格做出判断并信赖这个判断。"

因此，客户完整的需求包括三部分：产品需求、形象需求、人的需求。产品需求关乎功能，是显性的；形象需求和人的需求关乎体验，是隐性的。所以，在销讲的时候，别忘了展示这三部分，要刺激客户的隐

---

① 殷智贤．混搭中产家（第 1 版）[M]．北京：中国人民大学出版社，2005.

性需求。在 4.0 时代，交换与交易要升级为“互动”与“共鸣”。

再说差异化。

最常见的是产品差异化。在销售过程中，如果能成功地找到产品独一无二的差异化特征，往往能起到事半功倍的效果。我们提到的“价值金字塔”和“樱桃树”等话术工具，可以帮助大家提炼出产品差异化。

除了产品差异化之外，差异化还包括设计（体验）差异化、服务差异化和人员差异化。一模一样的户型，不一样的样板间设计就能起到完全不一样的差异化效果。设计提供了功能和美学的双重利益，能同时满足人的理性和感性诉求。再比如服务差异化，当有形的产品无法被差异化时，还可以提供差异化服务，并提高服务质量。人员的差异化同样非常关键，同样的产品，不同的人来卖，结果会完全不同。

实力证实也一样，既有显性的实力证实，也有隐性的体验能够增强客户的信心，让客户产生安全感和信任。

总之，在销售实践中，掌握了“价值金三角”的思维模型，就能很好地把握客户的买点，重塑项目的价值体系，进而步步攻心，直捣客户决策的七寸。既然买点分“显性”和“隐性”，下面我们就先分析显性买点。

显性需求与差异化

移动互联时代，客户有了购房需求之后，便会根据需求目标（地段、户型、价位）去收集信息，寻找目标楼盘。通过信息收集，潜在客户熟悉了市场上的一些竞争楼盘及其特征，然后慢慢通过自己的需求漏斗来进行筛选，筛选的过程是全部品牌集→知晓品牌集（客户想去了解的部分品牌）→入围品牌集（只有某些品牌能满足潜在客户的购买标准）→入选品牌集（收集大量信息之后，只有少数品牌留下来成为重点选择对象）→决策。消费者通过自己的决策评价过程，从入选品牌中做出选择。

在未进售楼处之前，客户要在全部品牌集中选择几个最符合个体特定需求的项目进入入选品牌集，这个评价过程基本上是理性的、有逻辑的，会受到客户所处社会阶层、生命周期的影响，其购房的信念、态度和需求焦点都不同，也就是说，显性买点都不同。

这时候，对于销售人员来说，经常会遇到两种情况。

第一种：客户的需求明确，但销售人员没有把准脉，结果南辕北辙。比如，同样是单身年轻人，年龄、收入差不多，但一个是家境殷实的啃老族，另一个是白手起家的城市屌丝，两者的需求可能就差别很大，甚至会出现“你之蜜糖，我之砒霜”的现象。啃老族可能最青睐繁华的城市配套，后者却可能痛恨好地段，相中配套不完善的远郊大盘，房产投资专家欧成效先生对这个族群的购房需求特征这样概括：

“屌丝买房子，第一点是贫穷。所以他们要往郊区买，地段首先被牺牲掉的。第二是梦想。屌丝要买板楼，打死也不买老的公房。因为买了老公房，你就一辈子住老公房了。这对屌丝的出人头地梦是一种否定。屌丝还特别喜欢买期房，幻想中的房子才是完美无缺的。”①

同样是 50 岁的富裕夫妻，收入、阶层都差不多，但一个是高龄奶爸家庭，家里最小的孩子才 3 岁，另一个是宠物父母家庭，家里没有孩子，把宠物当作孩子，二者的需求也千差万别。前者关注学区，离不开繁华都市；后者却把郊区低密度、好环境、利于遛狗的小区当作心头好。因此，如果在销售中你把脉不准，一味自说自话，就可能对牛

① 欧成效．中产阶级如何保护自己的财富（第 1 版）［M］．北京：中国友谊出版公司，2017.

弹琴。

第二种：客户的需求不明确。在信息大爆炸时代，客户接收到的信息越多，就越容易无从选择，觉得这也好，那也好，结果不知道自己要什么，这就是我们所说的需求无法对焦，买点模糊。比如，二次置业的客户，目的是买一套小房子投资，可又嫌临马路有些吵，园区也小了点，不如另外一个区的项目，虽然偏远一点，但小区大、环境好、不临路，此时，客户陷入了纠结。

在这两种情况下，都要求销售人员的“路感”必须十分清晰，知道客户是谁，属于哪个群体，这个群体的共性需求是什么，然后准确定位、有的放矢，帮助客户澄清信息，选择相关的，抛弃无关的。销售过程就像开采石油，必须先通过勘探圈定油气藏的边界，缩小物探工作的区域，然后再进行下一步开采，避免无谓的成本浪费。在房地产销售过程中，业内通行的做法是对客户群体进行细分，然后对细分群体的需求进行准确对焦、深入挖掘，避免目标的宽泛与漂移。

一、客户群体的差异化需求

在中国的居住类房地产市场，我们根据置业阶段可以把客户分为唯一置业者、初级投资者、高级投资者三大类九小类，这些客户群体置业关注的焦点、价值取向都有很大不同。以学区房为例，对于唯一置业者、初级投资者可能都是较好的选择之一，但追求短期高回报的高级投资者却是绝对不会去碰的，因为学区房溢价过高，学位的价值会存在断崖式下跌的风险，甚至可能归零，这就是所谓的“汝之蜜糖，彼之砒霜”。销售人员不了解购房群体的差异化需求，谈客过程中就会出现南辕北辙的失误。精准掌握如图 5-2 所示的九类置业需求，就像握了一个 GPS，谈客时就不会迷路，因此，我们可以将该客户分类称之为“置业 GPS”。

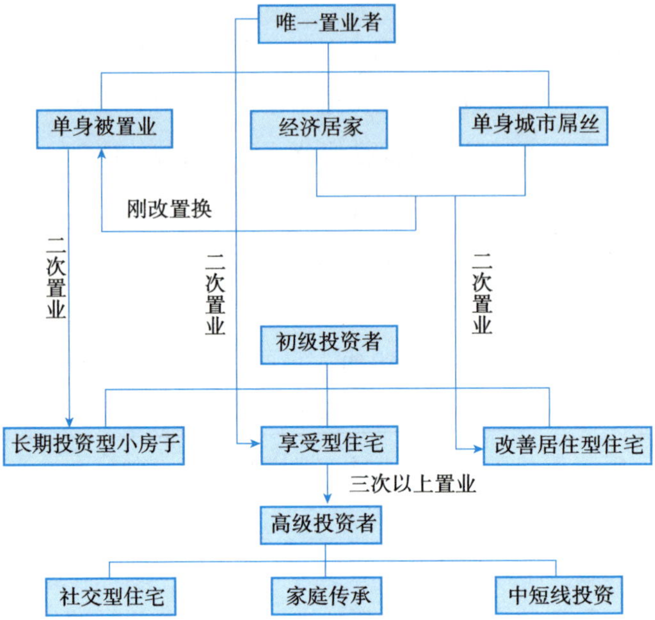

图 5-2　客户置业 GPS

（一）唯一置业者

唯一置业者指的是手上只有一套房子的客户，俗称刚需。他们不一定是首次置业，也有卖掉自己的第一套、第二套、第 n 套去升级置换的刚改类客户。

1. 单身城市屌丝

单身一人，没有对象，孩子是很遥远的事情，跟父母不在同一座城市，很多甚至是“漂一族”。首次置业，最重要的目的是抵御通货膨胀，给自己的第一桶金保值增值。这类客户一般不太关注房子的使用功能，一个人住，对生活品质要求不高，有些人甚至买了房，几年都不去住，或者直接出租，当投资。

对于这类客户来说，置业考量的第一焦点是“买得起”，往往对首付很敏感。至于地段、功能、空间、房屋质量、物业服务等，只要不出问题就行了。他们是一居室小户型最重要的客户群体之一。欧成效先生将这类客户的需求特点概括为超远郊、新城、品牌开发商、一手期房、精装修、小户型、现代生活派。

2. 单身“被置业”

同样是单身，单身“被置业”客户父母的经济条件都不错，购房款由家里埋单，甚至是父母催他们买房，帮助他们选房，供他们在城市里立足，或者未雨绸缪，买的是婚房。遇到限购，他们一般选择掏“六个钱包”（即男方的爷爷奶奶、姥姥姥爷、爸爸妈妈和女方的爷爷奶奶、姥姥姥爷、爸爸妈妈共同出资）一步到位，所以购买的户型也偏大，多数是两房或小三房的改善型产品。与城市屌丝青睐远郊区不同，这类客户的置业焦点是城市配套。他们一般更青睐商圈、综合体和轨道交通附近的房子，更希望 5 公里生活半径内的各种配套相对成熟，方便他们接触新鲜事物和呼朋唤友。除了配套之外，这类客户更重视产品体验，精装房更能赢得他们的青睐。相对来说，这类客户对价格不是太敏感，出手也比较果断。

3. 经济居家

这个群体既包括尚处于二人世界的“前小太阳”，也包括三口之家和三代同堂的家庭。这类客户往往是首次置业，他们需求的第一焦点是交通和学位，其次是功能。

这类客户经济实力不强，至少在买房的时刻，都打算这套房住一辈子，因此，他们首先考虑的是房子距离自己打算工作一辈子的那个单位，距离有多近，要统筹兼顾夫妻二人。如果没有打算一辈子工作的单位，那这个房子也要尽可能地交通便利，以方便随时更换工作。除了交通，还有子女的教育问题也是需要考虑的。

对于刚需客户而言，如果首套房能够同时解决上班的交通问题以及孩子的教育问题，那就是最超值的房子，即便比临近的小区贵一点，都可以接受；如果二者不可兼得的话，那就得根据自己的家庭情况，放弃一个。一般来说，城市大小的不同、家庭收入的不同决定了“学区”的紧俏和稀缺程度。在一、二线城市，学位甚至会超过交通成为他们考虑的第一因素。

除了交通和学位，住房的功能也是他们非常关注的。中国人大部分不信宗教，但绝大多数人都信奉“拜子教”，只要一进入关系稳固的二人世界，买房考虑的因素里，“孩子”就成了重头戏，哪怕现在还没有孩子。既然考虑孩子，就得考虑照料孩子的老人。因此，这类客户的需求，紧凑型两房是底线，收入高一些的家庭会选择紧凑型三房，更高一些的家庭会选择一步到位，直接购买舒适型三房、小四房。以孩子为中心来布局生活，因此，他们强调的功能包括：

第一，功能空间的数量比大小更重要。

第二，每一平方米的空间都很重要，户型要物超所值，最好做到零浪费。

第三，同等面积，功能最大化；同等功能，面积最小化。

对功能重视的背后是对价格尤其是总价的敏感，特别是在房价很贵的一线城市，客户买房已经不敢奢望大面积，而是追求螺蛳壳里做道场，同等面积但却有更好的功能空间设计。

（二）初级投资者

初级投资者指的是已经拥有了自住房，打算购买第 2~3 套房产的人。初级投资者包含三类：一类是手上有一套正在居住的大房子，再考虑长线投资第 2~3 套小房子；一类是现在有房子在居住，考虑再买一套较大面积的改善型或者享受型住宅，之前的老房子作为投资来出租、出售；第三类是在前者的基础上再买一套小房子投资。

初级投资者根据家庭情况的不同，或者优先考虑学区，或者考虑居住环境的改善，或者考虑稳定租金的回报。但总体来说，初级投资者还处于房产的初级阶段，依然未脱离中产的范畴，房屋的使用价值对他们而言更为重要，并且他们财力能支持的房产数量少，抵抗风险能力差，因此购买稳定收益房产是他们的首要目标，高风险高收益产品则不是他们的菜。他们可能首先考虑解决孩子的学区房问题，剩下的房产则买在易于出租的老城区，这样既可以规避风险，又可以获取一个中等但稳定的房产收益和增值。

初级投资者的最典型代表就是中产阶级的“享受型居家”。这类客户事业有成，但仍未处于顶端，他们认为房子是体现生活品质的重要标志，是身份的标签和事业成功的标志，他们一般都会花费大量的费用用于装修，在功能性和享受性之间更加强调后者，他们置业的焦点是标签、尺度和私密。

这类客户看重“身份标签”，他们中意的小区，规划、建筑 & 景观 &户型设计有很多豪宅标签，处处提示访客主人的身份，标志着主人事业的成功。

舒适首先来源于尺度，比如卧室更大、客厅更大、厨房有社交功能、收纳能力更强等。舒适的第二个保证是享受式的人性化细节。享受型客户积累了很多的居家经验，也积攒了很多的居家“痛点”，他们会以成熟的用户思维来思考每个功能空间的场景，包括每个场景中的细节，这些细节就是他们的“买点”。有的豪宅针对客户的不同生活场景设计了多达上百个人性化细节，往往一个细节打动了客户，他们就愿意埋单；有时，他们甚至愿意为几个细小的买点去多掏一大笔费用。这类客户也就是万科所说的“住商”较高的客户。

私密性既要靠先天地段与整体规划的保证，也来源于户型设计，比如专属的主卧套间、专属的客人空间、好的动线规划等。

除了标签、尺度以及私密之外，这类客户也看重社区的配套，关心孩子放学回家后在社区里是否有发展兴趣和辅导学习的场所，关心日常生活所需是否可以在社区里一站式满足。

值得一提的是，市场上常见的服务式公寓，也叫酒店式公寓，就属于典型的享受型产品，也是初级投资者最好的投资品和收藏品之一。这类公寓产品一般都占据优质的城市核心资源，与普通住宅相比，有租金回报率高、投资门槛低、装修标准高（收房即收租）的三大优势，所以公寓产品是追求财富平稳增长的初级投资者的最佳选择之一。而下文所说的高级投资者往往追求短期回报，对公寓一般不感冒。

（三）高级投资者

高级投资者是指打算在大城市购买三套以上房产的人，这些人经济实力雄厚，脱离了中产阶层，很多已经达到富豪级别。这类客户有三种类型：

1. 中短线投资

这类客户可能会尝试高风险、高收益的投资房，这种投资房纯以购买后出售为目的，不考虑自住，甚至连简单装修一下出租收租金都不考虑。处于这个阶段的投资客，老城区和学区房一般是不考虑的，老城区配套完善，已经没有想象空间；学区房则因为你以纯投资为目的，价格肯定拼不过那些需要入学名额的家长，套利空间不大。高级投资客更看重那些“题材股”，即具有潜在成长空间的区域和房子，目前配套设施还很不完善，但是远景不错，这种投资的地段很难出租，很有可能闲置5~10年，因为他们资金多，不急于入住，也等得起。在户型的选择上，他们青睐80~100平方米左右好出手的房子，一般回避别墅。

对于这个阶段的投资，欧成效先生做出以下总结：

“房地产投资老手再三告诫：远郊、一手、品牌、精装、CEO盘、小户型、高单价、酒店式公寓，这八个元素都是不可以碰的；而资深房地产投资者建议：市区边缘、二手、国有开发商、毛坯、亲民盘、大户型、低单价、纯住宅。”①

---

① 欧成效．中产阶级如何保护自己的财富［M］．北京：中国友谊出版公司，2017：74.

2. 社交型住宅

高级投资者的典型是购买“社交型产品”，这类产品是居住类产品的最高形态，低密度别墅是它的代表。这类客户包括隐富阶层和显富阶层，二者不同的是，后者十分重视项目和邻居的名望，前者则只看重项目所占有资源的唯一性。他们经常在家招待朋友，重视社交沟通的需求。这类客户需求的焦点是“权力”，他们习惯了众星捧月、前呼后拥的生活，宅子必须和这种权力格局相配。他们之所以注重邻居的名望，潜意识里是想强化和稳固自己的权力场。

社交型产品的重要标志是功能面积>居住面积，大部分空间的心理意义>物理意义。这类产品不以经济实用为目的，而是通过礼序、仪式、权力等要素从隐性的角度构造产品的精神内核和价值。

功能面积>居住面积，这里所说的功能面积既包括室内的外向型公共区域、待客区域，也包括室外全开放、半开放半封闭的延展空间，但主要以前者为主。比如北京“龙湖·颐和原著”项目的独栋别墅，建筑面积达 3212 平方米，只有 7 个卧室，居住面积不到 300 平方米，但功能面积却包含了会议室、图书馆、宴会厅、视听室、台球室、按摩室、游泳池、家庭室、休闲室等大量社交空间，可谓是典型的“社交型”产品。

3. 家族传承

高级投资者还会购买顶豪作为资产的家族传承，就像表王百达翡丽的广告语：“没有谁可以拥有百达翡丽，你只不过为下一代保管而已。”

对于家族传承类的投资产品，其需求的关键词是资源的稀缺性，甚至是独一无二。这类产品的价格运行规律和普通产品不在同一个箱体，某种意义上也可以说是无价的。投资的短期内不一定获利，但抗跌性绝对很强，需要很长时间其价值才会显现。

心理意义>物理意义，比如两层挑高客厅、客厅与卧室之间的过渡空间等都属于形式大于内容，心理意义大于物理意义的空间。还有社交型产品的必备标签——礼仪区，包括主仆分离的通道、入户独立的门厅、电梯厅等。比如高层大平面产品的两（三）梯一户、电梯直接入户；别墅的三进制入户；玄关则放大成独立的门厅，有些门厅还被设计成小型会客室等等。礼仪区的这些空间实用性都不强，都是心理意义大于物理意义。

销售实践中，售楼员如果准确理解了不同客户群体的差异化需求，再引导客户就会相对容易得多。比如下面这个案例：

陈先生，您是在我们这个高层大平面产品和别墅之间纠结是吧？您觉得别墅比较高档，有天有地，而我们这个高层大平层比有些别墅还贵，有些接受不了。

陈先生，其实很多人开始和您的想法一样的，但后来却选择了买大平层。大平层和别墅本来就是一个档次的，也有人把大平层叫作“展开的别墅”。确实，二者总价差不多，各有各的优势，这个是比较不完的，关键看哪个更符合您的需求，我给您做一个分析。

我们首先看您的家庭生命周期。陈先生，您的两个小孩都这么优秀，都出国留学了，并且基本都会在外面发展，家里主要也就是你们夫妻俩生活。按我们的说法，您的家庭属于空巢期。空巢家庭成员人数比较少，不太适合住别墅。别墅的优点是私密性更好，一般适合两种需求：一种是家庭人口众多并且三代、四代同堂，别墅可以避免隔代不同生活方式之间的互相干扰；一种是适合有较频繁社交需求的客户，别墅有大的公共空间。

像您这样平时就夫妻俩生活，社交需求也不多，其实是不适合买别墅的。人都有一种懒惰心理，住了二楼就不愿意下一楼，我有个客户买了别墅，晚上到二楼睡觉了，突然想起要去一楼拿个水果刀，夫妻俩都推诿半天。你们夫妻平时住二楼多一些，三楼都是空的，一楼除了厨房、餐厅，其他也用不上，地下室也很少用，这样整个房子就显得冷清甚至荒凉。住平层就不一样了，因为都在一个楼层，人走动比较方便，整个房子就比较热闹一些，更有人气。我们有个说法：人是房子的心脏，很多房子没人住，很快就破败了。您两个人 Hold 不住上下四五层的别墅。再说大平层的房间也比较多，客厅、餐厅等公共空间也比较大，子女回来团聚或者平时有朋友来聚会，也完全够用。大平层小区还有一个优点就是，地段较好，安全性更好，人气更旺，不像有些郊区别墅入住率低，晚上瘆人。

再说了，高层也比较低调，这就是为什么很多领导都喜欢买我们的大平层，大平层称之为“官邸”的原因。

陈先生，大平层和别墅代表两种不同的生活方式，我觉得大平层更适合您。

二、满足个体需求的差异化卖点

了解了客户群体的差异化需求之后，我们再用“场景思维”继续深入探测客户个体生活场景中的差异化需求。本书第 7 讲我们列了一个“Faint 问题清单”，其作用就是力图还原客户需求的一个个场景。待确定了客户的差异化需求之后，我们就可以有针对性地根据客户的场景展露项目的“卖点”。

这里我们再重复一下卖点的定义：卖点是指商品具备了前所未有、别出心裁或与众不同的特色、特点，从而能引发消费者的购买欲望。从上述定义看，“卖点”具有三个特征：

第一，卖点不是自说自话，卖点是一种比较“关系”。

卖点的核心就是与众不同，因此，其只能在比较中确立。一个成熟的销售人员，介绍的每一个卖点都关联着与竞品的比较，而不是孤芳自赏、自说自话。本书上一讲提到的户型讲解的第一个原则——坐标思维，说的就是这个比较关系的确立。

第二，卖点是一种特色，并且这种特色要能勾起消费者的购买欲望。

第三，卖点是一个“点”，销售时聚焦的“点”越细、越具象，越能解决问题。

在销售实践中，我们常见的卖点有价值金字塔、樱桃树、决胜边缘等。

（一）价值金字塔

所谓“价值金字塔”，指的是项目在某个价值维度上处于整个市场的金字塔尖水平，具有稀缺性甚至独一无二。销售实践中，如果能找到项目的“价值金字塔”，就相当于找到了主席台位置，俯瞰市场，接下来的说服就容易多了。如何找到金字塔，项目的占位很重要，有经验的营销人员会进行市场细分，然后找到一个尽可能小但自己能够独占鳌头的领域，比如本书第 7 讲将会提到的案例，仅就“停车”这一项指标来梳理出“价值金字塔”。再如以下案例：

您好，陈先生，目前我们市在售的别墅项目有 16 个，已售罄但二手房在售的项目有 15 个，31 个别墅项目主要分三大类：一类是能看到一线海景的；一类是看不到海景但有高尔夫等景观资源的；一类是既不能看海，也没有景观资源的城市别墅。对于外地度假客户来说，很少有人考虑城市别墅，绝大部分客户都会选择前两种；前两种当中，又有 70%的客户选择一线海景别墅，30%的客户选择高尔夫别墅，选择后者的客户有些是自己喜欢高尔夫，或者是有商务接待需求。不过，大部分客户还是选择买海景别墅，因为海南的最大价值就是海，如果没有海，我市就是一个三、四线城市，房价卖不了那么高的。

一线海景别墅，又可以分为三种：一种是在人工填海区建造的；一种是在非填海区建造，一线海景无遮挡的；一种是在非填海区建造，一线海景但有遮挡的。人工填海建房子在中国很普遍，但弊端也很明显，最大的问题就是地基沉降时间太短，国外的人工填海区都要沉降 30 年以上才可以建房子，我们中国可等不及，沉降 10 年就不错了，导致房子建好后还有地基沉降现象。一线海景别墅倒是很好，推窗见大海，但您有没有发现，所有沿海城市的本地人都不买一线海景房的，因为大海存在高湿、高盐、高温等“三高”，对人的身体、房子和家具都是不好的。我这里有几张照片，您看看，这是我们项目的外墙，三年了，立面基本光洁如新；再看这几个一线海景项目，有些还不到三年，外墙局部已经腐蚀得很厉害了，这就是“三高”的危害。

我们项目是一个特例，我们整个项目也是一线临海，但小区规划非常科学，别墅部分与海之间又隔了一座五星级酒店，酒店就像展开的双翼刚好护住了别墅区。既能享受海的魅力，又规避了海景房“三高”的困扰。我们与海的距离尺度是全市最好的。

针对全市的 31 个别墅项目，我画了一个“别墅亲海价值金字塔”（图 5-3），我们项目是位于金字塔顶端的，有其独一无二的价值。

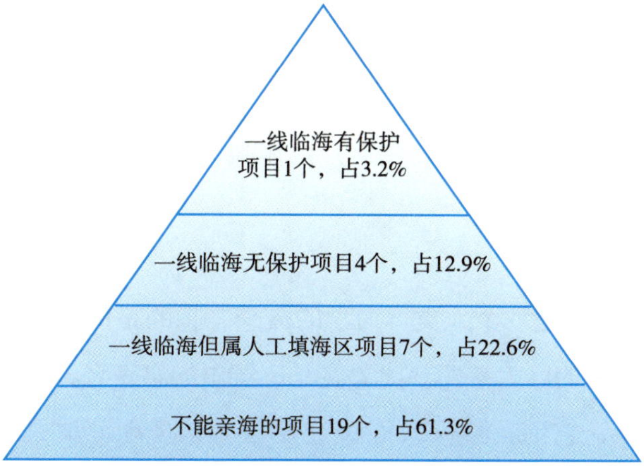

图 5-3　海南某市别墅亲海价值金字塔

很多人对海景有误解，认为海景是用来看的，其实，真正的景观是用来养生的。住海边，海水会吸附一部分空气中的杂质，净化空气；另外，由于海风的作用，空气流通也比较快，自然比较新鲜，这就是为什么常去海边散步心情会放松很多的原因。同样是在本市，靠近海的区域比不靠海的区域，空气质量又会更好一些。本来就为逃离雾霾到海南置业，当然要选择一个空气最优的区域。住在这里，早上起来，去空气清新的海边跑跑步，晚饭过后，与心爱的人一起去海边散散步；周末，玩玩海钓、坐坐皮艇；面朝大海，春暖花开……这些想想都令人惬意。亲海而不腻海，亲近大海，远离“三高”，这才是一流的海景房。就亲海价值来说，我们项目是全市第一的。

（二）樱桃树

“樱桃树法则”① 是一个古老但非常有用的思考方法，强调的是引导客户将关注焦点定睛在他最在意的卖点上，从而忽略产品其他的缺陷。所谓樱桃树，就是项目独具特色并且客户深感兴趣、能勾起其购买欲望的卖点，也即客户的价值敏感点。任何一个项目都有一棵“樱桃树”，关键是你能不能及时发现它，正如添·高威在《网球的内在诀窍》中得出的结论：p（成果）= P（潜能）-i（干扰），找到客户的价值敏感点，然后不断强化，排除客户内在的干扰，最后就能拿到成果。

（三）决胜边缘

“决胜边缘”是一个人类行为学的概念，指的是能力上的细微差别往往导致结果上的巨大差距。比如赛马比赛中的第一名，即便只是鼻子领先了一点点，它也赢得第二名10倍的奖金。房地产项目的对比也是一样的，市场上第一名的项目即使价格比第二名高出不少，但销量仍然领先。在销售实践中，优秀的销售人员就要擅长项目各项价值指标的对比，找出其中差异细小但却可能导致巨大结果差别的价值点，用以引导

---

① 樱桃树法则是房地产销售过程中一个能迅速抓住顾客购买心理，被售楼员广泛使用的方法。

客户。比如以下案例：

陈先生，您现在住的那个项目是 A 花园是吧？A 花园在园林、户型设计、物业方面也还都不错，但有个缺点就是容积率较高，3.5，而我们的容积率是 2.8，别小看这个小小的 0.7，影响可太大了。容积率高，房子的密度就高，楼间距变小，对采光、通风、视野都有影响。您今天回去可以自己留意一下，您家那个小区的楼间距普遍也就 40 米，很多楼栋 20 楼以下的楼层在中午 12：30 之前根本采不到光。您看我们项目，楼间距最大能到 120 米，我们这第一排的视线都是永久无遮挡的。这是我们项目在 11 月 30 日同一天拍到的日影情况，基本到上午 10：00 左右，我们所有楼层都能采到太阳光了。您也知道，在东北极寒地区，采光是第一位的，这方面不好，其他再好也不成。

强化实力信任

客户有需求认同了，又因为产品的差异化而确定其为自己的最佳选择，接下来就是实力信任的问题。客户只有相信你有能力兑现承诺，才敢最终做出购买决定。因此：

优秀的销售人员把产品和服务定位于满足客户特定需求或实现客户特定目标的最低风险的产品或服务。你就是一个最低风险提供者，而未必是最低价格。你要清楚地展示你的产品或服务代表了最安全和最让人放心的购买决定，而不仅仅是最低的价格或最高的质量。①

换句话说，销售是一个关乎客户安全感塑造的课题，而客户的安全

① ［美］博恩・崔西．路言春，译．博恩・崔西销售圣经［M］．北京：化学工业出版社，2013：80.

感只有通过强化实力来塑造。强化实力一般有以下五种方法：品牌展示；权威证实；先发案例；傍大款；表决心看行动；品牌展示适用于品牌开发商，后四种方法则同样适用于小型非品牌开发商。

品牌展示是售楼处的重头戏之一，中国 TOP200 以及地级市以上区域市场前三的房地产公司一般都会将品牌包装得星光闪闪、实力非凡，客户到访的第一件事就是看开发公司的“孔雀开屏”。

权威证实，则是通过第三方的权威机构如政府、媒体以及同行对项目的认可与支持，来体现和证明项目实力。

所谓先发案例，指的是本开发商已经开发并且成功运营的项目，销售人员借助先发案例的品牌效应来类比本案的品牌，让客户形成更加直观的实力信任。比如下面说辞：

陈先生，我给您看一个图表，这是我们 2009 年在本市另外一个区域开发的 A 项目，这个项目已经建成四期并入住，跟我们现在项目相比，同一个开发商，同样都是中高端大盘，同样都是位于郊区。您看这个图表记录了该项目从 2009 年一期到 2012 年四期的价格增长曲线，2009 年 4 月，第一期开盘，价格 6100 元/平方米；2010 年 3 月，二期开盘，价格已经涨到 8500 元/平方米；2010 年 12 月，三期价格 9500 元/平方米；到 2012 年 5 月，四期开盘，价格已经是 11000 元/平方米了。三年涨幅达到 80.3%，您看这就反映了我们公司运营郊区大盘的增值能力，我们所有大盘的一期刚开盘是最便宜的，等到一期全部是现房，园林呈现，公交车站运营，商业街开业，二期开盘，您看我们这个图表，价格上浮了 39.3%。这就是大盘的魅力。我们现在这个项目目前价格是 15000 元/平方米，您嫌周围配套什么都不成熟，但按我们公司的运作速度，等明年二期开盘，什么都成熟了，至少还要上浮 30%，这是我们公司一整套成熟、标准化的模式，看得见的升值，您还有什么不放心的呢？

“傍大款”话术指的是小型非品牌开发商没有品牌，但往往建材、设备设施有很多大品牌，销售过程中利用这些品牌给项目做背书，让客户对项目的产品资质、质量有信心。这里还有一个技巧是，客户可能对这些建材品牌的档次还不是太有概念，这时候就可以继续“傍大款”，把建材品牌与市场上有较高知名度的、品牌开发商开发的品牌项目挂钩，使客户对项目的开发实力、高品质和高性价比形成更直观、更信任的感知。比如下面说辞：

我们项目的建材标准非常高，电梯、入户门、干挂石材、窗户型材的品牌都与万科翡翠系的一模一样。

表决心、看行动，是指销售人员可以列举项目的工作计划以及与之配合的实际行动（包括人、财、物）来强化客户信心，说得越具体越好。比如下面说辞：

我们项目一共30万平方米，一次性全线开工，我们工地目前两班倒，16个小时开工，从动工到主体封顶，四个月就全部完成，这个没有资金实力的支持是办不到的。我们业内有一个说法：看开发商不如看建筑商，很多小开发商发包给小承建商，成本低，还靠承建商垫资。我们这个项目聘请的是国家一级资质的建筑商、A股上市公司——建设集团，建安成本比普通总包高出将近5%，我们这一个项目建安成本就高出了近5000万元；这就是我们开发商实力的体现。

另外，为了展示项目质量的可靠，利用工法样板间、建材等道具或者举办工地开放日、聘请业主监理及专业验房师等活动，都是表决心、看行动的一种表现。

总之，多渠道信息提供产品资质、质量的保证，是赢得客户信任的重要方法之一。

需求认同、凸显差异、强化实力，共同构成项目的“价值金三角”，成功构建并顺利传达了项目的“价值金三角”，离签单也就不远了。

数字时代，人们根据自己的需求和兴趣的不同逐渐小众化、部落化，美国著名未来学家、前总统克林顿的竞选顾问马克·佩恩所著的《小趋势》里列举了 75 个不同的族群，包括通勤夫妻、姐弟恋、不再受约束的左撇子、被忽视的爸爸、在家里上学的孩子等，这些人虽然都是“非主流”，但如果你能恰当地把住他们的“脉”，找到他们忽视的问题，信任就马上产生了。因为很多时候，销售人员打动他人的关键在于寻找问题，而不是解决问题。

这一章，我们用“价值金三角”的模型梳理和重塑客户的显性买点，不过销售达成的基石——价值和信任，这两者并不完全是在理性之中建立的，这就涉及我们下一讲的内容——隐性买点。

第 6 讲　锻造销售“冲击力”

【概　　念】时间杀手　快思考　慢思考　冲击力　敏感点　啊哈时刻　新现实

【思维模型】15 种误判思维倾向　喜好与信任五大法则　人类自我实现的三大需求

买点有“显性”和“隐性”之分，上一讲我们用“价值金三角”模型梳理了客户的显性买点，这一讲，我们来讲解“价值金三角”中包含的隐性买点，即客户对人和体验的需求以及由此带来的差异化及实力认知。

销售实践中，你是否遭遇过这样的“痛点”：客户当时谈得还挺好，然后说再考虑考虑，等过几天回访的时候，他说不来了。什么原因？大概率是遇到了“时间杀手”。何谓“时间杀手”？迈克·舒尔茨这样定义：

要知道，在你的客户面前总有你的竞争对手存在，大约23.6%的销售沟通都是不成功的。如果没有足够冲击性的话题，也就没有签约的紧迫性，从而导致签约延迟，这也叫“时间杀手”。“时间杀手”是由意向弱化规律造成的。一个人考虑的时间越长，就越倾向于不做决策，对决策的热情和兴趣都会降低，最终越不可能做出肯定的决策。①

事实上，售楼处的大部分未成交个案，都是被“时间杀手”消灭于无形之中。因此，销售经理总跟队员强调说：千万不要放过今天！逼定！逼定！逼定！队员响应：逼定！逼定！不是客户死就是我死！对吗？也对，也不对。销售员分为业绩突出的和有勇无谋的，但有勇无谋的销售员不会一直都业绩突出。我们强调成交意识，但逼定得有谋略，

① ［美］迈克·舒尔茨，约翰·E. 杜尔. 孙路弘，译. 绝对成交话术内训手册［M］. 深圳：海天出版社，2015：7.

谋定而后动。“谋”是设计，是规划，一个专业的销售，必须设计一套科学的流程，每个流程都有既定的目的，一步一步达成销售目标，而流程中每一个步骤产生的最重要成果就是“冲击力”。

冲击力，物理学上的定义是在碰撞或是打击过程中，物体间突然增大而后迅速消失的力。冲击力的特点是作用时间极短，但是量值可以达到很大。房地产销售中的“冲击力”，是指客户在销售场景中与产品、销售人员之间发生碰撞产生的瞬间作用力。这种作用力可以很大，瞬时让客户感到震撼或者惊艳；也可以是触发客户的心理按钮，让他们愿意选择顺从，能量持续积累，最后一刻，冲击力达到顶点，一剑封喉。因此，我们前面所说的销售痛点，其病根就是卖场的“冲击力”不够，跟烧水一样，烧到 85°，看着很热，但没有到沸点，就是开不了。“冲击力”对成功销售非常关键，尤其是淡市，几乎可以说，没有冲击力就没有销售。那么，真实的卖场“冲击力”究竟是如何产生的？这就涉及我们本讲要探讨的课题：隐性买点。

要理解何谓“隐性买点”，我们首先看看人类大脑的决策机制是怎样的。

2002 年，美国心理学家丹尼尔·卡尼曼因为发现了行为经济学原理而获得了诺贝尔经济学奖，他也因此被誉为当今世界健在的最伟大的心理学家。卡尼曼认为，我们的大脑有“快”与“慢”两种做决定的方式，常用的无意识的“系统 1”依赖情感、记忆和经验迅速做出判断，它见闻广博，使我们能够迅速对眼见的情况做出反应；但系统 1 也很容易上当，它固守“眼见即为事实”的原则，任由损失厌恶和乐观偏见之类的错觉引导我们做出错误的选择。有意识的“系统 2”通过调动注意力来分析和解决问题，并做出决定，它比较慢，不容易出错，但它很懒惰，经常走捷径，直接采纳系统 1 的直觉型判断结果。丹尼尔·卡尼曼指出：

当我们醒着时，系统 1 和系统 2 都处于活跃状态。系统 1 是自主运行，而系统2则通常处于不费力的放松状态，运行时只有部分能力参与。系统1不断为系统2提供印象、直觉、意向和感觉等信息。如果系统2接收了这些信息，则会将印象、直觉等转变为信念，将冲动转化为自主行为。通常情况下，一切都会顺利运行，系统2会稍微调整或是毫无保留地接受系统1的建议。因此，你一般会相信自己的最初印象，并依自己的想法行动。通常情况下，这样也挺好的。当系统1的运行遇到阻碍时，便会向系统2寻求支持，请求系统2给出更为详细和明确的处理方式来解决当前问题。①

根据丹尼尔·卡尼曼的理论，我们可以得出关于人脑决策机制的四点结论。

结论一：人脑大部分时候都是通过系统1的“快思考”也即直觉型、非理性思考来做出决策，系统2的“慢思考”则处于不费力的放松状态，换句话说，人脑的决策机制是能不用脑就不用脑。

结论二：“快思考”固守“眼见即为事实”的原则，将印象、直觉转化为自主冲动。

结论三：“快思考”经常会任由损失厌恶和乐观偏见之类的错觉引导，导致人们做出误判。

结论四：人们之所以选择“慢思考”，是因为“快思考”的运行受到了阻碍，也就是说印象、直觉、意向和感觉不佳，因此无法转化为自主行动，结果遭受“时间杀手”的侵害。

自从丹尼尔·卡尼曼发现人类的非理性决策机制之后，非理性行为理论就成了经济类畅销书的必备元素。他们都一致认为：人们并不是遵守逻辑规则的机器人，相反，在行为决策过程中，人们的动机和情绪是非常重要的影响因素。

---

① ［美］丹尼尔·卡尼曼．胡晓姣，李爱民，何梦莹，译．思考，快与慢［M］．北京：中信出版社，2012：8.

许多购买决定中都有二元法则：“做任何事情总是有两个原因，一个听起来不错的原因和一个真正的原因。”听起来不错的原因是现实的、逻辑的、最低限度的原因，任何聪明、理性、精打细算的人都会接受这个原因。……但是，实际上只有“真正的原因”才会带来购买决定。真正的原因是心理的和情感的，听上去不是很理性，但却是真正的购买驱动力。①

人们在做出购买决策时，这个非理性、心理和情感的动机就是我们所说的“隐性买点”。冲击力之所以能够形成，就是因为击中了潜在客户的“隐性买点”，从而产生瞬间作用力，驱动客户进入“快思考”的轨道；相反，客户之所以观望，就是因为冲击力不足，导致快思考受阻，转而求助慢思考，最后遭遇了“时间杀手”。也就是说，我们找到了客户的“隐性买点”，就找到了“冲击力”的激活按钮。事实上，销售过程中的“冲击力”都是因为击中了潜在客户的“隐性买点”而产生的瞬间作用力，这种作用力驱动客户进入快思考的轨道，从而避免“时间杀手”的侵害。

对于房地产销售来说，“隐性买点”的来源无外乎两个：

一是客户的眼见。因为快思考固守“眼见即事实”的原则，将印象、直觉转化为自主冲动，即客户在卖场感知到的印象、直觉能转化为瞬间冲击力，比如下列三个客户的讲述：

“销售说那个样板间是香港一个大师设计的，爱情主题的，所以用这种蓝色和紫色的浪漫的色调，配上《人鬼情未了》这样经典的音乐，以及客厅里的玫瑰百合，真是很甜蜜。如果有朋友要结婚买房子的，我肯定会推荐她去看，十有八九跟我一样，一看就醉了。

那些女工人都穿着统一的制服，很专业的，走近的时候跟我们热情

① ［美］博恩·崔西．路言春，译．博恩·崔西销售圣经［M］．北京：化学工业出版社，2013：135.

地打招呼，我觉得这里将来的物业一定也错不了。

这个房子卖得挺好的，当天活动人很多，不断在喊销控，我看到旁边两个人都签了，我也签了。这个户型不多，我担心迟了，自己相中的楼层没有了。”

这就是感知价值造成的冲击力。这个冲击力的来源一方面是客户在卖场所体验、所看见的“场景”激发了其对未来的憧憬，改变了客户的世界，为他创造出一个“新现实”；另一方面是现场火爆的氛围以及刺激性的游戏规则和话题的设计，让客户在现场有签约紧迫感。因此，感知价值不是我们通常理解的卖场包装这么简单。

二是客户的“误判”。大脑的快思考模式经常容易上当，因为它容易受到人类固有的心理倾向的影响。人类在进化过程中逐渐形成了很多关于如何判断善恶美丑的心理倾向，这些倾向会引起客户的错觉和误判，从而快速做出购买决定。

误判心理学在销售上的应用非常广泛。比如，赌场从来不放舒缓的钢琴曲，它的音乐总是又吵又闹，还不断变化，其目的就是要分散顾客的注意力，让他不能集中思考，从而做出非理性决策。售楼处在旺销期播放劲爆的背景音乐，道理也一样。再比如，销售人员报价，说最高不超过 43000 元/平方米，在销售过程中不停提到 43000 这个数字，如果最后算价才 39000 元/平方米的话，客户就会觉得挺便宜，这就是心理学中的锚定效应，用 43000 作为一个沉锚，成功地在客户心目中加入一个参照系。因此，在不违背伦理道德的前提下，只需要对销售流程、措辞、时机、背景或情境设定做一些小小的调整，就能戏剧性地改变对方“认同信息并依言行动”的程度，进而达成购买。

根据“隐性买点”的两个来源，我们可以把冲击力分为两种：感知价值冲击力、心理误判冲击力。在房地产销售中，一方面，卖场通过场景展示，给客户更好的感官享受，同时通过设计刺激性游戏规则，引起购买冲动；另一方面，顶尖的销售懂得利用“四两拨千斤”的社会柔道术，在人的心理上使巧劲，让客户感受到连绵不断却绝不唐突的冲击力。两种冲击力的叠加，能量持续积累，最后一刻，冲击力达到顶点，一剑封喉。

感知价值冲击力

首先我们说感知价值冲击力。“感知价值”并不是通常意义上简单的卖场包装，单凭一个景观示范区、样板房，并不能保证有足够的冲击力。我们可以用科特勒的客户感知价值（图 6-1）模型来说明一个完整的感知价值体系。

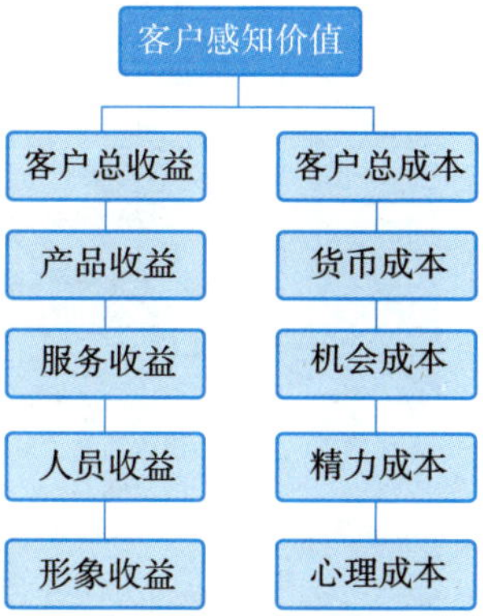

图 6-1　客户感知价值模型

客户感知价值等于客户所能感知到的总收益减去总成本，总收益越高，总成本越低，则感知价值越大，冲击力越强。客户总收益包括产品收益、服务收益、人员收益和形象收益；客户成本包括货币成本、机会成本、精力成本和心理成本。因此，一个有冲击力的卖场体验应包括收益体验和卖压体验两大部分。

一、感知总收益

客户感知到的总收益首先是产品收益，产品收益通过产品体验区——沙盘、示范区、样板间等来体现和放大。一个完美卖场要包含若干典型节点，每个节点要设置若干个小“包袱儿”，然后一起见证大“包袱儿”也就是客户的“WOW 时刻”的甩响。这一切都需要“谋”。比如卖场体验区的入口就是一个典型节点。一般来说，一个好的入口就得包括 10 个节点：引导空间序列（市政道路包装）、车行流线设计（含指示及人员管理）、人行流线设计、大门形象（特色、品质感）、入口对景设计（强化特色）、整体绿化（突出价值感）、项目 Logo 设置（突出特点）、灯光效果（考虑晚间宣传和夜景）、社区围墙（强化品质感和安全性）、物业管理设置完善性和创新性等。

图 6-2　龙湖体验区

以龙湖为例，它的体验区（图 6-2）景观设计逻辑有一表一里两条线，外面是客户行走的动线，里面是客户的情绪线，一境、一情起落收放，互相呼应。龙湖体验区的景观入口，通常都是蜿蜒的密林花径，小路的弧度是专门经过计算的，你看不到后面的景观，情绪酝酿；再往前，但经过一个拐弯之后就是一个大的花田草海，豁然开朗，情绪释放，给客户强烈的视觉冲击。通过动线影响客户心理，经过这样的冲击，客户购买的愿望一定是增强的。

但在房地产营销实践中，仅仅一个具有灵性美景的产品体验区还不够，客户感知的总收益还包括服务收益、个人收益以及形象收益。一个完美的卖场还应包含一个让人宾至如归的、有温度的、有美善的、充满安全感的氛围，卖场展示的“新现实”要让客户的尊贵感得到升华，让他们得到一枚荣耀的身份标签。

比如，当客户进入售楼部时，多数情况下都只有销售人员用一次性纸杯给客户倒上一杯纯净水。如果进入你的售楼处时，有专门的物业和客服人员为客户服务，并且这些人员的颜值都很高，还拿出印有十几种点心和饮料的茶点单供客户选择，立刻就会给客户留下深刻印象；或者是到了用餐时间，服务人员会递上餐券，引导客户移步到 VIP 餐厅，让客户享用精致的自助简餐，这些非凡的服务会让客户受到震撼和冲击，觉得自己成了豪宅客户。

一项针对“猫途鹰”网站酒店评价展开的研究表明，在那些表示体验到“令人愉快的惊喜”的客人中，有 94%的人愿意无条件地向别人推荐这家酒店，而在那些“非常满意”的客人中，这个数字只有 60%。“非常满意”可是个非常高的标准呀！因此，与竞品具有较大差异化、超出客户预期的惊喜，其意义才可见一斑。只有超越期待，才能制造冲击力。

二、感知总成本

客户购买成本和感知成本是两个概念，前者是显性，后者是隐性，显性买点是不具备冲击力的。因此，这里所说的感知总成本就是要制造

“卖压”，让客户在压力与刺激下感觉遇到了一个“千载难逢”的购买成本最低的机会，这样才能制造足够的冲击力。

举个例子，客户买房时享受了 2 万元的正常优惠，但因为这 2 万元包含在购买预算中，是他的购买成本，所以客户是不会激动的，他会觉得是应得的，每个人都有；如果遇到限时抽奖，200 个客户只有 10 个抽到了 2 万元优惠，这对客户的心理冲击力就很大，因为他感知到的是货币成本降低了，感觉真占到了便宜。这就是我们经常说的，是否便宜不重要，要让客户觉得占到了便宜才最重要。

除了货币成本，还有机会成本和精力成本。客户“偶遇”热销氛围，觉得如果不抓住就会失去一个机会，或者导致之前投入的精力成本损失，就会做出冲动购买决策。

一个真实的案例。坐标北方某地级市某楼盘，恰逢淡市，尾盘剩下的都是大户型，滞销。案场不定期搞小型暖场活动，每次都有特价房推出，其他的促销政策就是按揭 96 折，一次性 95 折。

这个案例非常典型，也是大多数滞销尾盘的现状，其病根之一就是冲击力不够。暖场活动过于静态，案场折扣过于静态，尾盘出特价房客户认为理所当然，所有的规则都没有刺激性，当然无法产生冲击力。如果换一种方式给出同样的优惠力度，效果就会不一样。比如，换成按揭 98 折，3 人成组，4 人成团，现场有 3 个人成交就可以享受团购政策，额外 99 折，有 4 个人成交可以额外再 99 折，这样折算下来差不多是 96 折。配合促销节点，把人气聚集起来之后，客户会感觉偶遇了一个购房成本最低的好“机会”，然后就会互相影响，同时销售人员也有了逼定的“武器”，最终形成冲击力。

再比如，你去了两个楼盘的售楼处，都是精装修公寓，前者公示的装修标准都是“或者”格式，空调品牌为大金、格力或者其他同档次品牌，诸如此类，底下还加上一个解释权归开发商所有；后者宣传的是眼见为实，所见即所得，样板间的所有家具家电品牌都是以后的交付标准。此时，你的心理成本大大降低，你感受到了冲击力。

上面我们讲解了客户感知价值的八个方面，在营销实践中，只有将这八个方面的功夫都做足，并且尽量拉大收益和成本之间的差值，造成强烈的对比，才能营造出一种超出客户预期，具有强大冲击力的体验。从心理学角度来说，关于“隐性买点”的这一切都是可以设计的。

心理学上有一个著名的峰终定律，说的是一段经历中，冲击力最强、最让人印象深刻的是它的峰值瞬间和结束瞬间。我们去迪士尼乐园玩一整天，可能绝大部分时间都在排队，但是几天过后，你能回想起的只有飞越太空山、星际迷航那些峰值瞬间以及结束时看见的那个米老鼠耳朵，其他的体验都变得很模糊。根据峰终定律，美国著名行为心理学家希思兄弟认为，人的峰值体验是可以设计的，设计的秘诀就在于瞬间思维。我们可以在单调的生命中寻找应该凸显的节点，然后发力于一个点，制造一段具有强大冲击力的短暂体验，即决定性时刻，而这个决定性时刻是由欣喜、认知、荣耀、连接四种因素中的一种或几种构成的。换句话说，只要在重要的时刻加入四种因素中的一种或几种，便能打造令人难忘的峰值瞬间。

下面以欣喜时刻为例，说一说如何在销售中给客户制造一种超凡之感，让他们心甘情愿地进入决策的快车道。关于如何刺激客户欣喜感受，希思兄弟说了三个要点：

第一，提升感官享受；第二，增加刺激性；第三，突破脚本。欣喜时刻不需要三点全部具备，但是绝大多数欣喜时刻都至少具备其中的两点。

提升感官享受指的是将现实世界的“音量调高”，让事物从视觉、味觉、听觉或是感觉上超出寻常。想要判断是否超出寻常，一个简单的方法就是看看人们有没有拿出手机拍照的冲动。如果有人拍照，那么场合一定有特殊之处。

比如，深圳“十五峯”项目举办的“叩访心灵的禅定”新闻发布会，发布会聘请台湾氛围营造大师齐云现场演绎，精心营造清雅荷花主题，现场让与会者感到一种难以言表的震撼——香薰缭绕的氛围中在卷轴上用现代毛笔签到，身着荷花造型礼服的礼仪小姐，清雅荷花主题候场区，遍布文房四宝的宴会厅，来宾在墨池的临摹互动，以及水墨剪影舞的表演……“十五峯”气质在不经意间已经融入来宾心中。

广州美林湖推出十款奇葩样板间，如乔帮主冥想屋、星爷剧场、飞车空间、黑白时尚咖、生命的惩罚等，其中的“中国记忆”主题样板间完全按照 20 世纪七八十年代中国家庭的装修风格打造，古老的黑白电视机、复古的单车和板凳，甚至收音机里传出的声音，都是当时有关奥运会的无线电播报。不少客户参观后感动落泪，称找到了回忆，以前没有床垫，可睡得比现在任何一天都踏实。

打造欣喜时刻的第二个要点是增加刺激性，指的是施加一些有助于提升效率的压力，比如一场比赛、一个截止日期等。万科就非常擅长制造这样的欣喜时刻，寻找一个凸显节点，如购房节，然后通过多盘联动、限时特惠、会员日闭门特惠、限时抽奖抢半价房等活动，增加刺激性，助推火爆人气。

打造欣喜时刻的第三个要领是突破脚本。比如，加入一些随机性因素，出乎客户意料。在开盘或促销活动现场，抽出生日尾号是 3，或处女座，或穿红衣服的客户，能得到大礼包；本周每天第三个成交的客户可以享受额外一个点的折扣；朋友圈中的“点赞顺序互动游戏”，第 1 个、第 9 个、第 16 个、第 25 个、第 29 个点赞的可以获得红包，第 7 个和第 17 个点赞的可以介绍相互认识，第 8 个点赞的我请你吃饭，第 40 个点赞的我陪你看电影，第 50 个点赞的我答应你一个愿望。由于点赞的人完全不知道自己是第几个点赞的，所以会有期待感，这都是突破脚本。

如果说欣喜时刻的第一个要领提升感官享受，是增加客户的感知收益；第二个要领增加刺激性，是为了降低客户的感知成本，让他们真的感觉占到了便宜；第三个要领突破脚本，则二者兼而有之。第一个要领偏重打造有冲击力的感受，第二、三个则偏重制造有冲击力的话题。欣喜时刻让我们超越平淡，给客户带来强大的冲击力。

总之，想要超越消费者的期待，打造令人难忘的体验，你就需要对服务过程中的行为和人际交往下手。令人惊喜的元素是必不可少的，也是在人与人的互动中产生的。

说到这里，销售人员可能会问：上面这些都不是我们销售条线的工作，锻造“感知价值冲击力”，我们要做什么？怎么做？答案是：找准客户的激励敏感点，有针对性地描摹新现实。

客户购房敏感点从性质上可以分为“保健”敏感点和“激励”敏感点。前者指的是那些造成客户不满的因素，它们的改善能够结束客户的不满，但并不能使客户感到满意并激发起他们的购房积极性；而后者则指的是那些使客户感到满意的因素，提高它们的性能可以明显地提升购房者的购买意愿。通俗来说，保健敏感点是客户的“需要”，是逻辑的、可衡量的，而激励敏感点是客户的“想要”，是情绪的、摸不着的。因此，聪明的销售人员懂得抓住客户的激励敏感点，在此基础上用“画家”的笔法和语言去描摹美好的新现实，而不是相反，在项目的基本功能介绍上花费太多的气力。因为：

> 你的产品或服务的某些方面，和竞争对手一样，是潜在客户能预期到的，所以他们就不再是激励因素了，它们变成了保健因素。在销售陈述中提及这些保健因素以试图激发客户的购买欲望是徒劳的；相反，把这些作为你产品或服务的基础功能的一部分，会让潜在客户感到厌烦，甚至完全失去购买动力。①

如何找准客户的激励敏感点？

---

① ［美］博恩·崔西．路言春，译．博恩·崔西销售圣经［M］北京：化学工业出版社，2013：140.

一个房地产项目，就拿建筑和景观来说，二者都具有双重属性——功能属性和艺术属性，一般来说，功能属性只是保健敏感点，而艺术属性才是激励敏感点。完美卖场的作用首先是展示产品的性能，比如样板间展示户型的功能与布局，园林展示绿植以及小品的格局，这些都属于保健敏感点，其对客户的冲击力是不够的；只有项目的艺术属性才能击中人内心深处隐藏的需求与渴望，从而形成冲击与震撼。

一般来说，人内心的深层需求可以概括为：美和情感、权力、桃花源三点，我们可以称之为人类自我实现的三大需求。

一、美和情感

美，即包括外在的形式美，诸如和谐、比例、对称、多样统一等都属于形式美的范畴。龙湖示范区内薰衣草的紫色梦幻，江南园林里的小桥流水、万竿修竹、弱柳扶风，这都激起了人关于美的想象，也包含内在的情感的传达。

古希腊哲学家普罗泰戈拉提出一个著名的哲学命题：人是万物的尺度。美是人的本质力量的感性体现，很多建筑和景观中体现的美和情感之所以引起人的共鸣，原因就在于此。龙湖·香樟林别墅的设计师于彤就有一个比喻说："风格就好比女人最后化妆的那几笔，首先她骨骼要好、身材要好，才行。"龙湖的景观之所以为人称道，就是处处流露出女人的温柔、体贴和柔媚。建筑史上流传很广的两种风格——巴洛克与洛可可，其中都有把建筑拟人化的痕迹；尤其是洛可可风格的室内装饰，追求温雅细腻，软软的、轻轻的、细细的，千娇百媚，有点儿闺房的香艳，多用细巧的璎珞、卷草和很薄的浅浮雕等，这种带有脂粉气的风格就是建筑拟人化的表现。人们也常用人的温暖热情来形容西班牙风格：

热情的西班牙女郎风情万种，西班牙风格具有强烈的地中海风格特点，更加神秘、内敛、沉稳、厚重，热情洋溢，自由奔放，色彩绚丽。

除了建筑单体，还有城市广场的设计也有拟人化的手法：

（意大利西耶那市政）广场东南最低处的市政厅比别的房子长一点，并不特别显赫，侧翼略略向前折出，好像拥抱广场。但它东侧礼堂却有一座高达 102 米左右的钟塔，把市政厅也带着神气起来，共同构成广场的艺术焦点。①

销售人员在工作中遇到合适的项目，就可以尝试用“拟人化”的方法来欣赏、体悟其建筑的艺术，再以形象化的语言传达给客户，就往往能打动他们。

雨果说：建筑是用石头写成的史书，建筑之中反映的历史感和文明也最能打动客户的心扉。职业经纪人如果销售类似上海新天地、天津万科水晶城等具有历史感的项目时，就必须很好地诠释出建筑的“史书”概念。建筑形态能够穿越时空沉淀下来，意味着经典和传承，意味着生命的延续，人的内心都渴望不朽，也渴望占有不朽的建筑，销售人员需要抓住客户的这一心理，很好地勾起客户购买的欲望。

比如销售新古典主义的英伦风格的别墅或洋房，就必须熟悉这一风格兴起的历史背景，对各种建筑元素知其然并且知其所以然。新古典英伦风格兴起于 15—17 世纪，这个时期正处于英国从封建主义向资本主义过渡的重要时期，新兴的农牧业资产阶级和转向资本主义经营的新贵族们纷纷在庄园里建造大型的府邸。为了体现贵族气质，他们沿用了中世纪的很多历史感很强的建筑元素。比如保留哥特式教堂的一些传统样式如雉堞、塔楼等，汲取荷兰的古典主义，用红砖砌墙，用灰白色的石材做细部，因为这时荷兰已经完成资产阶级革命，信仰新教，和英国关系密切，很多荷兰工匠来到了英国，沿用中世纪的半露木构式等，总之都是为了体现空间的厚重感和历史的沉淀感。

---

① 陈志华．外国古建筑二十讲［M］．北京：生活·读书·新知三联书店，2002：58.

二、权力和炫耀

尼采说："建筑是一种权力的雄辩术。"尼采的这一观点概括了人最原始的本能，即渴望成为众人中心和焦点的自豪感以及追求权力的意志，很多优秀的建筑师在作品中都会注重这一点的体现。城市地标建筑或者建筑成为城市天际线之所以成为很多高端客户在意的卖点，原因很简单，人都想追求引人注目的自豪感，追求突破万有引力的胜利和追求权力的意志。销售实践中，比如常见的超高层产品，如果单从产品性能上讲，由于超高层建筑固有的公摊大、舒适度低、内心恐惧以及消防、电梯安全性等缺陷，客户的抗性往往很大，聪明的销售则懂得将陈述的重心要放在建筑的艺术属性上而非功能属性上，强调超高层建筑对人最原始本能的满足，强调其满足人突破万有引力的自豪感和对居高临下的权力意志的追求，引导客户认识地标建筑带来的居住的优越感、身份感。有句话说，你的房子，就是你的阶层，就如《上海女子图鉴》里的那句名言："只有住在梧桐树下，才是真正的上海。"

因此，优秀的职业经纪人必须有足够灵敏的嗅觉，即使卖再偏远的房子，也懂得挖掘客户的激励敏感点以及产品本身奢侈的"艺术属性"，以消除客户与富人之间的心理差距。

三、桃花源

权力的反面是桃花源，人类既需要太阳的温暖，也需要月亮的清凉。渴望远离现实、远离压力、恬静致远，"桃花源"是所有人内心中都存在的情愫和图像。也许是面朝大海、春暖花开，也许是一处粉墙黛瓦的独门小院，躲进其中成一统，也许是一抹安宁静谧、热情温暖的地中海风情，这都是人们内心的桃花源。陶渊明笔下的桃花源，民风淳朴，内心喜乐平安，闻有客人，"便要还家，设酒杀鸡作食。村中闻有此人，咸来问讯"。卖场的销售及后勤人员如果都能这样激发人内心最大的美善，又何尝不是桃花源呢？

亚文化的本质也是一种“桃花源”。普及的、成熟的文化更像成年人，多少都有不真实的外壳，边缘的甚至地下的、尚未普及的亚文化则是出于天然的热爱和人性的真实，热爱者本身也带有一些边缘性格，但人的内心深处，谁不向往位于边缘的桃花源呢？比如示范区是否可以代入军迷、电竞、古风、宠物、治愈系等亚文化，而不是冷冰冰的容器呢？因为：

> 有亚文化能力的产品形态和有亚文化特征的表达，往往占据着营销最有利的地形，可以轻松脱颖而出。……无论是什么类型亚文化的代言者，都能通过小众的趣味去引爆大众的流行。……当我们有足够的内容价值，产品就会有人格的魅力，甚至有温度感和参与感。①

对于一个销售人员来说，成功地利用产品本身所蕴含的三大特质——美、权力和桃花源，激发客户想象，击中客户内心最柔软的部分，冲击力就自然形成了。有一个小技巧是，当潜在客户提到你的产品时，他会用一些情绪化的字句，这就是给你的线索，是你产品给他的真实感受，聪明的销售人员会记下这些情绪化的字句，然后在后面详细描述产品时使用它。

误判型冲击力

新现实型冲击力的落脚点主要在产品，而误判型冲击力的落脚点则主要在于人，尤其是销售人员。优秀的销售人员善于利用人的非理性决策机制，成功地触发客户的“快思考”按钮，使人产生出自动的、无

---

① 吴声．场景革命：重构人与商业的连接［M］．北京：机械工业出版社，2015：94-100.

意识的顺从，很多时候甚至是误判。

罗伯特·西奥迪尼在其名著《影响力》中提出了激发快思考、构建影响力的六大按钮：互惠、喜好、社会认同、权威、承诺和一致、稀缺。他通过研究发现，只要遵从这六大法则，就会引起人们“按键即播放”的机械式应激反应。巴菲特的黄金搭档查理·芒格提出“人类误判心理学”，他说：

> 人类的知觉系统清楚地证明了大脑确实会失灵。人是很容易受到愚弄的，无论是人类精心设计的骗局，还是偶然出现的环境因素，抑或人们刻苦练习而掌握的非常有效的控制术，都能够轻而易举地让人们上当。①

查理·芒格列举出了 25 个经常会误导人的心理倾向。在这里，我们要特别强调的是，销售人员掌握西奥迪尼的六大影响力法则和查理·芒格的 25 个易导致误判的心理倾向，其目的不是为了欺骗客户，一个优秀的销售人员，其终生的信条和底线都应该是永不欺骗客户。我们只是要从这些法则和规律中明白人类行为心理学的一个重要原理：认知往往取决于场景，不同的场景通常会引起不同的结论，哪怕是同一个人在思考同一个问题的时候也是如此。掌握了这个原理，4.0 时代的职业经纪人就学会了“四两拨千斤”的社会柔道术，销售过程中，我们就会懂得如何使巧劲而非蛮力，沟通过程中懂得如何给场景添加润滑剂，如何让客户如沐春风地做出决策。相反，拼蛮力的销售人员则只会让销售过程在纠结中遭遇“时间的杀手”。一个正确的销售场景，客户在此过程中会感受到绵绵不断但却绝不“唐突佳人”的冲击力。要想营造柔性冲击力，我们必须懂得人类的行为心理学，懂了心理学，我们就可以说出客户心中所想，解决实际问题，达到成交目的。

---

① ［美］彼得·考夫曼．李继宏，译．穷查理宝典［M］．北京：中信出版集团，2016：462.

针对房地产销售，我们可以列举出 15 个非常有用的心理学法则，也可以说是客户的 15 个心理按钮。倘若掌握了这些按钮，我们只需做一些轻微的改变，就能启动销售的开关，正如史蒂夫·马丁所说：

> 当你打算影响他人行为的时候，最微小的做法改变，往往能取得最显著的成效。①

在销售的不同阶段，建立关系的目标和对应的法则也不同。据此，我们把这 15 个法则分成三类：

第一类，销售的第一阶段，主要目标是培养积极的关系，这个阶段的心理法则主要有好奇心、互惠、喜好、垫脚石。

第二类，销售的第二阶段，当务之急是减少不确定性，这个阶段的心理法则主要有受简单联想影响、知觉对比 & 锚定效应、社会认同、权威、信任、一致性。

第三类，销售的第三阶段，主要目标是激励行动，这个阶段的心理法则主要有奖惩超级反应、稀缺、注重理由、艳羡 & 妒忌。

下面我们逐一讲解这 15 个心理法则。

一、培养积极关系

（一）好奇心

哺乳动物天生就具有好奇心，但在所有非人类的哺乳动物里面，好奇心最强烈的是猿类和猴类，而人类的好奇心又比他的这些近亲强烈得多。销售过程中，能够成功地激发客户的好奇心，就能保持他们的注意力，下面的交谈就会容易得多。好奇心是强大的，客户知道他们有什么，但其实更想知道他们没有什么，更想知道什么是他们不知道的，一

---

① ［美］史蒂夫·马丁，等．苏西，译．细节：如何轻松影响他人［M］．北京：中信出版集团，2015：8（引言）．

旦激发了他们的好奇心，他们就希望得到答案。西奥迪尼将这种现象称为“谜之力量”，他指出：

最成功的作品总是以一个神秘的故事开头的。作者们先是描述一种看似令人费解的状态，接着邀请读者阅读后面的材料，解开这个谜。①

在房地产销售过程中，一个销售高手要努力从谈话的内容中提取出客户关心的价值，然后给他们指出价值的差距，抛出一个“谜”，再用“揭开复杂阴谋”的形式，引导客户关注信息的细微之处，展示更多的可能性，激发客户对谜底的渴求。比如下面的话术：

同样是精装修，我们的标准是完全不一样的，仅仅在厨房，我们就有一般同行做不到的 15 个“机关”，卫浴也有 10 个细节。我们的样板间几乎是本地所有装修公司都要来参观学习的“圣地”，很多别的项目客户都指名给装修公司说，就按××项目样板间来装。还有很多同行把我们的样板间发抖音了，样板间成网红，也是没谁了，等下去现场我会给您详细介绍。

（二）互惠

互惠原理认为，那些给过我们好处的人，有权从我们这里得到好处作为回报。碰到自觉有所亏欠的人时，他更有可能答应对方的请求；甚至一个人靠硬塞给一些好处，就能触发我们的亏欠感。

互惠法则是一条古老并且所有人类文化都能认可的法则，凡是有人违背它，必然要受到社会的制裁和嘲笑，正如法国人类学家莫斯所说：“人有送礼的义务、接受的义务，更有偿还的义务”。因此，互惠法则可以触发人的非理性行为，使他们进入“按键即播放”的响应模式。

---

① ［美］罗伯特·西奥迪尼．闾佳，译．先发影响力［M］．北京：北京联合出版公司，2017：111.

在房地产销售过程中，销售人员可以通过赠予礼品、给予帮助或好处，触发客户的亏欠感，从而觉得自己有偿还的义务。比如，下雨天主动出门迎客，并不厌其烦地带客户去工地看房，鞋子被打湿的销售人员会更容易赢得订单；搞活动时，不管客户买不买，一进门就先让砸金蛋，赢得了礼品和优惠券，这样的客户更容易成交；尤其是当这个礼品是量身定制的或者出乎意料的时，对客户的冲击力更大。广东美林湖项目采用“认筹送金条”策略，只要认筹就送 2 根金条，转定成功再送 2 根，最妙的是“退筹不退金”政策，但事实上，接受了金条的客户最终退筹率很低。这就是成功地利用了互惠法则，存心让客户觉得有所亏欠，最终按下他们心中的“播放键”。

除此之外，互惠原理第二个更微妙但更有效的应用是互惠式让步。在买卖双方中，如果一方率先做出了让步，那么接受让步的人有回报的义务。因此，有经验的销售人员就乐意率先让步，从而启动有益的交换过程。互惠式让步在房地产销售中最常见的应用是“往高了说”的策略，先报高一些的价格，然后逐步让步，每一次让步的同时都从客户那里索要一次回报。比如：

陈先生，您要的这个优惠如果能申请下来，今天能马上交钱吗？

（三）垫脚石

人们越熟悉某个人或者某个项目，就越容易喜欢并相信他，甚至愿意投资到他们所熟悉的项目上。所以，你可以先与人熟悉，从小事情开始，习惯了再做大事情。

在销售过程中，垫脚石法则与互惠法则配合使用，你先给客户赠送礼品、会员计划，邀请他们来参加讲座、活动，建立初步的互动，或者给客户一个承诺并兑现，为客户提供了服务。随着关系的深入，信任的建立，客户渐渐认同了你，销售就可以开始了。客户是受一致性和互惠原理的驱动，邀请他们做过一次的事情，第二次就容易再做，也容易扩大到更广泛的层次及更大的规模。

垫脚石原理还可以和另一个经济学概念——沉没成本和损失厌恶结合使用。人们在决定是否去做一件事情时，不仅是看这件事对自己有没有好处，而且也看过去是不是已经在这件事情上有过投入。我们把这些已经发生不可收回的支出，如时间、金钱、精力等称为“沉没成本”，人们付出得越多，由于损失厌恶的心理，越不愿意放弃。因此，在房地产销售过程中，折腾一下客户，让客户多投入多付出，反而能强化客户意向，比如让客户多看房、参加活动、办卡、认筹、开盘，到最后付出越多就越舍不得放弃买房；反过来，活动过程中多赠送一些附加值，比如，认筹送 3000 元售楼处咖啡吧消费券，我们给得越多，客户就越不愿意放弃。一句话，客户现在的决定，其实都是被过去绑架。

（四）喜好

你曾经遇见看过一眼就不喜欢的人吗？你见过一打招呼就喜欢上的人吗？在销售的世界里，人与人之间的化学反应是非常重要的。

喜好原理是：我们大多数人总是更容易答应自己认识和喜爱的人所提出的要求。喜好原理如此重要，以至于奥美公司副总裁、营销大师罗希特·巴尔加瓦提出“魅力经济学”的概念，认为在魅力经济时代，要想在生意场上取得成功，仅仅待人和善是不够的，你需要学会如何赢得别人的喜欢；只有受到别人的喜欢，才能建立起真正的信任，而赢得信任就赢得了一切。因此，有个说法是：“销售人员的头号规则就是让客户喜欢你。”

要赢得客户的喜欢该怎么做呢？这一讲我们介绍五个技术要点：自信与真实、相似性、同理心、关联、赞美。

1. 自信与真实

建立好感度的第一步就是要无条件地接受自己，接受自己的优点和缺点。顶尖的销售人员都是毫无保留地喜欢自己的，他们显得非常自信，在犯错的时候，会坦诚地承认错误，承认自己不知道解决的方法。在自信和谦卑之间达到一种平衡，让他们显得真诚与真实，自然也就受人欢迎了。

自信的销售人员自然有好的外表魅力。外表魅力除了职业的着装，更重要的是优秀的健康习惯带来的正能量。

销售人员发射出的个人磁场质量会影响客户的潜意识，对销售的最终结果也有较大影响。所有的优秀销售人员看起来都是很积极、精力旺盛、热情、聪明、高兴。他们留给潜在客户的第一印象是他们休息充分，精力充沛，已经做好准备去采取行动和做生意了。①

要做到自信与真实，销售前的充分准备是非常必要的。比如，准备好个人的情绪和专业知识，知道你的产品和价格结构，了解你的竞争对手正在做什么，你将要向客户了解哪些问题，就客户可能提出的反对或者疑问准备好恰当的回答。充分地准备会给你自信，让你能够掌控整个销售过程。

2. 相似性

什么因素能够让人产生好感？相似性是其中影响力最大的一个。我们喜欢与自己相似的人，不管相似之处是在观点、个性、背景还是生活方式上，我们总有这样的倾向。

我们喜欢那些跟我们一样的人。这是人天生就具备的一种倾向：婴儿会更多地冲着面部表情与自己相符的人微笑。看似琐碎的相似之处，可以激活亲近感，带来巨大的影响。语言风格的相似，也就是对话双方所用的词语类型和口头表达方式的相似，能提升浪漫吸引力、人际关系

---

① ［美］博恩·崔西．路言春，译．博恩·崔西销售圣经［M］．北京：化学工业出版社，2013：244.

的稳定度，以及人质谈判和平收场的概率，最后这一点尤其令人惊讶。更重要的是，哪怕对话双方并未意识到彼此风格的重叠，这种影响也会出现。①

在销售过程中，销售人员应该多跟客户交换信息，以发现彼此的共同点。我们可能住得很近，老家是一个地方的，爱人在同一个行业工作，孩子的年龄差不多大，喜欢同一支足球队，或是参加了同一个读书会。你也可以把客户看作某个领域的专家，而这个领域是你一直深感兴趣的（得是真的才行）。注意观察客户爱好的蛛丝马迹，如果发现他的后备厢里有野营器材，销售人员可以说起自己总是一有空就到远离城市的地方去。这些相似之处看起来微不足道，却很管用。

懂得了相似性法则还能让我们避免走入一个误区。很多销售人员从入行开始就被灌输了要热情地对待客户的思想，所以，无论什么场合，总是显得精神抖擞甚至自来熟，但事实是，并不是所有的客户都喜欢热情。对某些人来说，他人表现出来的热情只会让他们感到烦恼，因此，你必须调整自己的说话风格，努力做到使用与客户一致的沟通方式。如果你的客户说话比较缓慢，并且说话的声音不是很大，那么你就需要努力调整自己，学习客户这样的心平气和的沟通方式；如果你的客户是一个低调的人，你就应该抛弃自己的高调，换上一个轻松的自我来和客户接触。

在销售过程中，培养与他人匹配或者相近的行为的能力是一项重要的软技能。

3. 同理心

讨人喜欢的销售员肯定有很强的同理心，同理心可以帮助我们站在别人的视角去看待这个世界。优秀的置业顾问将自己置身于客户的位置，来聆听他们的心声，去证实与了解存在的问题，而不是急于表达自

① ［美］罗伯特·西奥迪尼．间佳，译．先发影响力［M］．北京：北京联合出版公司，2017：202.

己的观点。相反，菜鸟销售员在聆听时都不是带着理解的本意，而是想着如何进行回答，并且在开始聆听前就有了先入为主的看法。

要想培养自己的同理心，你就得下定决心，更加深入地去了解你的客户，感同身受地体验客户一天的生活状态。你对客户了解得越深，受人喜爱的程度就越高。美国人际专家哈维·麦凯在畅销书《与鲨共泳》中提出了一个著名的“麦凯 66”工具，这个工具其实就是一份问卷表格，旨在帮助销售人员掌握所有与客户相关的 66 项信息，这些信息甚至包括客户高中的名称、服兵役的军种以及子女的爱好等。你把一个客户的信息填满的那一天，也就是他成为你忠诚客户的那一天。

4. 关联

白宫一直有个传统，靠一顿美味大餐来拉拢摇摆不定的议员的选票，心理学家拉茨兰称之为“午宴术”，他发现，受试者对就餐期间接触到的人或事物更为喜爱，因为人们对食物的关联反应就是赞许、舒服的感觉。了解了这个“午宴术”，我们就知道了为什么那么多的豪宅项目热衷于举办“客户家宴”“早餐会”“啤酒节”“美食节”的营销活动，也懂得了为什么在这些活动期间，是销售人员接近客户、说服客户的最好机会。

一个优秀的房地产销售人员必须深知关联原理的奥妙，并努力把自己跟积极的事情联系起来，跟消极的事物保持距离。因此，有些房地产公司是绝对禁止销售人员和客户谈论政治、腐败等可能引起消极反应的话题的。

5. 赞美

几乎所有的销售人员都被培训过要赞美客户，但很多人不知道如何赞美，只是说一些“你今天很漂亮”“你穿得好可爱”“你很有气质”之类的套话，客户有时会觉得这不过是敷衍。这里介绍一个好用的 FFC 赞美话术模型。

FFC 中第一个 F 是 feeling，即描述感受，比如“小姐姐，你的打扮真是让我眼前一亮啊”！第二个 F 是 fact，即描述事实和细节，越具体越好，比如“你今天的绿色衣服、围巾和项链特别搭配，流露出一股生机盎然的气息”！C 是 compare，即比较，比如“你是今天客户里面最亮眼的”。用这样的模型去赞美客户，就会让他们觉得你是走心地赞美，从而对你回报以好感。

自信与真实、与客户之间的相似与共鸣、与客户建立的私人关系、激发人内心美与善的力量以及真诚地赞美、无私地帮助客户，这五个方面都能引发客户对我们的喜爱。但是，隐藏在这五大法则背后的影响力更强大的机制却是“爱”，与其让客户喜欢我们，不如抢先表达我们对他们的喜爱。

相似性和赞扬让人们感觉你喜欢他们，一旦他们意识到你喜欢他们，就想要和你做生意。这是因为人们相信，喜欢自己的人，会尽量正确地引导自己。所以，以我之见，销售人员的头号规则是向客户表明你真心喜欢他们。有一句聪明的格言跟这一逻辑完美契合：“别人不在乎你到底懂多少，除非他们知道你有多在乎。”①

对于房地产来说，决定 4.0 时代的职业经纪人职业生涯能否到顶峰的最重要品格就是“爱”，顶尖的销售人员爱自己、爱客户、爱公司、爱同事，他们最关心的是帮助客户做出正确的购买决定。他们爱所有的“邻舍”都像爱自己一样，“爱”能让销售从一门技能上升到艺术。顶尖的销售人员不是只为利润而吆喝的贩子，他们还是理想主义者，是艺术家。

---

① ［美］罗伯特·西奥迪尼．闾佳，译．先发影响力［M］．北京：北京联合出版公司，2017：204.

二、减少不确定性

（一）受简单联想影响

心理学研究发现，人会受条件反射影响，有种条件反射是由简单联想引发的。比如许多人会根据从前的生活经历得到这样的结论：如果有好几种同类产品同时在出售，价格最高的那种质量最好；又如有个人买了一套某公司的房子，发现物业服务特别好，由于这种“奖励”，下次他需要再买房子时，还是买了这个公司的项目。

在具体销售过程中，销售人员要善于捕捉客户以前生活中成功或者痛苦的经历，或者是客户喜欢和热爱、讨厌和憎恨的事物，然后加以利用，也能对客户产生极端的特殊影响。比如下面的案例：

小明：陈先生，您现在住的房子是哪一年买的？

陈先生：2009 年。

小明：如果我没记错的话，您当年买应该也就 1 万多元一平方米吧？

陈先生：对，当时很便宜，现在涨到 7 万元一平方米了。

小明：（故意发问）怎么会涨那么多？

陈先生：当时那里还比较偏，地铁也没有通，超市什么的都没有，现在都起来了，周边很方便。2012 年，地铁 2 号线刚通车，我们那里价格就翻了一番了。

小明：陈先生，我们这个项目也一样的，现在才 25000 多元，就是因为目前还显得有些偏，等三年后地铁 9 号线开通了，商场、超市等配套都起来了，价格肯定也得翻番。那你不又赚到了吗？我们应该以城市发展的眼光来看这个项目。

（二）知觉对比和锚定效应

人类的神经系统并不是精密的科学仪器，所以它必须依靠某些更为简单的东西。比如说眼睛，它只能看到在视觉上形成对比的东西。和视觉一样，其他感官也是依靠对比来捕捉信息的。更重要的是，不但感知如此，认知也是如此。比如酒水单以一瓶150元的红酒开头，那么酒水单中部350元一瓶的红酒就显得挺贵的；可是，如果把酒水单做一个小小的改动，把一支600元的更贵的红酒，列在头一个，那么同是这瓶350元的酒，价格看起来就合理很多。

不必改变物品本身，只需改变人在看到这个物品之前的体验，就能改变此人对这件东西的印象，这就叫作“知觉对比效应”。这种现象，我们可以用“锚定效应”来解释，该效应也叫“沉锚效应”，指的是人们在对某人某事做出判断时，易受第一印象或第一信息支配，就像沉入海底的锚一样把人们的思想固定在某处。

在房地产销售中，知觉对比和锚定效应原理最常见的应用就是“往高了看”，销售人员先带客户去看一套较贵的房子作为沉锚，再去看较便宜的房子，客户就不会觉得贵了。

聪明的销售人员善于寻找好用的“沉锚”，将客户的评判体系给固定住。有时，简单的暗示也能成为一种“锚定效应”，丹尼尔·卡尼曼在研究中向受试者提出了两个问题：甘地去世时比115岁大还是小？甘地去世时多少岁？受试者在估测他的死亡年龄时会比真实死亡年龄35岁更高。在商讨购房价中，率先出击的一方往往会出现优势，因为他报出的数字就会出现锚定效应，比如“您认为优惠的幅度会超过5万元吗？”等你报出真正的优惠是20万元，客户就会觉得捡到便宜了。

（三）社会认同

社会认同原理认为，人类会自动根据他所观察到的周围人们的思考和行动方式去思考和行动，尤其是在自己不确定、情况不明的时候，人们最有可能觉得别人的行为是正确的。进化给人类留下了社会认同倾向，让人类能够把一些原本复杂的行为进行简化。

业内有一个流传很广的段子：北京星河湾的售楼员只要低声耳语告诉那些山西人，范爷住在这儿，并且带他们到地库范爷的豪车前立此存照，剩下的事就简单了。还有更多屡见不鲜的案例：一个客户从售楼员嘴里听说了一位他极为认同的人已经居住于此，而迅速决定购居此处。销售人员提供这样一条信息，比她服务殷勤有用百倍，因为人在这种选择时刻寻找社会认同与归属的原始本能是无比强大的。

当项目处于销售逆境的时候，客户很容易陷入纠结，或者这个客户本身属于非常理性或者有选择困难症类型，这种情况下如何实现销售突破？社会认同原理也是最好用的方法论之一。做好客户身边人的工作，让他们成为你的忠实拥护者和游说者。或者一个小小的话术，有时就能扭转客户的决定，比如：

之前我有一个客户当时就是认为这栋楼是景观最好的一栋，所以很快就定了下来。

你的朋友也觉得这栋楼位置很好，并且性价比也高。

社会认同原理在房地产销售中常见的应用有三种：全景数据、客户证明以及小众的反作用力。

1. 全景数据

通过市场全景的描述，最容易看到大多数人的购买决定，而在不确定的情况下，多数人做的事一般都是没错的，一种产品受到欢迎，就证明它是合理的。比如：

2015 年 2 季度，星河湾分别占太原高端市场销售面积的 45% 份额和销售金额的 52% 份额，荣膺龙城高端市场销售冠军。

长白岛每卖 3 套房子，就有 2 套是中海。

全景数据一个最常见的应用就是“全景平均数据”，因为平均数最能反映大多数人的选择结果。比如下面这个案例：

陈先生，您担心房价会降我可以理解，很多人都有这种担心，并且现在确实有项目在降价，但我告诉您，这轮的降价是把有些项目本身的价格泡沫给挤掉，本身就没有泡沫的项目价格是不会降的。我给您看一下 2015 年我们市的房地产统计数据，2015 年 1—12 月，全市商品住宅成交均价 7671 元/平方米，这个均价是市内十区加三个郊区县的均价，市内十区有五个中心城区、五个郊区，我们市建成了四环，还有很多项目在四环外，这就是说，7671 元/平方米这个价格是综合了五个郊区、三环外、四环外、郊区县的所有项目的均价。您再看看我们项目均价多少，8100 元/平方米，三环内、中心城区的项目均价仅仅比全市均价高出 400 多块钱，您觉得贵吗？

2. 客户证明

我们看到电视上普通人做的广告越来越多，因为要向普通观众（这些人构成了最大的潜在市场）推销一种产品，最好的办法就是表现其他普通人喜欢它、爱用它。房地产销售也是一样的，客户在考虑购买决定时，降低不确定性的最好方法就是得知许多像他那样的人都买了这个楼盘，而且很满意他们的选择。这就是社会认同原理“相似性”法则的运用。聪明的销售人员懂得和已成交客户维持一种良好的互动关系，并且向潜在客户提供一些从已成交满意客户那里得到的证明，包括朋友圈证明、视频、照片、客户名单等。如果你一直从事的是销售工作，你会有一些知心客户，他们喜欢你，也愿意为你写证明，如果你要求的话。

项目或者售楼员个人还可以录制一些满意客户的视频，让他们讲述自己的置业经历，讲述自己从不认可到认可的过程，讲述自己入住之后的满意的居住体验。经得客户许可的话，这些视频还可以在销售现场或者其他途径播放。比如下面一封证明视频中客户的心声：

第一次到这个项目售楼处的时候，我感觉价格与其他家相比确实太高了，但当时的销售小李不厌其烦地解答我所有的问题，无数次陪我一起爬楼、看楼，让我最终选择了这里。现在我们已经入住三年了，三年时间，旁边涂料立面的那个项目看起来已经趋近于回迁房，而我们的小区却比当年更有味道了，一分钱一分货，我现在觉得值。

销售人员还可以邀请成交客户合影，在交房入住阶段还可以拍一些你和客户共同收完房的合照或者是你和客户在已经入住的居家合影照。每个照片后面都有一些故事，征得客户的同意后还可以在网上发帖讲述背后的故事，引起更多的跟帖，这些故事就是你在下次销售陈述时的很好例证。这样的照片越多，客户就越容易认同。潜在客户越认同你的满意客户，他们就越想成为你的客户。

有心的销售人员还可以整理一份成交客户名单的表格，在保障客户隐私的前提下，很自信地把它呈现给客户，告诉他们，仅仅这三个月，我自己就有100多批成交客户，其中60%都是选择和你一样的户型；饭店仅仅在菜单上标注一个“最受欢迎招牌菜”，就能让某些特定菜品销量提高20%以上，操盘手也可以模仿饭店的做法，将户型受欢迎的程度甚至户型的供求比标注出来，这样就可以促进特定户型的去化或者拉高某些畅销户型的价格。

销售人员也可以向潜在客户展示自己建立的强大客户微信群；如果你所在楼盘有某个著名人士或者是客户尊重和仰望的人物购买，你和潜在客户谈话时一定要把这一点指出来。

一个好的证明，无论是信、视频、照片还是名单，基本上90%都能克服潜在客户对和你做生意的抵制。把收集这些证明作为你日常销售活动中的一部分，随身带着，在需要的场合使用它们。许多销售人员手头都拥有10个或者20个的证明文件，当他们开始用这些证明时，他们的销售业绩也立马会提高。因为：

95%的人都爱模仿别人，只有5%的人能首先发起行动，所以，要想把人说服，我们提供任何证据的效果都比不上别人的行动。①

3. 小众的反作用力

如果说社会认同是向大众借力，其反面就是利用“小众”的反作用力。人们总是很愿意与自己所属的或想要进入的群体保持一致，同样，他们也很希望与那种不愿与之扯上关系的群体区别开，避免与那些人一样做出相同的行为。懂得了这个道理，在房地产销售中，知道潜在客户厌恶的群体，适时点出竞品项目的客群属性，又是一个四两拨千斤，客户往往就能做出购买决定。比如：

陈先生，我们项目是100%的商品房，有些项目拍地的时候规定开发商要自持30%，也就是说入住的时候，这个小区里有30%的人是租客。租客不如业主爱惜园区，会发生电动车乱停放，随意践踏草坪等行为，对小区的安全也会产生影响。别的城市和项目已经发生过业主和租客对抗的案例，武警都出动了。

（四）权威

权威的强大力量会影响我们的行为，即使是具有独立思考能力的成年人，也会为了服从权威的命令做出一些完全丧失理智的事情来。人们很少对权威的要求痛苦得举棋不定，确切地说，我们往往没怎么思考，就下意识地服从了，颇有按一下就播放的势头。

在房地产销售中，权威指的不一定是掌权者，更多的是被称为可信权威的人物，他们因为同时掌握了两种极具说服力的素质——专业知识和可信赖感，因此对客户具有强大的影响力。在具体的销售过程中，可信权威人物主要有两种，一种是外部的行业或者政府权威，一种是销售人员自身。

① ［美］罗伯特·西奥迪尼．闾佳，译．影响力［M］．北京：北京联合出版公司，2016：122.

聪明的营销者懂得“得业内者得天下”的道理，同行是大客户，购房者是小客户，因为业内人士就是最好的权威，在业内广受好评或者拥有众多业内客户的楼盘销售一定不会差。反思一下，你是如何对待前来踩盘的业内人士的呢？

销售人员看到行业内某个够资格的专家发表的对市场趋势的看法的文章，或者是某个政府权威渠道发布的对本区域的规划建设动态的文章，都将它们做成简报，放在谈客夹，这就是最好的销售道具。权威会让信息的说服力变强。

对于 4.0 时代的职业经纪人来说，在客户面前营造自己的可信权威形象也非常关键。西奥迪尼指出，有时只要拿出权威的象征符号就能将客户降服。销售人员的常见权威符号有头衔和衣着，尽可能高的头衔、剪裁得体的西装都能起到“按键即播放”的效应。

4.0 时代的职业经纪人要懂得塑造自己的“业内专家”形象，一旦在客户面前成功树立了权威，整个销售沟通过程就会顺利很多。这个我们在本书第 8 讲有专门讲述，兹不赘言。

（五）信任

信任是销售的基石，没有信任，就没有签约。建立信任是一项精致的技能，很多销售大师都专门研究关于信任的课题，并提出了自己的观点。美国零售权威哈里·J. 弗里德曼说：

让顾客喜欢你、信任你的最简单的方法是让他说话。①

信任是通过你提问时关切的语调，和回答顾客提问时热情的支持来建立的。你的顾客要感觉到你真对他感兴趣，对他购物所要达成的愿望

---

① ［美］哈里·J. 弗里德曼. 施铁，译. 销售洗脑：把逛街者变成购买者的 8 条黄金法则［M］. 北京：中信出版集团，2016：20.

感兴趣。①

罗希特·巴尔加瓦专门研究“人们如何赢得别人喜好与信任”的课题，提出了赢得信任的五大法则：真诚、重要、无私、简单、时机。

真诚和无私正如人际交往中的“黄金法则”：你对待别人的方式应该像你希望被别人对待的方式一样。丹尼尔·平克提出一个简单技巧：每一次跟人接触，都想象对方是你的祖母。

如果你通过电子邮件往来的人不是一次性的合作者，而是每年给你寄生日贺卡并塞上 5 美元的好心祖母，你又会表现出多大的诚意？多强的道德心？……像对待祖母那样对待每个人，同时假设祖母在微博上有 80 万粉丝。②

4.0 时代的职业经纪人在销售过程中必须注重诚信，跟客户沟通时，明人不做暗事，将动机透明化；懂得“靠谱”比能力更重要，充分落实在销售环节中承诺的事情；懂得有策略地从多方面验证提到的信息。在真实的销售中，还有一个马上就能获得可信赖感的小策略：在陈述一开始就早早提到自己项目的小缺点，而不是只描述优点，或者只在陈述末尾才提到缺点，甚至完全不提。

罗希特提出的“重要”法则指的是要让客户觉得你很重要，要激发客户对你的关注度。要做到这一点，销售人员必须树立自己的顾问和权威形象，结合客户的需求，提出自己的“洞见和新知”。

“简单”法则是说客户一般会信任简单实用的东西，销售人员要将自己经过深思熟虑后的专业观点用图片、表格等视觉思维表现出来。本书之所以重视图表和模型，道理就在此。在销售实践中，类似于“价值

---

① ［美］哈里·J. 弗里德曼. 施轶，译. 销售洗脑：把逛街者变成购买者的 8 条黄金法则［M］. 北京：中信出版集团，2016：80.

② ［美］丹尼尔·平克. 闾佳，译. 全新销售：说服他人，从改变自己开始［M］. 杭州：浙江人民出版社，2013：243.

金字塔”类的工具非常容易赢得客户的信任。

“时机”法则强调说话、做事的正确时机，正如《圣经》上说“一句话说得合宜，就如金苹果在银网子里”（《圣经·箴言》25：11）。

罗希特强调遵守这五大法则，人们就较容易赢得对方的喜欢和信任。总之：

信任=让客户喜欢你（浅度信任）+让客户相信你（中度信任）+让客户离不开你（深度信任）+销售双方谁都离不开谁（终极信任）。①

（五）一致性

一致性原理认为，为了节省运算空间，人类的大脑会不愿意做出改变，而是更愿意维持现状。在所有的人类行为习惯中，没有几个人能够列出许多他们已经改掉的坏习惯；大脑的抗改变倾向还使得人们倾向于保留如下几种东西的原样：以前的结论、忠诚度、身份、社会认可的角色等等。

在房地产销售中，人类大脑的一致性倾向的具体应用是“生活圈延伸”话术：

你必须把你的产品或服务陈述为潜在客户目前处境的一种改善。其实人们并不喜欢变化，相反，他们很害怕变化，会尽量避免变化。但每个人又都希望变得好一点，不管是什么类型的变化。所以当你把产品作为潜在客户目前正在使用的产品的自然延伸，而且对他实现目标更有利时，他对你的产品才会采取开放的心态。②

“生活圈依赖”是客户最典型的倾向，尤其是岁数较大的客户，往

① ［美］迈克·舒尔茨. 孙路弘，译. 绝对成交话术内训手册［M］. 深圳：海天出版社，2015：137.

② ［美］博恩·崔西. 路言春，译. 博恩·崔西销售圣经［M］. 北京：化学工业出版社，2013：131.

往具有浓重的区域情结。销售人员如果把项目地段描述为以客户原有生活圈为圆心或起点的自然延伸和改善，往往更容易化解客户的抗性。

一致性原理的另一种表现形式是承诺与一致性，即一旦做出了一个选择或者采取了某种立场，我们就会立刻碰到来自内心和外部的压力，迫使我们的言行与它保持一致。因为，依照人们的普遍感觉，言行不一是一种不可取的人格特征。在这样的压力下，我们会想方设法地以行动证明自己先前的决定是正确的。总之，自动保持一致是一种预先设置好的下意识响应方式。这样，我们就能理解，老客户为什么会向亲友推荐自己已经购买的楼盘；在开发公司组织的“VIP 客户（老带新最多的客户）答谢会”“业主征文比赛”“业主春节晚会”上获奖或露脸的客户对公司的忠诚度最高。

因此，一个成熟的销售人员懂得抓住客户的承诺，每一次接访都需要一个承诺，没有得到承诺的接访是“耍流氓”。在真实的案例中，一个客户即使交了 200 元的小订金，最后的成交率也比无果而去的客户高出一倍以上；即使没有交订金，销售人员也得要到诸如确定时间到访、参加活动之类的承诺。

三、激励行动，强化紧迫感

（一）奖惩超级反应

奖惩超级反应倾向指的是如果人们的一个行为受到了奖赏，那么他就会提高行动的积极性，甚至会高频率地重复做这件事，如果受到惩罚则会抑制做这件事。奖惩反应贯穿人类进化的整个历程，而且这种反应通常都是在无意识的情况下发生的。

奖惩反应也许是我们社会运用最广泛的一种心理机制，查理·芒格在人类的 25 种误判心理学中将其列为第一位。在房地产销售中，奖惩反应的具体应用就是：说服客户要诉诸利益，而非诉诸理性。一般来说，客户更关心对他有好处（奖励）或对他有威胁（惩罚）的信息，所以如果你问的问题他觉得有好处，或者是有威胁，那么他就会开始注意，有问题才能引导客户思考，思考了就会有行动，有行动才会有结果。比如下面的话术：

陈先生，其实很简单，就像你去商场买东西一样，都会等到商场打折的时候去买。楼市是一样的道理，现在活动多，优惠力度大，您看中的这套房现在可以优惠将近10万元。你现在不买，难道等优惠结束、房价上涨的时候再买吗？

（二）稀缺

“机会越少见，价值似乎越高”的稀缺原理会对我们行为的方方面面造成影响。著名广告人李雪凇在论到豪宅特性时说：

面子是一种在群体中受到重视的感觉，这是一种占优心理。当有能力赢得占优地位的时候，这些人类中的少数物种更容易去支配他人和事物，尤其是将剩余资源据为己有，并大量囤积起来。剩余资源总是有限的，甚至是匮乏的。自古以来，这些东西都垄断在这个鹤群里。

什么样的房子才“特有面子”呢？总而言之，不同年代、不同群体中，要找到什么东西能代表：牛逼（强）+稀有（少），不是因为“强”而“少”，而是因为“少”而“强”。

求同（合群）存异（占优），都是动物本能。①

对失去某种东西的恐惧似乎比对获得同一物品的渴望，更加能够激发人们的行动力；这一现象也可以用行为金融学中的“损失厌恶”理论来解释，该理论是指人们面对同样数量的收益和损失时，认为损失更

① 摘选自李雪凇《豪宅6论》。

加令他们难以忍受。同量的损失带来的负效用为同量收益的正效用的 2.5 倍。

西奥迪尼通过研究发现：跟一贯的稀缺比起来，一种本来有、后来没有了的东西，会让人更想要；碰上有人竞争时更想要。稀缺原理的最直接的做法是“数量有限”和“最后期限”的策略，告诉客户，某个户型供不应求，不见得随时都有；某个优惠最后一天，即将截止。稀缺原理在房地产销售中应用也非常广泛，举例来说，几乎所有楼盘都在采用的“开盘”手法，其本质就是人为颠倒供求关系，制造稀缺感。在具体的销售实操中，稀缺原理也是锻造“冲击力”的最好手法之一。比如下面这个案例:①

小明：先生，您好！欢迎参观。

客户：你好！我过来了解一下。

小明：先生是第一次过来吗？看您的袋子是刚看过旁边的 A 楼盘吧？

客户：呵呵，对啊，昨天定了那边的，还没签合同呢！今天逛着玩，顺便过来看看你们的项目。

小明先是一阵失望，买了呀？但突然一想，心里窃喜，也好！反正没签约，既然敢定房，那说明实力没问题，是我们的准客户群。好好介绍一下我们的产品，从各方面来说，肯定我们的是最好的啊……接下来他很仔细地把项目全部介绍了一遍。通过交谈，了解到客户喜欢洋房，但他在 A 楼盘定的却是高层，这给了小明非常难得的机会，他一个劲地向客户渲染 CBD 中心的花园洋房，描述着未来的生活景象……

客户：我已经在 A 项目定了一套高层，三房，各方面都不错，就是没有洋房很遗憾！

① 选自易居中国实战案例，特此感谢。

小明：那您今天是来对了，我们项目可以说是北滨路唯一拥有洋房的项目。虽然您已经定了其他项目，但既然您来了，我也不妨给您介绍一下……

客户：那好吧，你详细给我介绍一下花园洋房的三房吧，正好今天我父母也在，都一起看看。

客户此时已有些按捺不住了，已从刚才的随便看看到需要深入了解的地步。小明了解到客户非常认可项目300平方米的大尺度豪宅，但目前我们的洋房三房只有最后一套了，根据以往的经验，一般客户很难相信他买的是最后一套，因此这套房子推出来必须要有个方法才行。像美女一样，要给这最后一套洋房制造出一种千呼万唤始出来的感觉……

小明：先生，我们的大尺度豪宅全部卖完了（再次强调大面积豪宅的稀缺性以及得来不易），整个项目大面积豪宅基本将会是绝版。（然后转移话题，开始给客户介绍宜居三房，并拿三房的户型仔细讲解渲染，让客户觉得自己非常希望他买宜居三房，而且这个三房也不错，当然，这个必须建立在客户认可产品的情况下，不然，直接说洋房没有时客户可能没有再听下去的欲望了。）

客户：这个确实也不错，但是要是有300平方米的房子就好了。

这时，另外有个置业顾问带着自己意向一般的客户来看沙盘，指着洋房说，先生，这是我们昨天换出来的唯一的一套最好的三房洋房了。

小明：（非常惊奇）怎么还有一套啊？我怎么不知道！

同事：这是昨天开晚会的时候说的，那套房的客户换成四房了，正好把最好的一套换出来了，你不知道吗？

小明：啊！昨天我休息。（赶紧转过脸对着自己的客户）先生，就这套了，您运气好好，真是有缘，我们就定这个吧！

此时客户很紧张，突如其来要其做决定，他沉默地思考着，小明并没有停，速度很快地再次渲染着这套房子的得来不易以及他的运气很好，以后我们项目基本没有三房洋房了……反复敲击客户的敏感点和兴趣点。

（三）重视理由

人，尤其是生活在发达文化中的人，天生就热爱准确的认知，以及获取准确认知过程中得到的快乐，因此，人们非常重视做一件事的理由，哪怕一个人给出的理由是毫无意义或者是不准确的，也能使他的命令和要求更容易得到遵从。在房地产行业中，经常会用到打折优惠，如果无理由打折，客户可能会理解为降价或者“羊毛出在羊身上”，但如果给这些优惠加上一个理由，比如“今天是我们集团成立 20 周年，特惠三天，明天就截止了”“明天 6 月 30 日，我们上市公司要拼半年报，所以搞活动促销，力度很大，过了明天就没有了”，则对客户的驱动力就会高得多，他们往往愿意为了这个看起来合适的理由去埋单。

客户在购买时是感性的，评价时却是理性的。客户最后签约的原因可能是因为喜欢你，也可能是看到同来的朋友下单了，自己不能落后，也许他们决定购买只是因为他们相信这是一个正确的决定，这些都是情感方面的需求，但却需要一个理性的分析来验证。因为，理性分析才是支持他们决定签约的合理理由，在复杂的销售中，没有验证就没有签约。

在房地产销售中，理性验证最常见的好用的角度有投资回报与机会成本。如前所述，资产属性是房地产的第一属性，资产的本质是创利能力。客户买房的深层动机都是一种资产配置，抱着对投资回报的信念，而投资回报又跟情感需求紧密相连，情感需求引发购买欲望，然后再用理性来验证需求。因此，销售高手懂得在销售环节中适时融入投资回报的内容，并且将投资回报与情感需求联系起来。比如：

陈先生，我们公司的房子在重庆是硬通货，二手房最容易出手，租金也比同类房源高出 20% 以上，买了我们的房子，资产增值最有保证，将来您就有足够的财富退休，可以尽情享受诗和远方了。

在房地产销售实践中，面对较贵的项目 A 和较便宜的项目 B，假设二者相差 10 万元，很多时候，我们会认为客户会认真考虑买项目 A 的机会成本，在 A 上多花 10 万元，这 10 万元就不能用来买别的了；但实际上，心理学研究发现，大众并不经常做这样的比较和衡量，他们不会想得那么多。因此，对于销售人员来说，我们需要把机会成本的问题说得再清楚一点儿，给客户举几个例子，说明这笔省下来的钱可以用来做什么，比如一台汽车、一个车位、孩子四年的大学学费、全家人的欧洲之旅，这样一来，这个凸显机会成本的四两拨千斤的策略便满足了人们理性验证情感的倾向，就可以让已经挺有说服力的销售变得更加吸引人了。

（四）艳羡/妒忌

如果早期的人类经常挨饿，那么他们在看到食物时，就会产生占有的强烈冲动。如果被看到的食物实际上已经被同类的另外一个成员占有，那么这两个成员之间往往会出现冲突的局面。这可能是深深扎根在人类本性中的艳羡/妒忌倾向的起源，正如巴菲特说所：“驱动这个世界的不是贪婪，而是妒忌。”

房地产销售也是一样，客户的需求是强大的，而艳羡和妒忌是推动需求的加速器。什么是艳羡和妒忌？即因其他人都有而产生的需求。看到别人拥有自己渴望的东西时，任何人都会想：“我也应该拥有”或者“为什么我没有”，这些想法能够进一步刺激需求。

如果潜在客户还没有得到想要的房源，需求就会驱动他采取行动；如果他所要的房源将要被人占了，他“誓死”都要得到；如果亲友已经拥有了这个小区，他踮起脚尖也要想法够到，羡慕引发了需求，这就是老带新为什么成交率高的另一个重要原因。拥有的感觉与现状进行对比，产生的落差越大，他就会越快采取行动。

如何激发客户的艳羡与妒忌需求？销售高手采用“相关故事法”。

销售高手的“话术包”里都有一些满意客户的故事。一个好的成功故事使你的心理上占据优势，当客户听说和他们相同境遇的人购买并使用过这个产品，而且很满意时，他们也会希望能享受同样的好处。成功激发了客户的艳羡与妒忌需求，就把他的购买温度升高到沸点了。

“相关故事法”的妙用还在于，大脑的“系统 1”喜欢被故事、逸事、趣闻、想象等刺激，当你讲述别人购买你房子的故事时，你就激活了客户大脑的“系统 1”，给他留下了比世界上任何材料都要深的印象。

举一反三，你也可以用失败的故事来刺激潜在客户。如果客户说希望好好考虑一下，也许下个月能做出决定，这时你就给他讲一个类似的故事，故事中的客户对推迟购买是多么的后悔。总之，讲述买过房并很满意的客户的故事，并和没有购买后来非常后悔的客户故事进行比较，通常你能消除潜在客户的犹豫，把销售往前推进。

以上我们梳理了激励行动、强化客户购房紧迫感的四种心理倾向——奖罚超级反应、稀缺、重视理由、艳羡/妒忌，我们再对应龙湖集团曾经做过的关于客户购房紧迫感的原因调研（图 6-2），就可以看到，排名第一的倾向是奖惩超级反应，排名第二、三、四的都是稀缺倾向，排名第五、第七的是重视理由倾向，排名第六的是艳羡/妒忌倾向。智勇多谋的销售人员自然会懂得在实践中如何运用。

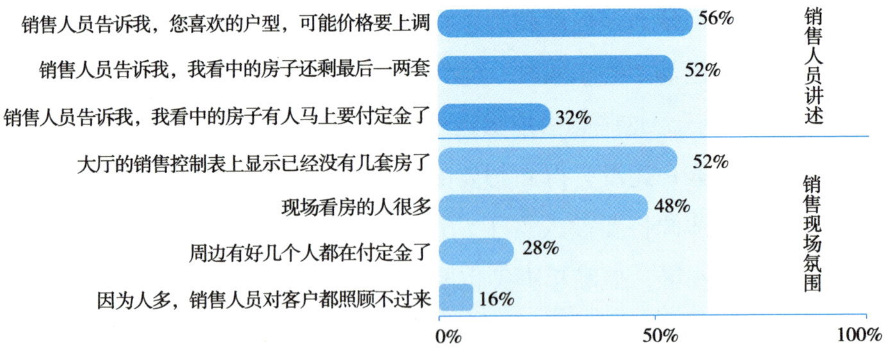

图 6-2　客户购房紧迫感原因调研

强调三个问题

对于锻造销售冲击力的上述手段和方法，这里还特别强调三个问题：

一、注意“冲击力”的作用机制

冲击力是一种瞬间作用力，其作用时间很短，所以一般只对人的短期行为产生作用，而对长期行为无效。因此，有经验的销售人员在成功激活客户的“快思考”按键之后，不能拖延，必须抓住这稍纵即逝的机会，马上着手进入要求成交的实质环节。

二、注意符合道德伦理

一个优秀的销售人员是要懂得客户的心理，但利用客户心理的前提是诚实、守信，必须坚守职业道德，保证客户的利益。利用弄虚作假的手法来忽悠客户，这不是 4.0 时代的职业销售所应该有的态度，因为名声与正直才是人一辈子最重要的资产。真正的梦想源于真实的自我，仅仅为了一点佣金就迷失心性、戴上假面，甚至不惜成为“黑中介”，这样的人跟咸鱼有什么区别呢？

三、招式不要太多

以上我们介绍了客户大脑的“系统 1”的决策模式及可以作用的很多心理倾向，只是需要注意的是，方法用得越多，说服的意图就会变得越露骨，那种不显山不露水的微妙感觉就没有了，对方反而更容易拒绝你。因为这些说服方式作用的方式都是不起眼的，它们静悄悄地就改变了客户的决定，影响了客户的行为，客户几乎是自动自发地、下意识地跟着走了。所以，很多说服学家提出了一个“事不过三”的原则，强调每次使用的方法不超过三个，过了这个临界点，更多的说服动作反而会引起猜疑，继而导致对方抗拒整个说服行为。

本讲的目的是介绍所有相关的原理和方法论，但并不倡导一次的销售过程全部都用上这些招式。对于房产销售而言，可能不一定是事不过三，但招式确实不能太多，如何把握必要的尺度和分寸，如何灵活运用，杀敌于无形之中，这是 4.0 时代的职业经纪人在工作中要慢慢去操练的。

第 7 讲　全新流程与技术要点

【概　　念】泛客户　先发影响力　意向陈述价格陷阱　峰终定律　晋级承诺　暂时中断里程碑方法

【思维模型】新销售模式　脚本内容清单　Faint 问题清单　探究型问题清单　初始价值偏差模型

经过前面几讲关于产品和客户的基本知识与底层规律的修炼，本讲我们开始探讨房地产销售的流程。前文说过，专业和业余的重要区别之一在于是否遵守流程和行业规范，在于操作是否有章法。在中国的房地产行业中，销售流程一直处于“若有若无”的状态，很多项目和个人貌似遵循一定的接待流程，但与其说是流程，倒不如说是“过程”更为合适，因为流程的核心是“控制”，接待要遵循什么顺序，要踏到哪些点，每一步骤是什么目的，要达到什么成果，销售的达成处于什么阶段，销售人员都必须有清晰的概念。反观我们的案场，菜鸟型销售员多是潦草塞责，牛市成交凭运气，遇到熊市，客户状态一问三不知，能否成交只有天知道，这就是典型的缺乏流程设计和管控的业余状态。

如前所述，4.0 时代的房地产销售具有以下四个特征：

特征一：4.0 时代的房地产销售是建构在买卖双方高质量的关系基础之上的，销售员因为个人魅力带来的良好的私人关系是客户最大的“买点”，正如空客集团销售总监 John Leahy 所说的“卖产品就是卖自己”，4.0 销售是一种“魅力销售”。

特征二：4.0 销售中，销售人员和客户的关系是恋爱关系，而不是服务员和上帝的关系，销售员在正确的时间、地点找到合适的客户是双方建构高质量关系的坚实基础。

特征三：4.0 销售中，拉力优于推力，销售模式更多强调把客户往上“拉”，而不是把产品往下“推”，关注焦点是客户需求而不是产品，因为：

在“需求”出现之前，根本就不应该存在“供给”。①

特征四：4.0 时代的销售是一种诚实、直接和透明的“高级”销售模式，买卖双方信息对称越充分，最后成交的难度就越小。

基于以上四个特征，在房产销售 4.0 时代，我们有必要设计全新的销售模式和流程。博恩·崔西提出了新旧两种销售模式的对比，② 旧销售模式是“金字塔模式”（图 7-1），新销售模式是“倒金字塔模式”（图 7-2）。

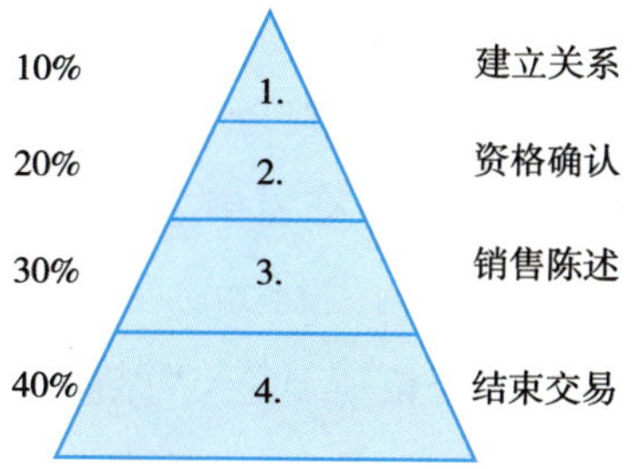

图 7-1　旧销售模式

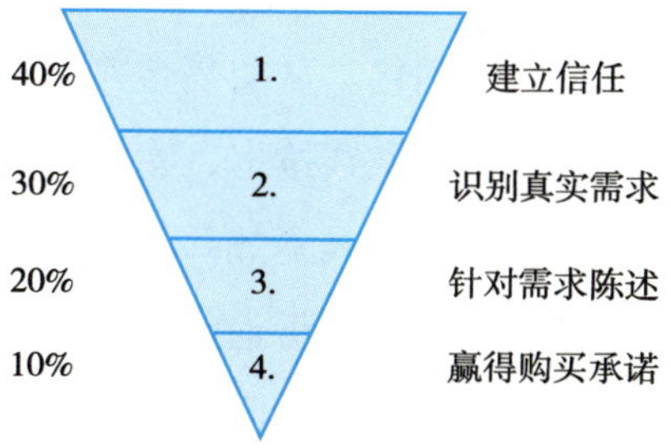

图 7-2　新销售模式

在旧销售模式中，第一个阶段是建立关系，仅占销售过程的 10%。

---

① [美] 伊藤穰一，等．张培，吴建英，周单斌，译．爆裂 [M]．北京：中信出版集团，2017：60.

② [美] 博恩·崔西．路言春，译．博恩·崔西销售圣经 [M]．北京：化学工业出版社，2013：80-87.

在这个阶段，我们接受的教育是不要浪费时间，不要谈一些无关紧要的话题，稍微寒暄一下就赶紧扑向正题，进入销售。第二个阶段，占 20%的销售过程，被称为资格确认阶段。在这个阶段，销售员利用各种不同的技巧来判断客户是否有足够的钱，之后再进行销售陈述，该阶段的谈话结束时如果判断客户拿不出钱来，就不要浪费时间在他身上。第三个阶段，销售陈述，占销售过程的 30%，目的是介绍产品的性能及展示优点给客户。第四个阶段，结束交易是重头戏，占了 40%的销售过程，主要目标是如何使用成交技巧让一个还不大情愿购买或还没完全做出购买决定的客户最终做出购买承诺。

事实上，这种旧销售模式过去被广泛应用在我们的售楼处中，业内大多数的销售培训都把逼定技巧放在重中之重；至于建立关系，只是成为少数销售精英的自选动作和自发行为。更有甚者，1.0 时代的接待员，在销售过程中直接将“资格确认”“结束交易”环节都省略了，10%的建立关系环节也偷工减料，一上来就直奔主题，然后是简单的销售陈述、算价，最后将决定权交给客户，姜太公钓鱼，愿者上钩。

归根到底，旧销售模式的最大问题在于：其适用的背景源于单次的、简单的、低金额的小订单销售。从交易金额来看，房地产属于大订单销售，但在牛市的时候，客户拿钱抢房，卖掉一套房的难度甚至小于在超市推销一瓶洗衣液，旧销售模式奏效并不奇怪；但遇到熊市，房地产销售却是最典型的大订单销售，强势逼定、套路过多的模式却往往效果不彰。因此，我们强调房地产销售要回归本来的大订单销售模式，即博恩·崔西提出的新销售模式。

新销售模式的第一部分，占 40%的销售过程，是建立信任。博恩·崔西指出：

你和潜在客户之间的信任水平是你后面的销售过程成为可能的基础。不管什么原因，如果在一开始你们之间就没能建立起某种水平的信任基础，那么你们的销售关系也许永远也很难取得新的进展。今天的客户被大量自相矛盾和互相冲突的信息包围着，信任成为所有销售关系中最不可或缺的元素。①

新销售模式的第二部分，占 30%的销售过程，是识别客户对你的产品的真实需求。当你把焦点放在客户和他真正的需求上时，当你询问并认真听他的回答时，客户自然会放松，也更信任你。客户会感觉你是在帮他，他会对你敞开心扉，把他真正的问题和烦恼诚实和完整地告诉你。

这两个部分，建立信任和明确需求，占了整个销售过程的 70%。在这两个阶段，如果你听得足够长、足够认真，客户最终会告诉你需要知道的所有事情。如果这两个部分能有效完成，那么接下来的销售就会进展顺利，销售人员和客户双方的紧张和恐惧感就会小很多。

第三部分，销售陈述，只占整个销售过程的 20%，因为如果前一部分完成得好，这一部分就相当容易了。在销售陈述中，销售人员展示他的产品能怎样最理想地满足客户的需求。最后一部分，赢得客户的购买承诺，只占 10%。结束交易不再是销售人员和客户都不喜欢的痛苦过程，相反，它是整个销售过程的一个自然结果。

总之，博恩·崔西提出的新销售模式可以让整个销售工作变得愉快起来，它消除了试图把某样东西卖给某个客户的焦虑和紧张。这个模式刚好契合 4.0 销售的四大特征，是一种典型的“魅力销售”模式。下面，我们就根据这种模式来构建房地产销售的基本流程。

第一步：销售开局，建立先发影响力

新销售模式的首要任务是建立信任，占整个流程的 40%。具体到房

---

① ［美］博恩·崔西．路言春，译．博恩·崔西销售圣经［M］．北京：化学工业出版社，2013：83.

地产销售，这个 40%又由两部分组成：销售开局、展示新现实；换句话说，客户初步的信任就是由这两部分工作建立起来的。

在探讨如何建立信任之前，要先强调一个前提概念：泛客户。所谓“泛客户”，这里的界定是来的都是客，包括来电、来访、网上留言、转发信息、关注公众号、市调等，只要和项目销售环节发生接触的都是客户，买不买房都是客。旧销售模式中，只有买房的才是客户，不买房便“惜墨如金”。新销售模式需要建立的第一个观念就是，要珍惜客户，珍惜每一个与我们销售发生接触的泛客户，因为他们要么是购房者，要么是宣言书、宣传队和播种机。我们接访的每一组客户，如果得到满意的体验，他们即使自己不买，都是最好的传媒；如果得到坏的体验，他们就会变成“恶媒”。很多大公司都非常重视来踩盘的业内人士，提出“得业内者得天下”，道理即在此。因此，4.0 时代的职业经纪人，要树立的第一个专业态度就是珍惜每一组客户，不管买不买，我都打起十二分精神，着手建立信任！

建立信任的第一步：构建“先发影响力”。

“先发影响力”是西奥迪尼提出的一个重要概念，他举了一些例子，比如：运动员球衣上的号码大，旁观者对他成绩的预期也会提高；红酒店里的客户如果听到背景音乐播放德国歌曲，购买德国葡萄酒的可能性更大。在真正的销售过程开始之前，我们所做的真正具有影响力的事情，对受众起着先发制人的作用，改变了受众对我们接下来所言所行的联想，这就是“先发影响力”。西奥迪尼指出：

> 最优秀的说服者之所以优秀，在于擅长先发制人：对说服过程加以设计，让接受信息的人在与信息相遇之前就准备好接受。①

我们在上一讲提到了人类容易被影响的 15 个心理倾向，如果遵守

① ［美］罗伯特·西奥迪尼．闾佳，译．先发影响力［M］．北京：北京联合出版公司，2017：3.

这 15 个法则，我们就可以让自己的说服行为增加独特的吸引力。因此，我们这里所说的“先发影响力”指的是将喜好、互惠、权威、社会认同、信任等影响力法则移到销售开始之前，先发制人，以期打开一个良好的局面。西奥迪尼称之为“开关”：

> “开关”从两个方面打开了局面，以供施加影响。首先，它们开启了整个过程，提供了起点，即说服的开始。其次，它们消除了现有障碍，扫平了说服之路。在这一过程中，它们促进了心态的开放，“开关”打开了客户紧锁的大门。①

打开了客户紧锁的大门，买卖双方就进入信任的积极关系的第一步。如何构建先发影响力？我们可以分为五个技术要点。

一、注重仪表细节，以自信、饱满的状态准备迎接客户

仪表细节主要包括着装、气味、微笑和眼神四个方面。

人们总是被他们周围的事物所影响，客户对来自销售人员及其外表和态度带来的暗示高度敏感。潜在客户对你的第一印象 95% 来自你的着装。

作为一个职业销售人员，你每天上班之前，都得留意以下细节：

男士不能留胡子，尽可能短发。不管男生女生，都得露出额头，长头发如果遮住了脸就会让人觉得整个人的状态很暗，潜意识里谁都不愿意靠近感觉很暗的人。穿衣服必须稳重、低调；不能穿太显眼的衣服，不能佩戴过多首饰，不能喷浓香水。

除了着装之外，不好的气味对销售成交的影响有时也是致命的。因此，每天都要洗头、洗澡，要用好的洗发水和沐浴露，要用有效的气味去除剂，而且应该在早上出门前做这些，而不是晚上上床睡觉的时候。

---

① ［美］罗伯特·西奥迪尼．闾佳，译．先发影响力［M］．北京：北京联合出版公司，2017：8.

吸烟，永远不要在客户面前吸。随身带上口香糖，随时注意口气清新。记住：

客户在很多方面都需要销售人员的保证。客户信心的增加和对犯错误的恐惧的减少，都与销售人员的质量成正比。你的外表、着装、举止和态度等都是销售谈话的一个重要部分。你个人外表的每个元素都应该仔细设计，使得客户愿意和你及你公司进行销售谈话。①

别忘了微笑。在工作中，不管我们在与客户见面前发生过什么不开心的事，见了客户，首先就要注视他的目光，面带微笑。跟人握手的时候，力度要合适；和客户的眼神接触要得体，眼神不能迷茫和空洞。眼睛是心灵的窗户，如果你为客户服务的愿望不够诚挚，对产品的信心不足，你的眼神就会泄露秘密。拿出一两个星期，养成随时照镜子的习惯。在镜子中瞥见自己的时候，看看自己的表情，你看见的是一个乐呵呵的人呢，还是一个行色匆匆、忧虑满面的人。如果是后者，那就必须有意识地做出调整。

二、亲切、轻松、清楚接听来电

电话咨询是很多客户与楼盘之间的第一个触点，也是决定其看房意愿的最重要因素。客户的看房意愿是成交的第一步，连看房的意愿都没有了，也就没有后来的成交。比如下面这个真实案例：

我在网上看了，觉得不错，本来想先打电话问问再去现场看看。我问她都有多大面积的、有没有 200 平方米左右的，小姐告诉我最小 240 平方米，我问 240 平方米的户型是什么，多少钱一平方米，她告诉我电话里说不清，我挺失望的，就说那好吧，结果她挂电话比我还快。我给

---

① ［美］博恩·崔西．路言春，译．博恩·崔西销售圣经［M］．北京：化学工业出版社，2013：150.

万科的打过电话，人家很热情地记下我的电话，邀我去看房，给我发短信介绍路线，我想咨询什么可以直接找她。龙湖那边光记了我的电话，也不说把她的手机给我发一个，我下次再打就不一定找到她了，我可能要咨询几次才决定去不去，我希望有个固定的人给我解答和服务。

接听客户的首次咨询电话是一个技术活，短短的几分钟内，销售人员至少得传达五点信息：①清晰说明项目所在的实际位置；②明确地说明项目价格、工程进度和销售进度；③简要介绍项目的闪光点并礼貌地邀请客户到现场参观；④清楚地介绍具体路线；⑤主动提供自己的姓名和联系方式等。

这五点信息构成下文所说的“接电脚本”，时长 60 秒，实际上就是第五讲提到的关于“需求三角”的 30 秒电梯演讲脚本，再加上上述第④⑤条信息即可。

这五点信息和技术细节都非常重要，基本缺一不可，销售人员在回答这些问题时必须做到热情、耐心，跟客户讲电话时要保持微笑，不能流露出不耐烦的情绪，要等客户挂了电话之后再挂，这些细节都必须严格遵守。

三、开场白：闲聊破冰，化解抵触情绪

客户来到售楼处，其下意识里首先是抗拒销售，害怕被人推销，害怕被人忽悠做出错误决定，这种戒备之心一直会留在他们心里，直到你赢得信任为止。因此，客户到了售楼处，第一步最重要的是，拆掉他们心中的抗拒之墙，利用开场白进行破冰。

开场白的三个要点是：一定不要谈及销售；应该是鼓励交流的问话；应该独特、真诚、与众不同，能够勾起交流欲望。时间一长，你可以强化自己觉得舒服的风格。拥有自己独特的开场白风格，这也是普通销售员和销售高手的重要区别。比如开场白的几个话术：

我看你穿着巡演夹克。昨天晚上的那个音乐会你去了吗？

我无意中听到你和朋友们在聊新电影，我也想看，这个电影怎么样？

我注意到你的鞋子了，穿着舒服吗？

你的小宝贝嘴真甜，他就要上小学了吧？

你的发型真漂亮，是在哪儿剪的？

这是一个三天的小长假，外面交通状况如何？

健康的小麦色肤色，你是生来就这样吗，还是刚刚度完假？

今天我在计划我的度假安排呢，你都去过什么好玩儿的地方？

通过这样的提问打开了客户的话匣子，客户跟你说得越多，就越是觉得跟你相处得自在。一般来说，最容易让客户开口进行对话的几个线索是孩子、有个性的衣服、车、度假、新闻等。这样，你们的闲聊就开始了。可不要小看这闲聊，它可是开启销售的秘密武器。打破抵触情绪，与客户建立联系，最重要的就是闲聊。在这个阶段，有几个技术要点需要注意：

（一）真诚赞美，显示关联性，分享相似性

闲聊过程中，对客户要热情友好、真诚赞美、给予关注。人与人之间的吸引力在于彼此之间是否有关联，是否有相似性。两个人越相似，彼此间感觉相近的地方就越多，就越能找到更多的认同感。

（二）把握闲聊的时间

既不要见面一开始就直奔主题，让双方陷入紧张，又不要闲聊太多，耽误进入正题的时间。如果寒暄太多，客户就会想，怎么还不讨论正题啊？

（三）不要急功近利，离客户太近，过于热情

很多销售人员都属于急于讨好型，但刻意和肤浅地讨好会让人显得急功近利，不真诚的恭维和奉承也会让人感到恶心和厌烦。因此，一切不能过度。另外，还必须注意的是，不能跟客户靠得太近，否则他们心里会觉得压抑。心理学上有一个词叫“人际气泡”，说的是人都需要在自己的周围“割据”一定的“安全领域”，就像一个无形的“气泡”一样。那么，跟客户应该保持多大的距离比较适合呢？心理学的说法是 1.2~2.1 米，这样沟通起来既轻松又不会太疏远。

（四）客户多人来访，注意掌控好局面

销售实践中，经常会遇到客户邀请自己的亲友来一起帮忙做决策，现场意见不同，甚至出现七嘴八舌、乱糟糟的情况，局面失控，导致被动，最后无法成交。如何掌控局面？得注意以下几个要点：

1. 销售人员一定得成为众人的核心

看房人一多就容易出现乱糟糟的局面，销售人员在这种场合下切记必须有“操之在我”的霸气，必须让自己成为众人的核心，在看房过程中不要害怕“发号施令”，必须有“你们要买房就得听我的”的自信和练达，才能避免局面失控。

2. 对所有成员都给予注意力，不能忽略任何一个人

如果你面对的客户是夫妻俩、父母带着孩子或者客户带着“专家”亲友甚至是风水师，这个时候就得注意必须对所有成员都给予注意力，无论是强势、弱势还是表面看起来无足轻重的一方，谈话时都得照顾到他们。对于夫妻或者父子（女）这些买房的共同决策方，销售人员在谈话时均等对待就可以了；对于随行的风水师或其他影响决策的“专家”，在刚开始的时候你就得先发制人，主动示好，赢得他们的支持。

比如以下这个案例：①

顾客："李小姐，我给你介绍一下，这位就是我昨天跟你提起的大师江先生，我们一起上去再看看那套房子吧。"

售楼代表："江先生，您好！早听宋先生提起你的大名，久仰！久仰！要是早些时间有机会认识你就好了，上个月我有两个客人要买楼，可他们找不到看风水的大师，说什么一定要看过风水才决定买，不知以后要是还有顾客想看风水，能不能打电话给你，请你帮忙？这是我的卡片，能与你交换一下吗？"

风水先生："没问题！这是我的卡片。"

顺便提一句的是，除了开局，在销售中也要注意多和"专家"互动，把意在获得肯定的反问抛给他们。如果这位"专家"只是被晾在一边而不发表意见，那么他会认为是在浪费时间，没人希望浪费时间。

3. 老人、小孩是关键，是遇到僵局的转机

客户随行的人员中，如果有老人小孩，这是销售的机会，尤其是遇到僵局的时候，征求他们的意见，哪怕一岁的小孩也征求，往往会起到奇效。在跟小孩问好的时候，得看着孩子的眼睛跟他说你好，这样一来通过和孩子进行一定的交流，心里的隔阂消除，和孩子父母的交流也可以很顺畅地进行下去。不要蹲下去用小孩的口吻跟小孩问好，而是像跟大人问好一样对小孩问好，这也是一种技巧。

（五）制约报价，慎防掉入"价格陷阱"

客户进入售楼处，第一个习惯性的问题就是："这房子多少钱？"很多销售人员马上告诉客户答案，客户第一反应"价格太贵"，推销过

① 邓小华．售罄Ⅰ：100%复制地产销售冠军［M］．北京：中国经济出版社，2013：139.

程中讨价还价，最后没有成交，实际上客户对项目的价值、卖点都知之甚少。这就是“价格陷阱”。

在潜在客户的欲望还没有完全被激发出来，他还没有完全接受你的房子作为他购房问题的理想解决方案之前，价格多少都是多余的，销售人员这时跟客户谈论价格的时机还未到。你能想象医生在检查和化验阶段就和病患讨论开刀的价格吗？当然不会。价格只有当未来的客户决定向你购买了之后，才会成为真正的议题。

因此，销售过程的前期不要一开始就跟客户谈论价格，而是采用先发制人的制约话术。比如：

陈先生，先别着急，先等我详细给您介绍下项目，您如果中意，我们再谈价格。我知道价格对您很重要，待会我会仔细给您算价，但我得问您几个问题，了解您的需求，再根据您的具体需求报价，我们一房一价，不同房源价差很大。

四、表白转入正题：重新定义关系，确立权威形象

经过短时间的个人交流之后，进入房产销售的正题，并且可以开始试探客户了。我们可以用一个提问来转换：

今天您怎么想到来看我们项目的？

客户一般会简单聊到他的购房过程与动机。这个时候，销售员要注意的就是把握好说服与询问的度，既简单聊几句产品，也大致询问一点客户问题，然后就过渡到销售开局的第二步：表白。

表白的内容有两点：第一点是确立权威形象；第二点是重新定义关系。目的都是为了化解抗拒，继续扩大先发影响力。

宣示和确立权威形象，是销售人员的必选动作，不管你是从业十年还是十天，只要领导允许你上岗接待客户，你就必须在客户面前展现出

一个权威形象，其原理就是误判心理学中的权威法则，这个法则认为，权威的强大力量会影响我们的行为，人们会为了服从权威的命令做出一些完全丧失理智的事情来。人们往往没怎么思考，就下意识地服从了权威。因此，在销售说服还未开始的时候，你就要告诉客户你有足够的从业资历和专业能力，以宣示权威，让客户预备好一颗顺服的心。

什么是重新定义关系？如前所说，销售人员和客户之间的关系是师生关系。师生关系不是买卖，老师对学生的付出是无私的，是全心全意为学生提供帮助的，学生是受到老师保障的。美国销售大师杰·亚伯拉罕深入剖析了客户关系的定义，指出了“顾客”和“客户”的区别，顾客指的是一个购买商品或服务的人，而客户是一个受人保证的人。一个著名广告人的案例阐释了什么叫“受人保证”：

> 两个人找到我，向我推荐各自养的马。两人对他们的马作出了同样的承诺。两匹马都是好马，对人友好，脾气温和，连小孩都可以骑。一个人说：把我的马骑回去试一个星期吧，如果我说的不是实话，你可以来找我要回你的钱。另一个人说：把我的马骑回去试一个星期吧，到时候再来找我付钱吧。我自然买了第二个人的马。①

要化解客户的这种抗拒心理，销售员首先要摆正自己的角色和心态，要将客户的需求放在自己的需求之前，你是服务于客户，而不是卖房子给客户。你是改变客户生活状态、为客户创造新世界的使者，而不是把客户当成支票簿。在开始销售之前，你要先问问自己：“我可以为对方做些什么？”而不是问：“对方能为我做些什么？”

因此，客户进到售楼处，开场白寒暄之后，进入销售流程的第一步就是表白态度，重新定义双方关系，让潜在客户受到保证，让他们放松下来，并勾起他们的好奇心。比如：

---

① ［美］克劳德·霍普金斯．姚静，译．文案圣经［M］．北京：中国友谊出版公司，2017：28.

陈先生，非常荣幸我能为您提供服务，我叫小明。您要在松江大学城买房子，找我就算找对了。我在这一片区做六年了，经我手卖出去的房子已经超过 1000 套，片区的每一个项目我都很了解。我等下给您介绍一下我们的项目。我的经验表明，我们的产品并非适合每一个人，它们可能适合您，也可能不适合，对这个问题，只有您有决定的权力。我们今天相遇了就是缘分，您可以保持一个开放的心态听我讲，在不在我这买无所谓，小明希望用专业帮到您。我之前有好多客户没在我这买，去了别的项目，但总来问我的意见做参考，我们后来都成了很好的朋友。

陈先生，您今天来的时机特别好，我们这里在搞“砸金蛋、送大礼”的新年活动，只要来我们售楼处看房，就可以砸一个金蛋，最大的奖品是 2 万元购房礼券，自己不买，可以送朋友。只要砸了金蛋，我们都有定制的小礼品“生日报”赠送，比如您是 1964 年 4 月 8 日生的，我们就会送您一份当天的报纸，这可是很珍贵的，是我们跟上海的一家公司合作定制的客户礼物。陈先生，您也来试下手气吧。

上面的话术，除了表白态度的两点内容：宣示权威和重新定义关系，还用到了误判心理学中的互惠法则。

客户还未谈到买房子，销售人员小明就邀请他抽奖、送定制礼品，这种就属于利用互惠法则的先发利用，即在交易行为开始之前就先发制人，触发客户的亏欠感。西奥迪尼总结这种手法的妙处：

希望借助互惠原则施加先发影响力的请求者，必须做一件看似大胆的事情：抓住机会，抢先赠予。互动一开始，他们要先提供礼物、恩惠和好处或者做出让步，无须对方正式保证给予回报。因为“来而不往非礼也”的倾向根植在大多数人心里，所以相比于传统的商业交换，即唯有当某一行为兑现之后，如签订了合同、完成了购买、执行了任务之后，请求者才提供好处，这种策略的效果更好。①

西奥迪尼还进一步指出：如果我们最初赠予的东西在对方看来是有意义的、出乎意料的、量身定制的，就可以大大提升自己从对方那里获得高程度回报的概率；尤其是，如果赠予的东西是根据接受方的需求、喜好或当前情况量身定制的，它的威力就比前二者的加起来还大。这样，我们就不难理解旭辉集团给媒体朋友定制的带他们手绘头像的国宾礼筷会迅速刷爆朋友圈，也不难理解为什么生日当天的报纸礼品会风靡至今。在这里，每个营销人都想想，我们该怎么做呢？

总之，开场白、表白奠定了我们销售的开局。客户往往在最初的阶段就对你形成了一种价值判断，而一旦你张嘴说话，他们就开始证实这种判断，这个最初阶段的印象直接影响了他们在接下来和你打交道的一切所作所为。

第二步：价值展示，激发占有欲

如坐春风的“二白”之后，马上进入建立信任的第二个步骤：价值展示，这个步骤的目的是激发客户的占有欲。销售人员带看卖场，通过场景展示让客户在眼见为实中建立信任，达到的最理想状态是客户到访不成交的唯一原因只有没资格和买不起，且即使不买仍主动为我们推介。

一般来说，在这个步骤要带客户走三大区：售楼处、外围示范区、样板间；在售楼处要走到三个点：品牌区、区域沙盘和项目沙盘；在外围示范区要走到五个点：主入口、园林、立面、大堂、电梯区；样板间则可能同时有清水样板间、工法样板间、精装样板间等几种。全程 10

① ［美］罗伯特·西奥迪尼．闾佳，译．先发影响力［M］．北京：北京联合出版社公司，2017：196.

余个看点，很多售楼处在每个点都准备了密集、专业的说辞，还要求置业顾问一定要讲细节，越细越好，还要以数据说话。结果一圈套路下来，客户经常“出戏”，甚至直接打断你的讲解问：“这房子卖多少钱?”

这就是我们在上一讲提到的“控制”概念，一个完美的销售流程设计，要确保每一个环节都在自己的掌控之中，客户“出戏”了，说明你没掌控好。正如“决胜边缘”概念强调的，能力上的细微差别往往导致销售结果的巨大差别。赛马比赛的第一名，即便只是鼻子领先了一点点，它赢得的奖金也是第二名的 10 倍。展示新现实也是一样，表面上大家都在做，如果你在某个关键点上提高一点点，你的销售业绩将产生巨大增长。如何提高呢？需要注意五个技术要点：

一、梳理出完整动线，根据项目 IP 安排节奏

一个完美的销售流程，必须“管控”好客户的认知体验。一般来说，客户看房有三段动线：从主入口到停车场，从售楼处沙盘到样板区，从样板区再回到售楼处。这三段动线，不但要完整，而且讲究凤头、猪肚、豹尾。所谓凤头，指的是客户从主入口到停车场这一段，是客户进入示范区的第一个触点，这个阶段给客户的观感必须像凤凰头一样漂亮。龙湖某楼盘，客户进入主入口之后，有水景，有照壁，还要走一段蜿蜒曲折、人性化的景观大道，到达停车场，停车场又有一个贴心、规范的保安形象岗，作为前期的物业服务展示，这就是凤头。猪肚子大，有肉，第二段动线要讲究言之有物，有料有肉，从售楼处的开发商品牌介绍、区域沙盘、项目沙盘、户型沙盘、建材展示、（精装、工法、清水）样板间、园林示范区再回到洽谈区，此为猪肚。第三段动线，看完样板区再回到售楼处，结尾这一段，像豹尾一样有力。比如图 7-3 所展示的深圳豪宅“香蜜湖 1 号”示范区的三段动线就是典型的凤头、猪肚、豹尾。

完美动线的展示需要项目的景观和建筑设计师有较好的营销意识，

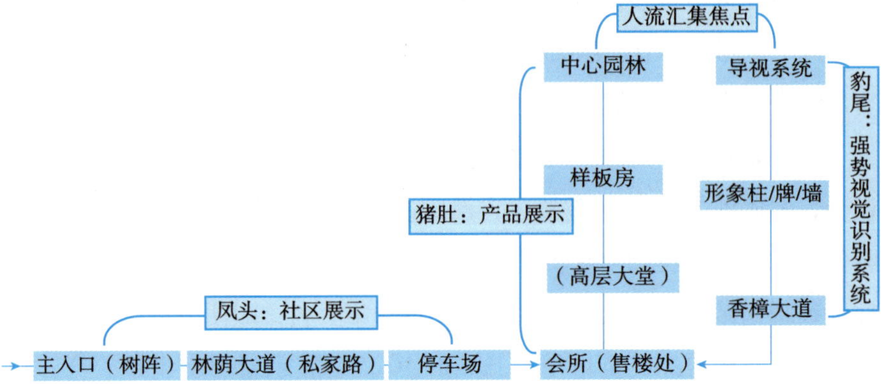

图 7-3 “香蜜湖 1 号”的展示动线

在方案设计阶段就懂得以客户的看房动线和停留点位为中心来开展设计。

在规划参观动线时，还必须注意一点：价值展示不是传达信息，而是传达 IP，要根据 IP 来安排节奏。参观动线一共多少个走位，每个位上要讲几个点，什么顺序，每个点要讲什么，都得提前规划好。这里特别要强调的是，一定不能平均分配每个点的时间，而是要有轻重缓急，有些点位一句带过，有些点位则要着重渲染。那么如何控制节奏呢？得看项目的 IP。

IP 经济的本质是粉丝经济，通俗地说，就是你项目的一些特质能够让消费者清晰地识别，能唤起消费者对品牌的联想，并且吸引一大批人成为它的粉丝，比如工科中海，一提起中海，人们就会想到它的工程质量好；一提起龙湖，人们就想到它的景观不错，这就是它们的 IP。

在具体的销讲中，要根据 IP 来控制节奏，举一个例子：

售楼处的第一个走位：品牌区。泰禾院子项目一般会带客户去影音室，看一个几分钟的品牌宣传片，是冯小刚导演导的，里面会展示中式院子的文化神韵，同时出现成龙、王刚、章子怡、范冰冰等大腕业主，这就是泰禾的 IP，所以这部分是销售走位的重头戏。如果换成另一个项目，虽然也是大牌开发商，但品牌部分不是它的 IP，所以只需介绍 1

分钟左右，重点说明对客户产生关键价值的点即可，切忌大而全。

如果区域是项目的 IP，那价值展示就在区域的粉丝经济上做文章，解决的核心问题是“购房必选本板块”。可以通过对标说辞、地段说辞、板块 PK 说辞、配套说辞拉升项目价值，提高客户价格预期。对标说辞选取国际、国内或当地知名标杆地段进行对标，进行项目占位；地段说辞以数据、事实、媒体报道说话，从区位定位，过去、现在以及未来层面阐述项目地段价值；板块 PK 说辞通过区域规划、交通、商业、教育、医疗等城市资源的对比，进行板块之间的 PK；配套说辞则从教育、景观、商业、文化、交通等多角度全方位介绍项目区域配套。除了说辞，一些具有江河湖海等特殊资源的项目还可以带客户实地体验，或者用无人机拍摄一些正常角度看不到的图片，来展示区域之美。

如果规划是项目的 IP，那沙盘区就是重中之重，解决“板块必选本项目”的核心问题，明确项目占位，如“本区域唯一的一个低密度项目”，然后围绕低密度这个焦点，从规模、规划、园林和建筑等方面展示项目全貌，并结合竞品，点对点 PK，实现项目排他性。

项目的 IP 在哪里，价值展示的重心就在哪里。

对于销售人员来说，这个环节可以利用一个简单的方法——意向陈述来增强说服力，打下信任的基础。在业内，万科就是这么做的。所谓意向陈述，就像一个议程表，你可以给客户一张看房服务卡，把接下来的带看流程和动线都写在上面，让客户知道接下来会发生什么事，而不是要求他们盲目地跟着你逛迷宫。客户可以在卡片上对销售人员的每一个流程的工作进行监督和评价。随后，如果你真的按照服务卡上列的流程去做，客户就会开始信任你，他们会相信你的话，甚至开始相信你传递给他们的信息。

二、设计销售“脚本”

美国著名导演阿尔弗雷德·希区柯克有一句名言：

要拍出一部伟大的电影，你需要三个细节——剧本、剧本，还是剧本。

电影没有剧本不能成功，一次成功的销售会面也是如此，专业的销售人员需要计划、构建和反复练习你的“脚本”。设计脚本不是用来操控客户，而是用来高效率、有效果、专业地与客户进行交流，要了解在何时、如何向客户传达信息，并且是以一种有保证、更专业的方式，从而在客户那里建立可信度。

在中国的房地产销售实践中，相信 99%的售楼处都有自己的销售“说辞”，但其中 90%的说辞只能称之为说辞，算不上“脚本”，二者之间的区别是：后者以“客户（听众）”的兴趣为中心专门设计，而前者很多时候是以产品为中心的自说自话；也因此，后者往往是能引人入胜的，而前者却令人左耳进右耳出，甚至昏昏欲睡。比如下面这段沙盘说辞：

项目总占地约 310 亩，东临湿地，南侧为 18000 亩景区。项目一期总建筑面积 10.9 万平方米，总规划住宅 18 栋，由 6 栋别墅、10 栋洋房和 2 栋养生小高层组成，是我市最具品质感的社区。二期总建筑面积 8.4 万平方米，容积率仅 0.57，由 40 栋独栋别墅和排屋组成，是目前市场上容积率最低的别墅小区。

罗列了一堆数据，用了两个最高级，只可惜大多数客户都是“专业数据盲”，客户听完这些说辞几乎不会留下任何印象，甚至会大脑一片空白。

高明的销售人员在设计脚本之前，都会想象自己向一个好奇心重的朋友描述自己的工作和项目时所说过的话，或者是问自己一个问题：我的客户对什么感兴趣而足以令他们想继续和我谈下去？或者，我可以给客户传达什么信息而让他们觉得花费时间和我见面是值得的？然后你可以构建一个长长的脚本内容清单（表 7-1）。

表 7-1 脚本内容清单

脚本模块	脚本内容及问题	目的
品牌	公司的业务理念是什么？但是要从更私人的角度出发	让客户了解你们及你们的经营方式
	项目的团队成员有哪些人以及能为客户做什么？谈论同事有哪些突出的成绩，以及他们的事迹中有哪些令你感到骄傲的故事	反映你们的可信度
	公司有什么热点新闻？公司特有的突破性的发展或交易	引发对创新、市场和客户需求的探讨
沙盘	项目有什么吸引力或独特之处	吸引客户注意
	项目区域有哪些热点新闻？展示你的洞察力和分析能力	帮你建立可信度
园区	项目的前世今生有哪些成长逸事可以引起客户的兴趣	也许会揭示共同的经历和兴趣爱好
	我们行业有什么热点新闻？项目有哪些与众不同的事情	帮你建立可信度
物业	我们过去如何为客户服务	充分说明物业的业务能力和运营方式
	讲述帮助客户发现并克服挑战的英勇事迹，如何超越使命的召唤以满足客户的需求	
样板间	有哪些不为人知的细节？样板间成型过程中有哪些有趣的故事	建立可信度
	我们的产品史是怎样的？讲述产品（服务）的演化史	为讨论客户的经历和需求提供跳板

通过清单，刷亮那些最吸引人、最强有力、最有趣、最有见地或最具挑衅意味的话题，那些你感兴趣以及你认为客户可能会感兴趣的话题。

准备好内容之后，就可以动手设计脚本。设计脚本必须遵循以下几个准则：

（一）真正的简明扼要，脚本以讲述时间少于 60 秒为准

很多项目都会准备一份动辄几千上万字的销售说辞，但往往属于“两个黄鹂鸣翠柳——不知所云”“一行白鹭上青天——越说越远”，客户根本没有耐心听下去。因此，专业的销售需要设计一系列脚本，比如接电脚本、品牌脚本、项目沙盘脚本、区域沙盘脚本、园林脚本、样板

间脚本、工法房脚本、物业服务脚本等，每个脚本的讲述时间都控制在1分钟以内，落到纸面上则是300字左右。换句话说，脚本的模块尽量多、尽量细，比如每个样板间都做一个小脚本，甚至关于样板间的卫浴、厨房的说辞都单独做一个小脚本。每个模块都以短小精悍为佳，因为没有客户愿意听你长时间连续絮叨。设计脚本要用到本书前面几讲中讲到的产品知识，你需要将价值点提炼出来，越细越好。

（二）集中一个关键点，要具体，不要笼统

很多的楼盘都设计了参观动线，但可惜在每个客户停留点上都没有"聚焦"，客户走马观花看完一圈，并没有留下深刻印象。一个优秀的参观动线必须围绕几个"焦点"展开，营销人员设计的每一个客户停留点位，都要问"这个点有什么吸引力或独特之处"，然后围绕这个独具特色的价值点进行脚本设计。

聚焦点必须具体，不能笼统，比如运用诸如"业内第一""质量最优"这种最高级的形式往往有害无益，因为这种表述含糊其词，有夸大的倾向，经不起仔细推敲，客户会因此对你做出的所有宣讲都将信将疑。正如广告大师克劳德·霍普金斯所说：

> 某个广告主或许声称"质量最优"，虽然人们不认为他在说假话，但是大家都知道其他品牌的质量也一样可靠。人们都知道推销员为了吸引注意使出了浑身解数，能够理解他们热衷推销而虚张声势。但是也恰恰因为这个原因，笼统的语言没什么分量。喜欢使用最高级词汇的人必须知道他的每一句话都会被谨慎对待。①

霍普金斯进一步举例说，要是你说钨丝灯比碳丝灯更亮，人们对你的话往往存有疑虑；然而，要是你说钨丝灯比碳丝灯亮3.3倍，人们会认

① ［美］克劳德·霍普金斯．姚静，译．文案圣经［M］．北京：中国友谊出版公司，2017：33.

为这是你通过测试和对比得出的结论。房地产销售也是一样的，一个观点一旦被具体化，说服力往往成倍增加，当脚本陈述的是具体事实时，其分量和效果就会明显增强。换句话说，笼统的话语没有任何分量。

举例说明。先看下面一则说辞：

别墅项目现在都是非常稀缺的。2012 年 6 月 18 日，原国土资源部和国家发改委联合发文，明确限定住宅项目容积率不得低于 1.0，这就意味着以后国家再也不批别墅用地了。我们项目的总容积率只有 0.57，这就意味着我们是本市容积率最低的项目，也就是说，今后再也没有这么低密度的规划小区了。

以上说辞用一句话概括：我们是容积率最低的别墅项目，非常稀缺。如果换成下面的脚本：

本市三环内目前在售的别墅项目一共只有 13 个，我们容积率 0.57，排名第一。截至上个月底，在售房源总数为 971 套；也就是说，本市三环内在售别墅项目不到 1000 套。根据胡润研究院发布的数据，2017 年本市可投资净资产千万元以上的高净值家庭有 14800 户，接近 15∶1，这就是稀缺性。最关键的是，2012 年 6 月以后国家就明确不再批 1.0 容积率以下的别墅土地了，这 1000 套别墅可以说是买一套少一套，更何况我们容积率最低。

以上脚本聚焦稀缺性，并且将稀缺具体化、事实化，说服力自然不一样。内容具体、不笼统，是要考验市场功底的。为了避免笼统，在此介绍六个技术要点：

（1）细节化：极致细节化的产品价值梳理，做到没有遗漏；

（2）数据化：采取量化、具象的表述方式，避免过多使用形容词，比如你说什么非常好、非常棒，还不如直接说排名第几；

（3）类比化：将抽象的数据具象化，让客户有明确的概念，用客户听得懂的语言解决问题，比如 11 万平方米中央园林，相当于 15 个标准足球场；

（4）差异化：结合项目竞品资料，进行点对点 PK，从而得出差异化价值；

（5）图片化：图片的效果一定优于文字，更直观，更便于理解；

（6）故事化：故事优于理论阐述，下面我们具体讲解。

所谓有的放矢，空洞的说辞的普遍弊病是没有“的”，这个“的”都是下笨功夫，用脚走出来的。

（三）讲一个故事，展示一些关于项目有趣的东西，要有人物

销售人员要擅长讲故事，所以脚本中的文字叙述要充满故事性，事实和数字很重要，但客户大脑做决策的系统 1 更喜欢故事。一个研究数据表明：如果仅仅使用数据和事实，听众只能记住 5%～10%；但如果只讲故事，听众能记住 65%～70%。

这就是为什么海尔、龙湖这些以营销见长的公司都是讲故事的高手，龙湖注重细节的名声也是从一则故事开始的。江湖传言，当年王石率一行人造访龙湖的样板间，脱下皮鞋放置门口。当王石一行人行色匆匆参观完毕回到门口，发现那双皮鞋已经调转方向，鞋头朝外，正好适宜穿着，王石感叹：“可怕的龙湖。”故事一传开，龙湖的名声也传开了。品牌是靠口碑传出来的，口碑是靠故事传出来的，这就是故事的魔力。

故事是关于人的。在你的脚本中，始终要包括人物。谈过恋爱的人都知道，一旦恋爱了就很想知道对方的事情，不管多细小的事都很想了解，了解对方越多信任就会越多。房地产销售也是一样的，在房子不好卖的时代，要让客户喜欢你的项目，除了性价比之外，还要给客户展示一些项目成长过程中的趣闻逸事，故事中之所以要有人，因为有人才真实，有人才有温度。项目一旦和客户的情感发生关联，购买的意愿就在其中慢慢萌芽了。比如下面这个样板间脚本：

你们看到这衣柜里挂着的爱马仕裙子了吗？漂亮吧？喜欢的可以试

穿一下。这些衣服都是我们老板亲自在巴黎和罗马花了好长时间才淘到的，款式在国内绝对看不到。我有好几个客户，就是喜欢这里面的衣服才买了我们项目。客户说，我看了那么多别墅样板间，只有你们家衣柜里挂的衣服是我们看得上的，她觉得我们是一个用心做事的公司。

售楼员会讲故事，都来源于平时工作中的用心积累，多听、多记、多做功课、多下笨功夫。故事的好出处是公司的资深员工，平时多跟公司其他部门尤其是研发、物业等部门的资深员工沟通，故事就会越多、越丰满、越真实，当然也越值钱。

（四）有关联性

与很多客户有关，就编写普通脚本；与特定客户有关，就量身打造脚本。龙湖“三千城”项目就曾根据客户的三种类型——职场新人、啃老一族、婚房，量身打造了三种概念的脚本，一下就讲到客户心坎里。

（五）总是以提问结束

以提问结束，一则可以了解客户的真实需求，二则可以检查你是否赢得足够的可信度来让客户回答问题。比如下面的脚本：

陈先生，这个 95 平方米的样板间是小三房，看似普通，但它也有三个独一无二的特点：

第一，这个户型的公摊是本区域最小的。本片区在售项目 6 个，公摊最大 30%，倒数第二的是 22%，我们是 18%，公摊小，95 平方米做三房两厅，您会觉得一点都不挤。

第二，有独立的储藏间，这在本片区也是独一无二的。居家过日子，收纳非常重要，这个户型虽小，但收纳空间可以达到 15000 升，相当于 30 个奔驰轿车的后备厢。

第三，这个样板间是香港室内设计大师梁志天设计的，爱情主题，简而不单，一桌一椅都蕴藏着艺术家的小宇宙。梁大师本人也说，这是它近期最得意的作品。

陈先生，您不觉得这个房子很适合您吗？

三、激发客户的占有欲

在销售中，仅仅让客户赞赏项目的价值是不够的，要想客户埋单，你还得在他心中激发立刻拥有该处房子的兴奋感和欲望。如何激发客户的占有欲？有以下四个技术要点：

（一）真心热爱自己的楼盘，愿意做好它的代言人

真正顶尖的销售人员都是身怀使命感的人。你可不可以毫不犹豫地对别人说，你真心热爱自己的楼盘，房产销售这个行业跟你是天造地设的一对，你特别热爱帮助人们实现“拥有一个家”的梦想呢？销售是一个充满情感的行业。很多王牌销售员本身就是持家者，他们懂得很多细节，能够充满感情地跟小两口聊天，告诉他们怎样才能让一处房子变成一个温馨舒适的家，一个安全又踏实的地方。他们热爱自己的楼盘，愿意做好它的代言人，所有的潜在客户跟他们谈话都觉得想要拥有这个楼盘的想法是明智的，今天做出购买决定是明智的。正如汤姆·霍普金斯所说：

如果你真心热爱并相信你销售的产品，那么效果是很奇妙的。人们想买你的产品的时候，更看重的是你自己对产品有没有信心，而不是你死记硬背的产品知识。如果你自己都不相信你的产品那么优秀，但却表示自己都想要一个（假如说买得起的话），也想让爸爸、妈妈和奶奶都用得上，那么，你给潜在客户做演示的时候，这种态度就会在你的行为举止中流露出来。他们看得出来。未必是因为你说了什么，甚至也不是你的声调有变化，而是某种更为微妙的感觉。精明的消费者会嗅出那种味道，于是决定再到别家转转。他们未必会改变主意，去买另一种产

品，但他们会去找另一个销售员——一个真心相信这个产品，能让客户对产品爱不释手的销售员。①

（二）发现客户身负的“使命”

顶尖销售员自己有使命感，也知道客户可能也身负购买“使命”而来。他看到一件非常想要的东西，以至于拥有它变成了自己的一项个人使命。每当想起它，就会魂不守舍，甚至在没钱买时，就开始图谋策划，设想出得到它的方法，这就是“使命”。买房也一样，很多客户身负使命，比如，“我的梦想就是拥有一处有山有水，有天有地的小院子”“只有住在梧桐树下，才是真正的上海”，这些都是客户的购房使命。发现客户的使命，尽力帮助他们去完成，永远不要阻止他们。

（三）让客户参与进来

人们如果能亲身体验产品，就更容易认同它的价值。在带看、讲解过程中，让客户亲身参与进来，与产品互动，他拥有这件产品的欲望就会更强烈。当客户参与销讲演示时，他会对拥有这件产品产生一种情感投入，这种投入会增加客户对你的信任。

客户参与的途径有两种：一种是在展示过程中安排参与的环节，比如安排女主人试穿别墅样板间衣柜里的漂亮衣服；让客户和孩子坐一下观景阳台上的摇椅；让客户亲自打开白炽灯，摸一摸覆盖在上面的玻璃烫不烫，以证明 Low-E 中空玻璃的隔热效果；样板间的随便躺卧坐；周末的试住体验活动；客户的园区集体婚礼活动等等。客户参与的另一种途径是销售人员展开“画家”的想象，在讲解时假设客户已经拥有产品，在带看的时候，园林、广场、商业街等非限定空间以及样板间、

① ［美］汤姆·霍普金斯．苏西，译．没人买时如何卖：销售大师最值钱的 12 堂培训课［M］．北京：中信出版社，2012：31.

毛坯房等生活空间，都要加上客户一家人未来的美好生活场景，细节越多越好，让客户有一种强烈的代入感和画面感，激发他们的想象。

（四）创造一点神秘感

在此前交流的过程中，销售人员已经大致知道了客户的购买意向，也知道本项目就有一套最适合客户的房子，不着急，这时，小小地逗弄一下客户没有什么坏处。你在热情介绍这套房子的时候，可以故意让客户等待一段时间再看到样板间，从而营造出些许神秘感。你的客户甚至还没有看见产品，它的价值就增加了，当价值增加时，客户对价格的敏感度就降低了。如果样板间刚好在展示区的另一头，你可以一边说一边慢悠悠地走过去，不用着急，掌握好说话的速度，使自己说完时正好走到该样板间跟前，然后开始向客户介绍，并邀请他参与其中。

销售既是物质的，也是情感的。好好花时间构思一下如何展示你的项目，用以创造购买欲，真正让顾客知道你有多么热爱你的项目，拥有它们是多么激动人心。

四、三点技巧建立信任

带看、销讲的过程是买卖双方逐渐放松戒备心理、逐步建立信任的过程。在这个过程中，值得强调的是建立信任的三点技巧：

（一）如实介绍楼盘的销售进度

“如实”非常重要，数据越准确，客户对你的信任度就会越高。反过来说，夸张进度则会失去信任，比如下面这则真实的客户访谈语录：

销售顾问说这个房子卖得特别快，我看的那套有三家都看上了，其中两家都准备签合约了，让我也抓紧付定金。关键是我在每家楼盘都遇到这样的事儿，怎么可能这么巧呢？我觉得她就是忽悠我交钱。

有人肯定会问：我的楼盘本来就卖得不好，开盘只卖了 30 套不到，我如果告诉客户，他们就更没信心了。这里笔者要强调的是，在信息充分对称的时代，楼盘卖得好不好，几乎瞬间就可以传遍，客户一旦意识到你在骗他，你后面的说辞就都要大打折扣了。这种情况下，我们可以采取的技巧是不要欺骗客户，但是可以避重就轻，针对各种情况自身固有的价值来销售，卖得少有卖得少的好处，比如下面的说辞：

陈先生，您选的这个时机很好，我们项目刚开出几栋新房源，可选优质房源比较多，并且我们公司以快速回笼资金为主，开盘后价格只涨了一点，现在买房性价比非常高。

（二）多个信息渠道提供产品资质、质量和工程进度保证

这里强调的是“多个”信息渠道，销售员不但要带看纸质文件如获奖证书、设计施工单位资质证书等信息，而且要通过工法房、建材展示、模范工地、工程进度表等视觉化信息来多渠道强化客户的信任。有些楼盘不但悬挂“五证”，而且还提供规划、建设相关部门电话，让客户可以打电话去核实，真正做到让客户放心。

（三）清楚地回答与竞争楼盘相比的优劣势

这里强调的是“清楚地回答”，不要躲闪或含糊其词。世界上没有十全十美的事物，也没有客户会要求你十全十美。一个具备成熟心态的人必然敢于正视自己的缺点，只是他更懂得扬长避短，将自己的长处发挥至登峰造极。当客户提及竞品时，这里的技巧还是针对每个项目自身固有的价值来销售，注意避重就轻。你可以这样说：“项目 A 很好是因为……”而“我们项目不错是因为……”通过指出它们之间的区别，避免落入贬低别人的误区。向客户提供“产品相似但质量不同”的观点，而不是说这个项目“更好”或“更糟”。销售人员可以主动提及项

目一些无关紧要的劣势，但更强调自己的优势。记住：每个项目都有区别于其他项目的特点，你要做的就是找到项目独一无二的属性并依靠它们开展销售。

五、引导单方面积极评价

在销售实践中，经常存在着一种情形，产品同质化越来越严重，项目可能很难在实质上跟竞品区分开来。在热点城市的同一个片区，同时存在着万科、中海、龙湖、远洋等几家重量级的主流开发商是再正常不过的事情。高手过招，想要超越对方越来越难。这种情况下，只要你的项目足够好，我们就可以通过一个“保持单一焦点”的小手法，让客户的注意力放在你的好产品上，而不是对手同样不错的替代品上。

为获得注意力集中所带来的好处，保持单一的焦点是关键。一些令人印象深刻的研究表明，只要参加一场对某家连锁酒店或餐厅、某种消费品，甚至某个慈善组织的单方面引导评估，就能让人对其更为重视，更愿意掏腰包支持。①

西奥迪尼通过大量的研究数据发现，如果客户同意参与一项消费者调查，进行调查的人只让他考虑某一品牌产品的质量，而不考虑其主要竞争对手的产品质量，消费者对该强势品牌的评分就会提升。更重要的是，在不知不觉中，客户购买该品牌的意图可能会跳出来，会打算直接买上一套，根本不去搜索其他品牌的信息。

带客户看完示范区之后，如果一切都足够完美，接下来一定别忘了一个小动作——让客户填一份只针对你项目卖点的小调查问卷，比如，您印象最深的是我们项目的哪些方面？（可多选）A. 园林；B. 外立面；C. 物业服务；D. 户型；E. 儿童游乐场；F. 夜光跑道。邀请客户填问卷的理由是

① ［美］罗伯特·西奥迪尼．闾佳，译．先发影响力［M］．北京：北京联合出版社公司，2017：51.

收集消费者反馈，改善项目品质，所以这个请求十分合理，客户都能接受。但实质上，更重要的目的在于让自己楼盘的卖点通过客户的详细审查，得到确认和重视，让客户把注意力集中在该项目最可取的方面，而不去比较竞品最可取的方面，这样就可以屏蔽掉竞争对手，创造实质性优势。

看似无关紧要，实际非常重要，这就是“四两拨千斤”的消费者心理学，你会了吗？

第三步：识别需求，挖掘渴望与痛点

经过 40%的建立信任的过程，销售员带领客户重新回到洽谈区，顺利地过渡到销售过程中至关重要的第二个环节：识别需求。

这个步骤将涉及销售中两个重要的技巧：提问与倾听。一般来说，最有效的接访是由 25%的提问和 75%的倾听组成的。如果你能将有力的提问和有效的倾听结合起来，并随之做出合适的反应，就能将购买过程往前推进一大步。

挖掘客户需求当然是通过提问实现的，有句销售的行话叫作：“订单孕育在提问之中。”通过提出有效的问题发掘有价值的信息，这对于客户的购买决策非常重要。美国销售专家雷·里昂曾发出一个挑战——你能在五次提问内成交吗？对于房地产销售来说，置业顾问一般也需要对客户提五个类别的问题，分别是背景性问题、探究性问题、暗示性问题、解决性问题、成交性问题，每个类别的问题都有特定的目的。

第一类问题是客户的基础背景问题，在这个阶段我们需要判断客户是否有本项目的购房资格？客户是否有购房诚意？本项目是否适合该客户？如何识别需求？迈克·舒尔茨提出了一个 FAINT 模式：①

① ［美］迈克·舒尔茨．孙路弘，译．绝对成交话术内训手册［M］．深圳：海天出版社，2014：174.

财务实力（Financial Capacity）：关注客户是否具有足够的财务实力，如果有足够资金，即使没有预算，他还是有实力拿出这笔钱的。

权力（Authority）：对买房有没有决定权。

兴趣（Interest）：了解客户对项目产品以及可能发生的市场新变化是否有兴趣，对现状的改变有多大意愿。

需求（Need）：客户对购房有没有需求，有没有缺乏感和具体目标物。

时机（Timing）：达成购买意向和预计签约的时间。

根据这个模式，我们可以梳理出一个“FAINT 问题清单”。根据这个清单。我们基本就可以清楚地回答上述两千问题：客户能不能买、想不想买。

表 7-2 FAINT 问题清单

Faint	描述
F	客户的财务实力及预算如何？能否接受价格？有何困难？资金计划？
A	客户能否做主？购房决策人是谁？都来了没有？
I	客户对项目的地段、品质、户型、品牌、质量、工期能否认同？如何评价？有没有朋友买过本项目或听过本项目？客户对哪些竞品表示兴趣？去看了没有？兴趣如何？客户知道现在的市场大势吗？客户了解房产的资产属性吗？对购房投资有无兴趣？
N	置业需求和焦点是什么？给谁住？家庭结构和生命周期？置业阶段？过往置业经历？居住现状及痛点？地段、户型符不符合需求？
T	购房时间计划

问题 1：能不能买——客户是否有本项目的购房资格？

这里值得一提的是财务实力和兴趣。在房地产销售实践中，经常碰到很多这样的案例，客户没有那么多的购房预算，或者，客户只是陪朋友来看看，自己不打算买房，菜鸟售楼员往往容易将这两类客户放过，判断其为不合格客户，其实不然！前者的关键是财务实力而非购房预算。现实案例中，客户本来只预算 300 万元，结果看好更高端的产品，最终掏了 500 万元，这样的情况比比皆是。后者的关键是兴趣，客户本来不打算买房，可能是不知道正在变化的市场形势，“没想到市场这么火爆，兴许我可以买一套投资”；或者客户不知道新房子构建的新现实是那么美好。而只要你能成功激起客户的兴趣，一切都不是问题。

问题 2：想不想买——客户是否有购房诚意？

客户没有诚意的三种常见情况是：仅仅先来看看市场，买房还没有提上日程；同行踩盘；买不起，不是本项目的目标客户。甄别出有实力、有诚意的 A 类客户，方法很简单，通过上述“FAINT 问题清单”，你能否回答上述关于客户背景情况的 9 个问题：置业目的、置业阶段、大致意向户型和置业区域、居住和出行现状、家庭结构和生命周期、客户的财务实力及预算、购房及贷款资格、购房决策人、购房时间计划。客户将自己的背景情况说得越具体，并且越主动透露自己住房的“痛点”，说明客户越有诚意；相反，说到背景情况时含糊其词，语焉不详，或者对现状很满意，不说出任何反对意见，凡事都说好，不愿透露他的“痛点”，说明诚意度很差，有可能就是先来看看市场，买房还没有提上日程或者是买不起，也有可能就是同行踩盘。很多售楼高手声称，坐下来问三句话，就能知道客户是踩盘，还是诚意买房，诀窍就在这里。

整个销售过程中，唯有此时需要客户多说话。他们说得越多，你就越清楚自己能否帮助他们。你在这一步的任务是用问题引导他们，让他们畅谈需求、欲望、希望、梦想，还有财务状况。你要知道，很少有人会大幅度地改变购买习惯。所以，你可以问问客户之前有没有买过房，让他们畅谈购房经历（无论好坏），以前买过的房子的细节，以及他们喜欢这些楼盘的哪些方面，然后问问客户为什么现在想换房。他们希望新房子有哪些不同的地方，在哪方面能带来更多改变。客户的回答就是他们的期望值和心动按钮。如果这一步做得好，客户会准确地告诉你他们想要什么，希望花多少钱能买到。

需要注意的是，这些问题不要一次性都提出来，以免问得太多，像查户口，引起客户反感。高情商的销售人员在上一个环节——带看的过程中，取得客户信任之后，不经意的闲聊中，诸如客户家庭结构、决策人、居住区域、居住现状、计划购房面积及户型等很多问题都可以带出来。

第一类问题确认了客户能不能买，想不想买，接下来的问题就是合不合适买，也到了销售最关键的阶段。这个阶段，最常遇见的问题是客户对自己置业的焦点和目标非常模糊。有些客户起初有非常明确的“买点”，但在货比三家的过程中，因为误判心理的影响，往往就迷失了方向，不知道自己究竟想要什么了。

在这种情况下，我们就需要询问一些探究性问题，帮助客户找到置业需求的“大画面”和“小画面”。探究性问题，顾名思义就是探究客户在住房方面的难点、麻烦或不满，进而挖出客户的隐藏需求。这个隐藏需求可能与客户正在经历或将要经历的困难有关，也可能是着眼于一个更好的居住方案、一个全新的机会。表 7-3 是一份探究性问题清单。

表 7-3　探究性问题清单

序号	探究性问题
1	对于目前住房最大的不满在哪儿？
2	买房的最主要目的是什么？
3	买房过程中在意的因素排名
4	心目中最理想的房子是什么样的？
5	新房子将给生活带来的最大改变是什么？
6	最看重哪个家庭成员的看法？成员之间意见有无分歧？
7	计划置业区域及对本项目区域的看法

通过询问这些探究性问题，可以促进并推动客户思考，帮助客户理清置业需求，让客户心中的“价值金三角”清晰起来，从而做出购买决策。需要注意的是，必须平衡询问与说服之间的关系，询问是为了更好地说服。在这个过程中，你还要学会做一个倾听者。倾听不是你一边问，一边做记录，还一边点头，一边自言自语：“哦，了解了解。”真正的倾听者，提问要有适当的时长，并能适时重复对方的内容，表明你

认真倾听了他所说的话，有时还要对客户的一段话进行小结。长时间听你讲或者长时间讨论对方的话题都会让客户厌烦。总之，这个部分的对话要给客户提供“洞见与新知”，是最考验一个销售人员“顾问”功底的。我们可以参考下面这个案例：

小明：陈先生，您看了我们这个项目觉得怎样？

陈先生：项目还不错，地段挺好，我一开始就想在这个片区买一套别墅。但我有些接受不了这个合院，我花 1500 万元买一处别墅，连一个私家花园都没有，还要六家共用一个花园。我们来海口度假，邀朋友到家里来烧烤，还得六家人挤在一起，一点私密性都没有，我就受不了。再说了，私家花园是我自己家的，种花、种菜，想干什么都可以，这个合院就不行了。

小明：理解，理解，我们很多客户和您的观点是一样的，也是接受不了这个合院。不过，前期购买的客户可是非常喜欢这个合院呢。我们不忙下结论，我可以问您几个问题吗？

陈先生：当然可以。

小明：陈先生，您来海口买别墅的目的是什么呢？

陈先生：一部分是度假，另外，我们公司也有一些接待需求，现在在外面不方便。

小明：那这样，您估计一年会在这个别墅住多久呢？

陈先生：很难说，不固定，应该不会超过半年，最多三个月。

小明：那这样说，您这个别墅的使用率其实并不很高。

陈先生：是的，度假别墅使用率不都是这样的嘛。

小明：好了，陈先生，既然使用率不高，您觉得在花园里种菜、种花还有可能吗？

陈先生：嗯，说得也对，没人打理。

小明：那您是愿意选择一个无人打理、杂草丛生的花园，还是一个奇花异木、365 天都有人打理的花园呢？

陈先生：嗯，你这样分析也有道理。可是，你们这个合院私密性也太差了。

小明：陈先生，这个私密性就说到点子上了，买别墅如果没有私密性，还要别墅干什么呢，您说是吧？

您别着急，我先给您介绍一下庭院和花园。目前，国内别墅中常见的花园无外乎三种：一种是中式庭院，强调高墙大院、独门独户，外人的视线看不到院里；一种是西式庭院，半开放式空间，一般通过矮栏杆与外界隔开，外人可以看到园里；还有一种是中式合院，对外封闭、对内开放。

陈先生，您看，本市在售的别墅项目一共有 16 个，规划图我这里都有，有兴趣您都可以查看。我要告诉您的是，这 16 个项目中有 14 个都是西式庭院，也就是您所说的赠送花园。您看下这张图纸，最有代表性，每家都可以看到左右邻居的院子，园区的路人也可以看进院子，最终的结果是院子基本浪费，大家都不在院子里活动。因为没有私密性，所以可参与性低。人没法在院子里活动，只能种些花草，可是又没时间打理，很快就荒芜了，这种花园其实是很浪费的。

这 16 个别墅项目中，还有 1 个是中式庭院，墙高 4.5 米，倒是私密，但那个项目一是非常偏远，二是以小户型为主，满足不了商务接待需求。我们这个项目是中式合院，庭院是半封闭半开放的。我们规划了三层私密体系：对内开放、对外半封闭、对外全封闭。

首先是对内开放，我们的项目采取合院规划，就是想倡导一种开放式的圈层文化。一个院里的，无论是大人，还是孩子，一起玩，慢慢就熟了，就成了朋友，合作、互补、共赢，一切都有可能。您看就在这个大院里，那一家业主就是唐山一家上市公司的老板，集团总资产上百亿元，与这样的人为邻，还用说别的吗？所谓千金买房、万金买邻，说的就是这个，这也是北方人有大院情结的原因。您说的六家人挤在一起聚会，这个概率非常低，大家都是来度假的，您今天来，他明天来，很难凑到一块。除非以后大家熟了，约一个时间，六家人从天南海北聚到一起，那也很好啊。

其次是对外半封闭，路人基本看不到院子里，把院门一关，外人也进不来。孩子们在院子里玩耍相对安全，花园里搞一些聚会、烧烤之类的也较私密。

最后是私密的最高层次对外全封闭。我们项目最大的一个特点就是全部为地下车库，绝对人车分流，并且每家两个室内车库，这个卖点在一线城市很普遍，但在本市却是独一无二的。陈先生，我给您看一个统计模型（图 7-4），您就明白了。

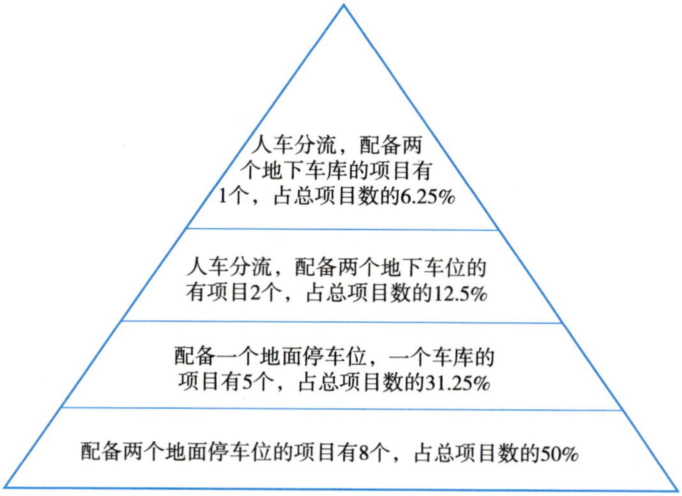

图 7-4　停车价值金字塔

所以您看，93.75%的项目都设计的是开放式停车位。如果您想在自家别墅宴请重要宾客，车牌都露在外面，这能算私密吗？能做到三级私密，即对外绝对封闭的只有我们一家，人车完全分流，车进地下，私家车库，门一关，宴请客人，我们可以请五星级酒店的大厨、服务员到您家里服务，私密吗？

陈先生，我再总结一下您的需求：家庭度假、商务接待，从前者来说，最重要的是，任何时候您来，都是一个温馨美丽的家，而不是荒芜的庭院；从后者来说，最重要的是私密性。从这两点来看，我们的项目是最适合您的。陈先生，这个 266 平方米的 A 户型您喜欢吗？

以上案例中，客户就抱着固有的惯性思维和应激思维，看到别的项目赠送花园，觉得自己也要花园，其实并没有考虑过花园的实用性，觉得用栅栏隔一下就是私密，根本没有深入思考什么是私密，私密的弊端在哪里？开放的好处在哪里？私密和开放的尺度如何把握？客户在应激思维的牵引下偏离了自己想在这个片区置业的初心。小明凭借自己对别墅产品的深入理解，以及对市场上全部别墅项目的规划、停车情况做的细致调研，引导客户发现被自己忽视了的问题，成功地说服了客户。

小明问的第一个探究性问题是您来海口买别墅最重要的目的是什么？探究客户的需求焦点，然后跟进追问几个暗示性问题，目的是挖掘客户的渴望与痛点，并将其放大。在找到客户的渴望与痛点——私密性之后，抓住客户的这个痛点，将项目的买点即“价值金三角”放大。在提出了背景性问题、探究性问题、暗示性问题，并倾听了客户的讲述之后，就可以亮出解决方案，即提出解决性问题了。如从这两点来看，我们的项目是最适合您的。陈先生，这个 266 平方米的 A 户型您喜欢吗？

上述四个结构性提问模式和框架，非常适合在房地产销售过程中运用。在这一轮过后，客户的表现一般有两种：一种是提出异议和顾虑，如何解决，我们留待下一步去解析；还有一种是经过前面三个步骤的铺垫，客户对你有了基本的信任和好感，看到了“新现实”，也体会到了自己的“痛处”，二者之间已经形成了一个“初始价值偏差”（图 7-5）。

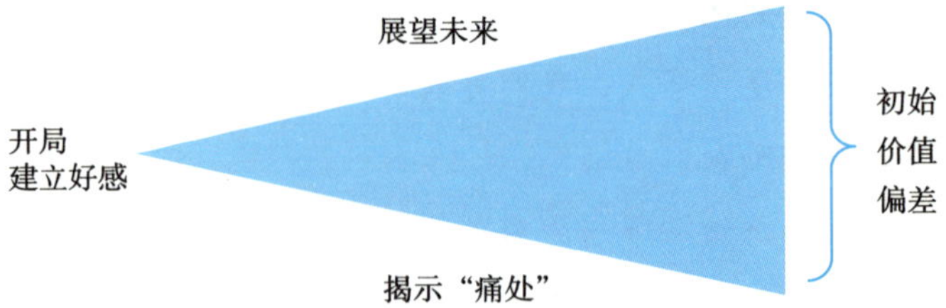

图 7-5　初始价值偏差

总攻开始！现在，你要做的就是提出你的解决方案，给客户推荐适合他的户型并算价，用你的产品来填补这个价值偏差，或者说，你的产品是填补这个价值偏差的最佳方案。

接下来，我们要介绍一个技术要点：峰终定律。该定律是由丹尼尔·卡尼曼提出的，他发现对体验的记忆由高峰时与结束时的感觉两个因素决定，而在过程中好与不好体验的比重、时间的长短对记忆差不多没有影响。

在房地产销售过程中，经过前面精彩的展示和销讲，到了这个阶段就要推荐户型、提出解决方案、给客户算价，这是一个关键的时刻，因为你即将迎来的可能是销售高峰，也有可能是销售的终结。这个节点如果没有处理好，销售进程又要往后倒退好几步，甚至前功尽弃。

跟大家分享一个笔者亲身经历的案例：在南昌某知名别墅项目，销售人员带看了其独具匠心的品牌宣传片、颇为震撼的示范区、精致的样板间之后，我较为满意。回到售楼处落座后，她告诉我别墅只剩下一套，而且是最边角、位置最差的那套，其他的都卖完了，我的心情瞬间落到冰点。离开售楼处后，回想起来，感觉好像它的示范区做得也一般，况且还不是实景示范区，以后还要敲掉呢！让客户产生这样的感觉，就是忽视了峰终定律的后果。正确的做法是，哪怕确实只剩下最后一套了，也要像本书上一讲提到的那个案例那样包装一下。

到了销售过程的“高峰”，峰位感知价值。你必须精心为客户挑选房源，再展开一次量身定制的销讲，把项目的卖点结合客户的个性化需求再陈述一遍。注意：这里讲的卖点不再是前面统一的脚本，而必须是客户个性化的生活“场景”，或者说，你要当个画家，通过将一系列客户生活在其中的个性画面描绘出来，构筑起项目的“价值金三角”，“价值金三角”一旦形成，销售就胜利在望了。

这之后，你才可以推荐房源。推荐房源需要精心筹算，必须注意以下几个技术要点：

（1）不能有求必应，那样会让客户挑花了眼，导致他们陷入纠结，第一次推房不能超过两套；

（2）尽量不推同质房源，这样相互比较无特色，导致客户陷入纠结；

（3）尽量不推条件相差不大，但各有特色的房源，容易造成高不成低不就。

正确的做法是，拉开距离推两套房源，一套差房源，一套好房源，先差，后好，看似两套，实推一套。如果只剩最后一套，必须包装。像本书第六讲提到的案例，如果确实只剩下最后一套边角料了，就得进行隆重包装，利用“稀缺”的误判心理营造出峰值效应。

然后，你就可以进行下一步——试探成交。记住：销售员的天职就是成交，没有成交，一切为零。常规的试探成交，我们可以直接问：

“您是否觉得这套房子很适合呢？今天能定下来吗？我们刚好有优惠活动。”

或者用附加产品，如车位或商铺来试探成交，比如：

小明：陈先生，车位要考虑一下吗？价格不贵，并且刚好在您选的这套房子楼下。

陈先生：不用了，我就要这个房子。

以附加销售的方式来试探成交，要么将主要产品和附加产品一同卖掉，要么单独卖掉了主要产品，这是一种温和、友好的试探方式。

第四步：销售洞察，识别“隐形异议”

这个过程中，你会大概率遭遇到客户的“异议”。俗话说“嫌货才是买货人”，有经验的销售人员都知道，客户通过前面对项目的了解，提出一些“异议”，这是一个重要的成交信号。正如博恩·崔西所说：

> 你在池塘边钓鱼时，如果你感到渔线被用力拉了一下，你会立即把鱼线收紧。因为你知道鱼线被用力拉意味着一条鱼正在吃你的鱼饵，你

可能钓到了一条鱼。①

有异议至少表明客户对项目感兴趣，或者说是你激发了他的购房兴趣，一个优秀的销售人员碰到客户异议哪怕是最刻薄的反对意见也不会沮丧，相反，应该感到振奋，因为你已经把销售过程往前推进了。因此，听见异议的时候，绝对不要过激申辩，只需把它看成“客户想多了解点信息”就行了。处理异议的时候，你越是冷静，客户就越有可能保持平稳的情绪状态。

但在销售过程中，经常会遇到另一种类型的异议，我们称之为“隐形异议”。客户可能出于面子原因，没有如实说出心中真正的问题所在，把这些异议隐藏起来，菜鸟销售不去处理，结果成了交易的隐形杀手。

销售实践中，“隐形异议”有五种类型：有顾虑却不说；提出的异议是“假议题”；异议只是借口；隐身的对手；隐身的专家。那么，如何洞察与对付“隐形异议”呢？

（一）有顾虑却不说，学会识别客户的顾虑

客户在销售过程中出现以下几个信号：比如重提已经解决了的问题、不切实际的价格诉求、不合理的拖延、不愿意继续会面、拒绝进一步提供信息、犹豫半天说我回去考虑一下等时，说明客户心中有顾虑，但不愿意说出来。

这个时候，销售人员应该避免三种做法：淡化、指示、加压。

陈先生，您没有必要担心，我们这么大的上市公司还能骗您吗？

陈先生，您可以先把定金交了，把房源先锁定，后续问题都好说。

陈先生，别犹豫了，您看我认购协议都拿来了。

---

① ［美］博恩·崔西．路言春，译．博恩·崔西销售圣经［M］．北京：化学工业出版社，2013：254.

正确的做法是：随时留意，保持警觉，细密、耐心地追问，引导客户说出心中的顾虑。比如：

客户：我回去再考虑考虑，过几天回复你。

销售员：好的，买房是一件大事，是要考虑仔细的。先生，您在做决定之前，听起来还有一些疑问，是吗？可以说出来，看看有什么我可以帮到您的。

或者可以采用一种欲擒故纵的技巧，先让客户放松下来，再追问出他心中的真实想法。比如：

客户：我需要再考虑考虑。

销售员：没问题，我理解买房是一个重大决定，您要多花些时间来考虑。那先生，您要多长时间才能做出决定呢？

客户：至少十天吧。

销售员：（从这 10 天中挑出一天，确定一个具体时间，这个非常重要，不能含糊不清）10 月 24 日我给您打电话如何？上午 9 点可以吗？

客户：当然可以。

销售员：那好，我们就这么定了。

这个时候，客户已经放松下来了，他今天不用做任何决定，大脑开始变得灵活起来，然后你可以继续追问。

销售员：我有点好奇，假设现在就是 10 天后，我上午 9 点给您打电话。您会有什么疑问需要我解答的吗？

客户：我想我需要对你的公司做更深入的了解，我担心现在交钱了，你们不能按期交房。

这个方法非常奏效，因为他完全不在客户预计的范围之内。他们放松下来，就会愿意向你敞开心扉，你就可以解决他们心中真正的疑虑。

（二）学会识别客户的“假议题”

“解决问题”之前，要先“查明问题”；“提升答案的质量”并不够，“提升议题的质量”更重要；不是“知道越多越聪明”，而是“知道太多会变笨”。①

销售实践中，我们经常会碰到这样的客户，因为知道太多而变笨，结果被一些不是问题的问题所烦恼，经验不足的销售人员被这些“假议题”带进沟里，无论多么努力地挤出答案，其结果也只算是白忙而已。成熟的置业顾问之所以称之为“顾问”，其首先应该具备的能力就是“查明问题”，找出真正有价值、有必要解答的问题，将客户从无谓的纠结中带出来。比如下面的案例：

经理：小明，你今天那组客户为什么没有成交？

小明：客户一开始来，说要看现房，我给他推荐一期的 1#楼，后来又带他去看了二期的样板间，他看到二期有担架电梯，一期没有，就有些纠结，又想要现房，又嫌没有担架电梯。

经理：那你怎么跟客户解释？

小明：我也解释不太好，这个客户挺专业，他知道按照新的国家规范，必须要装担架电梯。周边几个新项目我去看了，也都有。我们一期因为设计得比较早，所以没有，这个确实是我们的一个劣势。

经理：客户提到家里有病人吗？

小明：没提过。

这是一个关于“假议题”的典型案例。12 层以上住宅设计担架电梯的规定于 2012 年 8 月 1 日开始实施，在此之前的住宅绝大多数是没

① ［日］安宅和人. 郭菀琪，译. 麦肯锡教我的思考武器：从逻辑思考到真正解决问题［M］. 北京：北京联合出版公司，2014：3.

有担架电梯的，但我们看每年有那么多的二手房成交量，而这些二手房应该大部分都是没有担架电梯的，一点也没有影响成交。我们再来分析这个问题，客户首要的需求点是现房，按照时间点看，如果要买现房就必须得接受没有担架电梯的事实。一般情况下，用到担架电梯的时候是家里有老人，老人还得有心脑血管疾病，这个的概率是非常低的，一辈子几十年的时间可能也就碰到一两次，就为这一两次的“可能”便失去一处可心的房子，这属于因噎废食。因此，这是一个典型的“假议题”。

实际销售中，很多客户为了体现自己的博学，会讲很多观点，其实他需要的是几句赞美，而不是问题的答案，这是人性的弱点。销售人员其实只要赞美他几句，然后就可以把话题岔开了。纠缠在一些“假议题”上，把“不是问题的问题”当真，你就失败了。

（三）异议只是借口，要找到客户真正的问题

什么是客户真正的问题，这要分两种情况。

第一种情况，客户给出的异议原因是借口，真实想法没有说出来。

销售过程中，如果碰到客户的异议前后反应不一，或者跟项目事实明显不符，你要马上反应过来这可能只是客户不想买的一个借口。这种情况下，我们就需要做“问题检测”，查出是什么原因真正在困扰着客户。问题检测并不难，通过一一检查项目价值如地段、品质、价格、户型之后，往往就可以找出真正困扰客户的问题。比如：

客户：你这个地段太偏了，我们还是考虑考虑吧，不买了。

销售：我完全理解您想再考虑一下的想法。我能问您一个问题吗？

客户：可以。

销售：您喜欢我们这个项目吗？

客户：喜欢，户型、品质都很好。

销售：是的，现在这个片区能找到我们这样高品质的项目很不容易。价格呢？您能接受吗？

客户：价格贵了，超出了我们的预算。

销售：假设价格合适，您买我们项目吗？

客户：会考虑的，其实你们地段还可以。

上述问题检测过程中用到了一个小技巧：假设性让步。客户说："我的预算不够"，销售说："假设您的预算够的话，您会买吗？"这就是假设性让步，它是区分借口和真正拒绝理由的最好办法。如果是借口，销售人员用假设性让步来化解，肯定会失败的，因为他的方案不能解决客户真正的异议。客户在此之后可能还会拿出新的借口，销售人员需要一个一个来拆除。如果你不能发现客户真正的行为动机，那就无法说服客户。利用假设性让步提出巧妙的问题，你就可以挖掘出客户的真正异议，而不让他感到难堪。之后，通向异议处理的那条路便畅通无阻了。

销售过程中，还有一种常见借口就是客户拿出第三方当挡箭牌，在这种情况下，我们可以用一个"以子之矛，攻子之盾"的小技巧。比如：

客户：我们需要跟孩子商量后再给你打电话。

销售员：没问题，我完全理解。不过，如果孩子不同意，你们是不是就不再考虑这套房子了。

客户：或许吧，孩子的意见很重要，毕竟他们要经常来看我们。

销售员：的确，如果他们同意，您就肯定会购买这套房子了。

客户：当然。

销售员：你们为什么考虑搬到这里来居住？

客户：我们非常喜欢这个社区，已经有老朋友在这里买了，我们巴不得现在就搬过来住。

这时就可以看出来客户的主要购买动机是为了给自己养老，和孩子们商量与这个目的无关。当他们意识到二者之间的矛盾之后，就可以自主地做出决定了。

（四）隐身的对手，主动提及竞品

如果客户想再四处看看，或是去比比价格，你可以告诉他：

因为我对市场比较了解，所以，如果您觉得在做决定之前，应该再调查一下，或是比比价格，我很乐意帮忙。陈先生，您觉得我今天可以帮您对比哪家的楼盘呢？

在这个阶段，一个重要的技巧是：销售人员要主动提及竞争对手并主动提出帮客户进行比较分析。你得把自己放在助手的位置上——一个能帮客户更容易、更高效、更省时地做出比较的人。因为：

你要知道，当你跟任何一位潜在客户探讨产品的时候，竞争对手就悄悄地坐在角落里。与其让那位对手干扰你的销售，还不如邀请他一同来参加这个派对。毕竟，当你坐在客户面前的时候，派对的主人是你，你来决定这个派对该怎么进行下去。如果你真的了解自己的产品，对手的信息应该是个催化剂，可以促使客户选择你的产品。①

货比三家，这是正常的。销售过程进行到现在，你应该已经明确了：客户有没有去看过竞品？已经看过哪些？或者准备去看哪些？一旦你知道了他们还在考虑哪家的产品，你就用一种胸有成竹的、积极的态度向客户解释，你必须牢记并熟练使用下面的话术：

陈先生，下面，我很高兴给您对比一下这几个楼盘的差异，告诉您为什么我们这个楼盘更好——特别是针对您的具体情况——以及为什么我们的价格更贵（更便宜）。

这样一来，在听你的讲解的时候，客户的注意力就会放在“为什么

① ［美］汤姆·霍普金斯．苏西，译．没人买时如何卖：销售大师最值钱的 12 堂培训课［M］．中信出版社，2012：179.

应该买你的楼盘”上了，而不会再去想其他的事情。如果你讲解得正确得体，又丝毫不带辩解的意味，客户会觉得你的做法很新鲜，往往会以购买作为回报。具体如何比较，这里有以下四个技术要点：

1. 绝不贬低、诋毁竞争对手

在销售过程中诋毁竞争对手是大忌，这会给客户留下两个印象：那个楼盘看来真的很厉害，且难以战胜；这个销售人员没有涵养，缺乏容人之量。接下来的沟通质量就可想而知了。

2. 提前做好功课，客观比较，避重就轻

所谓知己知彼，百战不殆，你必须提前做足功课，尽最大可能收集竞品资料，将竞品和本项目的各项技术参数都列在同一张表格上，仔细比较，直至找出本项目五个以上的优势占位和竞品的明显劣势。这样，你就可以既客观、公正又知道哪轻、哪重，知道如何避重就轻。如果确实有些质素不如竞争楼盘，就要灵活绕开，还是那个方法：针对每个产品自身固有的价值来销售。要注意的是，这个表格是你自己用来做功课用的，不要展示给客户，因为客户可能会怀疑你篡改了数据。和竞品进行对比时，你应该使用它们自己的宣传材料、官方数据或者独立第三方的信息。

3. 给客户播下怀疑的种子

销售人员不要随意评价和诋毁竞争对手，但可以给客户播下怀疑的种子。比如：

陈先生，当时我有五家开发商可以去，但我选择现在这家公司，这是因为它的产品质量非常好，物业服务也非常好。从我自己对这个领域的分析来看，我发现这家公司是最好的，能够代表这家公司，我感到很自豪。

说完这段话，你已经在客户心里埋进了一颗种子——竞争对手可能不如你，但你并没有说出任何负面评论。有些时候，如果有客观事实的话，你也可以播下怀疑的种子，让它在客户心目中逐渐生长成巨大的不

信任。比如：

陈先生，您准备去对面××项目看看是吧？没问题的，我们欢迎比较。我们的价格确实是要贵一些的，但两个项目的运营模式不一样。我们两家都是精装公寓，我们这的样板间展示的都是交房标准，卫浴的品牌是德国杜拉维特，中央空调是美国约克，厨房电器是德国库博仕，都是世界一线品牌，并且我们样板间展示的品牌就是将来交房的品牌。对面项目，您去看他们的公示就知道，他们的装修标准是卫浴：杜拉维特/TOTO 或者其他同档次品牌，中央空调是大金/格力或者其他同档次品牌，所有的装修标准都带“/”和“或者”的。

4. 要打固定靶

销售实践中，菜鸟销售最常见的毛病是只会打霰弹枪而不会固定靶，总是说不到点子上，很难让客户信服。比如客户说别人都赠送花园，都很私密，你解释说大部分花园都不私密、都不实用，客户信吗？老练的销售人员则直接拿出竞品的物料和照片，对着它们打固定靶：

您看，这是××的花园，实用性和私密性您自己一看就清楚了。至于确实有私密的，但价格又是另外一个档次了。

（五）对付隐身的专家

客户买房经常会带上自己的亲友一起来，因为他认为这个人的看法更为专业，这种情况好处理，只需对这位“专家”主动示好、礼貌坚定、争取认同就可以了。但有些时候，客户并没有带“专家”朋友一起来，只是带来了这位“专家”的口头建议。如果这个建议并不好，就可能会让你身陷困境。

出现这种情况时，你要尽可能弄清楚他的“专家顾问”是什么人，要知道从兄弟那里听取的建议和在网上道听途说有很大的区别。弄清专家是谁之后，再来慢慢想办法改变他。有些时候，客户的“专家”居然是你的竞品的销售人员，而他向客户提供了不正确的信息，即使客户接受了不道德的竞争者给出的错误信息，你也不要去谴责这个家伙的公司或者项目，因为你的否定语调会给客户创造出负面感觉。

第五步：说服瞬变，建立认知时刻

上面说了“隐形异议”，也就是“假异议”，现在我们探讨“真异议”。客户提出异议是一个成交信号，这也就意味销售的峰值时刻即将到来。本书第六讲提到了美国心理学家希思兄弟营造客户峰值体验的四个决定性时刻：欣喜时刻、认知时刻、荣耀时刻、连接时刻，而处理客户异议就是制造客户认知时刻的大好机会。优秀的销售人员能够在短短几秒钟或几分钟内，让客户恍然大悟，产生有冲击力的认识和转变，也就是我们所说的“瞬变”。实际上，在本书前面六讲铺垫的所有知识和技巧都是在为客户的“瞬变”做准备。如何去制造认知时刻呢？希思兄弟提到了一个方法论：引导客户被现实“绊倒”。如何去引导，希思兄弟又提到了三个技术要点：明确的认知、用时简短、由客户自己去发现。

举一个例子：

客户：你们这个公寓的层高只有 3.9 米，附近几个项目最低都是 4.2 米，还有 4.5 米的，标准比别人低，但价格比他们贵。为什么？

销售：是的，我们的层高确实比竞品低，但我们是一个 60 万平方米的大型综合体项目，里面有五星级酒店、本地最高端的大型商场，业态、配套和服务的标准要远远高于他们，客户的圈层也要远远高于周边项目，您买了我们这个项目是身份的象征。就像您有 20 万元，如果买一辆奔驰 A 级轿车，轴距只有 2.7 米多，但买一辆别克君越，轴距有

2.9 米，奔驰的尺度不如别克，价格还贵，您选哪个呢？

这是一个典型的价格异议案例。销售人员引导客户认识到项目的形象价值，从而被现实绊倒。在销售接待后期，客户对价格提出异议，一般来说无外乎两个方面的原因：

一是客户对项目价值的认识不足。这时候，你需要将客户的话题从价格转移到价值上去，帮助客户重新构建“价值金三角”，即找到客户的需求敏感点，凸显项目的差异化特色，力图寻找项目的“价值金字塔”“樱桃树”以及其他比较优势，强化项目的实力信任。既要注意“价值金三角”作为显性买点的一面，也要像上述案例一样，特别强调其作为“隐性买点”的一面。本书上一讲提到的“客户感知价值”模型的八个方面都可以帮助大家梳理项目的“隐性买点”。如果你正确地识别了客户的问题或者需求，并且在整个销售陈述过程中都是在讲述你的项目如何帮助客户解决问题并满足其需求，特别是触动了客户的敏感点时，在客户心里，价值就会远远大于价格，这时客户就会基于你的优点进行购买，而不再纠结于价格。

二是因为你没有给客户提供“透明差异化价值”，透明是指让客户容易理解你的项目和竞品之间的差异化价值，并且让客户能够通过现有证据来证实这种差异化价值。比如，你的项目比竞品贵了 100 万元，你得通过透明化的证据把这 100 万元证实出来，给客户提供明确的认知，像前面提到的上海，如果少坐一站地铁，房价就贵了 18.95 万元，这就是透明化的价值证实。

实际上，从本书的第二讲开始，核心问题都是在构建项目的价值体系。在销售实践中，只要是关于价格的异议，基本原因都是你卖了价值 200 万元的产品，却只解决了客户 100 万元的问题，要么是你展示不全面，要么是你方法不对，客户感知不到。

除了价格之外，常见的异议还有以下六种（表 7-4）：

表 7-4 客户常见异议

序号	具体异议
1	项目位置太偏，配套不完善，交通不便
2	项目临主干道，太吵；周边有变电站、污水处理厂等毒点
3	项目密度太高，觉得压抑
4	项目户型不好
5	项目（建筑和园林）品质不行
6	项目物业服务不行

处理这些异议的方法当然还是创造客户的认知时刻，让他们被现实绊倒。在具体的销售实践中，还可以使用三个方法论来制造“瞬变”。这三个方法论是：后退一步，关注大画面；弱水三千，只取一瓢；找到客户的“樱桃树”。

一、后退一步，关注大画面

后退一步，关注大画面，本来是麦肯锡一个著名的工作法，说的是在工作中，同时盯着很多要求，很容易就会失去目标，当觉得自己完全被包围时，要时不时从正在做的事情中后退一步，关注一下自己的终极目标，明确自己究竟想要什么。买房也是一样的，客户在逐渐构建“价值金三角”的过程中，从需求过渡到差异化和实力证实，结果就在第二、三个支点那迷路了，思想被困在很多的小瑕疵上面，忘了自己购房最初的出发点是什么。这时销售人员就应该立即提醒客户后退一步，关注大画面，让他的需求被现实绊倒。我们看下面这个案例：

陈先生，我知道您比较介意这个噪音，我也能理解，但我们可以从这个纠结中跳出来，思考一个大画面：买房子，您起初设定的需求目标是什么？您究竟最想要什么？我们之前沟通了那么多，我对您的购房需求的理解是花 400 万元，在二环内买一个交通便捷、配套完善的三房。您看一下现在的市场情况，符合这个条件的项目不到五个，均价 40000

元/平方米的项目基本都到三环外了，我们这是二环，而且出门就是地铁，十几路公交车，五分钟就能到超市、学校，在符合您条件的这几个项目中，没有哪个比我们配套好的。临大道确实有噪音，但道路也给我们提供了完善的交通和配套。世上没有绝对完美的事情，关键看您最想要什么。您再从另外一个方面考虑一下，如果不是临道噪音，我们项目这么好的配套，怎么都得要500万元，绝不是现在的400万元。您觉得呢？

这就是"后退一步，关注大画面"的思考方法，让客户返回到需求的原点，被现实绊倒。在上面提到的六大异议都可以用"大画面"思考方法去化解，比如客户嫌地段太偏，周围配套不完善、交通不方便，户型和物业服务不佳，但在客户的预算下这已经算是最好性价比的小区；如果客户嫌项目密度太高、品质不好，就强调事实是，市中心土地稀缺，寸土寸金，要买核心地段的房子就得容忍高密度。

"大画面"思考方法要求销售人员对市场有全景视角，要利用广角镜头找出项目的"价值金字塔"或者"决胜边缘"，从而成功引导客户。

二、弱水三千，只取一瓢

"弱水三千，只取一瓢"源自一个故事，说的是一个游客就要因口渴而死，上帝怜悯他，置一湖于此人面前，但此人滴水未进。上帝好生奇怪，问之原因，答曰："湖水甚多，我的肚子那么小，既然不能一口气把它喝完，那还不如不喝。"上帝笑了，说："弱水三千，只需取一瓢饮。"人一生中会遇到很多东西，只需要把握一样就足够了。

在房地产销售过程中，经常会遇到这样的情况：客户一看到整个小区或者整个楼栋的情况，就被横亘在面前的"一条大河"吓住——啊！这个小区在二环边上，噪音太大！啊！这个楼间距太近了！其实，具体到他相中的那套房子，可能根本就不存在上述问题。因此，不要泛泛而谈，要引导客户迅速聚焦到自己有意向的那套房源上，具体问题具体分析。我们看下面这个案例：

客户陈先生来到售楼处，置业顾问小明认真接待，陈先生对项目整体比较满意，但去工地看了以后，担心 3# 楼和 4# 楼间距有些近，会挡光，所以很犹豫。的确，这两栋楼的间距是整个小区中最小的，只有 35 米。小明想推荐别的户型，客户又不喜欢。客户走后，小明实地爬楼看了客户选择的这个户型：3# 楼 1 单元 B 户型，16 楼，东边套，他一看就有主意了。原来 3# 楼的朝向是偏东南 15°，虽然偏了一点点，但采光就完全不一样了，B 户型又是边套，这样南向是基本没有遮挡的；再说客厅、卧室主要是朝东，东向是没有遮挡的。所以，即使 3# 楼、4# 楼间距很近，但跟 B 户型没有什么关系。

楼间距确实很近，但客户相中的房源根本不受影响，这是另一种形式的被现实绊倒。在销售过程中，必须具体问题具体分析，看客户要的具体是哪个户型，哪个位置，然后聚焦到这一个点上来分析利弊，不能被“一条大河”给唬住了。这就是“弱水三千，只取一瓢”的方法论。

三、找到客户的“樱桃树”

樱桃树法则是销售中一个经典的法则，说的是一个老太太因为喜欢院子中的一棵樱桃树而忽略了房子的其他缺点。任何项目都是不完美的，但只要用心去发现，总能找到客户中意的亮点，在这个亮点的光芒照射下，其他缺点看起来就不那么鲜明了。我们来看下面这个销售人员讲述的案例：

我们现在只剩下 A 户型，楼层选择不多，客户不太满意。但 A 户型的主卧非常大，赠送的凸窗还可以多出一块空间，客户说可以在这练瑜伽。其实，这就是她的“樱桃树”。于是，我反复跟这个客户强调赠送的假凸窗可以练瑜伽，后来她就接受了。

对于所有客户群体来说，樱桃树法则都是好用的。一般来说，项目园林、立面、商业街、广场等煽情的地方都容易成为客户的“樱桃树”，可以用来转移注意力，弱化项目劣势。反过来，别的项目没有

“樱桃树”，这也是另一种形式的被现实绊倒。

第六步：促单与价格谈判

成功处理完异议，结束交易就变得水到渠成了。这个时候，一旦出现下列成交的早期信号，你就得准备临门一脚了。

客户购买的早期信号包括：

1. 客户的问题一下子变得很多

比如，反复询问有关购房的定金、付款方式及办理按揭、契税的费用，以及何时交房，要求打折，对延期交楼存在顾虑；还不断询问有关物业管理公司、生活配套或者有关开发商的问题。

2. 看楼时间很长，反复比较各种户型的优缺点

一旦出现成交信号，必须得赶紧射门，不能再去啰嗦了，否则就会在犹豫不决中耽误最好的战机。客户走出门，遇到“时间杀手”，就一去不复返了。现在的关键是，经过前面的努力，在成交时刻到来时，要想不遭到拒绝，该怎么做？通常我们会采取以下五种促单方法：

一是二选一促单法。“您是定这套 A 户型还是 B 户型？”“您是付现金还是刷卡？”这种封闭式的二选一提问可以防止客户对你的成交要求做出否定回答。通过让客户二选一来告诉他们需要定这套房子，你已经增加了获得肯定回答并达成交易的机会。对于已经准备购买但还需要提示一下的客户来说，这个方法尤其适用。

二是主动促单法。主动促单法是让犹豫不决的客户付诸行动的最有效方法。你可以大胆向客户提问：“那么，你愿意今天就定下来吗？”说的时候要带点儿幽默感，你的热情和对销售工作的享受会立刻显露在客户面前，大多数客户都会欣赏这种坦率的态度。比如以下话术：

客户：太晚了。我明天再来吧。

销售：哦，求你了。您不觉得您已经纠结得够久了吗？您为什么不现在就买呢？就算看在我的面子上。

三是假定成交法。如果客户最后基本没有任何异议，你可以尝试假定成交法。使用这种技巧时，你假定了客户会购买，拿出一张认购单，询问客户的个人信息，比如姓名和地址，如果客户毫不抗拒地把这些信息告诉了你，你就成交了。

在销售火爆或者你忙于照顾尽可能多的客户时，假定成交法非常有用。但是，使用这种成交技巧时，你必须先确保客户没有对你的推荐方案表现出任何的抵触，否则你会发觉自己倒退了好几步。

四是极限低价促单法。在销售中客户都免不了会讨价还价，但销售人员可以使这种局面为我所用。利用极限低价促单法能够安抚价格驱动型的客户，让他觉得你正在争取最低的价格，即使你知道自己很可能无法做到。比如下面的案例：

客户：要是这套房子能再低一点，价格在 300 万元以内就太好了。

销售：您希望这套房子低于 300 万元？

客户：是的。

销售：您今天能定吗？能定我就再问问我们经理，我一会就回来。(销售员躲进某处，客户等待答复)

客户：好的，问好了我今天能定。

销售：唉，很抱歉，经理把我骂了一顿。我把该放给你的折扣都放了，已经没有空间了，这个价格已经相当划算了。

客户：我明白了。

销售：您既然喜欢这套房子，就定下来，我可以为您填单吗？

客户：好吧。

案例中销售人员虽然没有争取到客户想要的折扣，但他表现出了帮助客户的真诚意愿，结果还是达成了交易。通过展示帮助顾客得到最实惠的交易，你会让客户对这笔交易投入更多的情感。当然，在使用这个方法时，销售人员必须得做出成功的表演。

五是处罚促单法。处罚促单法通常采用这些形式：“我们首次开盘的优惠政策明天就要结束了”“这是 A 户型最后一套好楼层，卖完就只剩下一楼和顶楼了”“明天我们就要涨价了”“您看中的房子已经被别人看上了，不定没有了”，处罚促单法就是利用本书上一讲提到的客户“奖惩超级反应”“稀缺效应”“重视理由”“艳羡/嫉妒”等心理倾向，告诉客户如果不购买就会受到处罚。

利用上述五种促单技巧，一般情况下交易就能手到擒来了。

在最后的促单环节，还可能有一种情况出现——客户讲价，也就是价格谈判环节。要注意的是，一定要把谈判留在最后。销售人员应该把更多精力投放在销售上，深挖客户的问题和需求，一旦销售做到位，价格便不是障碍，谈判也会轻松些。一般来说，客户到最后讲价，有时不过是寻求一种心理平衡而已。这个节点又有两个技术要点需要注意：

一是对于客户不要滥用同情心。你从事的是销售行业，不是心理咨询业。老练的客户有各种各样的故事等着你，让你掉入陷阱，相信价格确实太高，或是他们不太想要，或者是请求破例一次。许多销售人员丢掉机会，就是因为他们觉得对不住客户，他们感觉卖房子给客户是不对的。

二是注意，“峰终定律”又来了。这个节点，是销售的“终点”，是决定客户体验的两个关键时刻之一。因此，这时的谈判，一定得讲究技巧，必须是“优势销售谈判”。

优势销售谈判……不仅能告诉你该如何在谈判桌上获胜，而且会告诉你怎样在谈判结束时让对方也有一种获胜感。事实上，这也正是一名优势销售谈判高手的秘密所在。试想一下，两名销售人员去拜访两位处境相同的客户，他们以同样的价格和条件达成了交易，但优势销售谈判高手却会让对方感觉自己赢了谈判，而一般销售人员却会让对方感觉自己吃了亏。①

对于房地产销售来说，优势谈判的技巧主要有以下五点：

第一，一定要开出高于自己预期的价格，以让你有一些谈判空间。

第二，千万不要主动提出对双方差价进行折中，一定要鼓励对方首先提出来。

第三，绝不接受对方的第一次报价，装作大吃一惊。

第四，扮演不情愿的卖家。销售人员这时可以放出本来已有的折扣，但是不能马上答应客户，得装出极不情愿、极难的样子，然后去向领导申请，才能给客户这个“来之不易”的优惠。

第五，白脸—黑脸策略。任何宣称自己有权作出最后决定的谈判者在一开始都把自己放在了一个非常不利的位置，而通过使用一个模糊的更高权威作为我方的黑脸，就可以在不惹怒对方的情况下给他制造巨大的压力。比如：

我们集团总裁都只有九七折的权限，你这个九六折肯定没办法申请的，我们报上去也只会挨骂。

价格谈判结束后，再使用“极限低价”策略促单，大功告成。

销售流程控制总结

一、六步成交法

如前所述，一次完整的房地产接待流程分六步：

第一步：销售开局，建立先发影响力；

① ［美］罗杰·道森．刘祥亚，译．绝对成交［M］．重庆：重庆出版社，2009：24.

第二步：价值展示，激发占有欲；

第三步：识别需求，挖掘渴望与痛点；

第四步：销售洞察，识别隐形异议；

第五步：说服瞬变，建立认知时刻；

第六步：促单成交，狙击时间杀手。

我们归纳出“六步成交法”的目的是想告诉大家，销售其实可以套公式。每一个步骤，要达到哪个里程碑，为什么，如何做，都有科学、严谨的方法和技巧，成熟的置业顾问学习的就是控制每一个流程的输入和输出。

简单做一个总结：

第一步：销售开局，目的是建立先发影响力。如何建立？通过“二白”：开场白与表白。在开场白中要掌握破冰的三个技术要点以及必须注意的四个问题；表白的目的有两个：重新定义关系和宣示权威形象。

第二步：价值展示，目的是激发客户的占有欲。要掌握五个技术要点：梳理动线、设计脚本、激发占有欲、建立信任以及如何“保持单一焦点”的小动作。

第三步：识别需求，目的是挖掘客户的渴望与痛点，方法论是沿着直线前进，找出四大问题——背景性问题、探究性问题、暗示性问题和解决性问题，最终的输出成果是“初始价值偏差”；还有峰终定律的应用，以及推荐房源的三点技巧。

第四步：销售洞察，目的是识别“隐形异议”。“隐形异议”共有五种类型，解决的方法和技巧有“假设性让步”“欲擒故纵”“以子之矛、攻子之盾”“埋下怀疑的种子”“打固定靶”等。

第五步：说服瞬变，目的是处理真异议。方法论是引导客户被现实绊倒，制造认知时刻。如何去引导客户被现实绊倒，又有三个方法：后退一步，关注大画面；弱水三千，只取一瓢；寻找客户的“樱桃树”。

第六步：逼定成交。看到客户成交的两类早期信号之后，就开始进入促单成交环节。促单成交一共有五种方法，促单之后可能还有一个价格谈判，谈判必须得注意峰终定律的应用，注意优势谈判的五点技巧。

这六大步骤需要置业顾问在实战中不断操练和实证。正如本书第一讲提到的，销售人员就像建筑师，“六步成交法”就像建造一栋大楼，只有先打好地基，才能向上建造，做好第一步，才能进行下一步，顺序不能颠倒。

二、要求晋级承诺

我们上面所说的“六步成交法”属于一气呵成，顺利签单；但卖房子属于大订单销售，在实际销售过程中，客户往往要经过好几次到访、好几个回合才能成交，这里涉及的一个技术要点就是“晋级承诺”。所谓“晋级承诺”，指的是客户承诺推动销售向前发展的一个具体行动。什么是具体行动？博恩·崔西提出了一个 TDPPR 法：

> TDPPR 代表的是时间（Time）、日期（Date）、地点（Place）、人物（Person）和理由（Reason）。如果你的销售经理问你：“这个销售进展怎样了？”你应该能够回答现在销售哪个阶段，你下次销售拜访确定的时间、日期、地点、人物和理由。如果离开潜在客户时，这些东西还没有搞定，你就失去了在这个销售中的能量，也许就根本没有这个潜在客户了。①

因此，有经验的销售人员在未成交的客户离开售楼处时，一定要求得到晋级承诺，跟客户约定下次到访的明确时间、地点、人物、洽商事项，比如客户答应下周三下午两点带妻子一起过来看房。聪明的销售人员往往加上一句“下周三本来是我休息，您要来我就不休了，专门等您”，以强化客户的责任感。晋级承诺不仅仅是获得一个承诺这么简单，

---

① ［美］博恩·崔西．路言春，译．博恩·崔西销售圣经［M］．北京：化学工业出版社，2013：249.

它的真正妙用在于会影响到客户的自我认知，有了承诺之后，我们就能触发客户下意识的“一致性倾向”按钮，大大提高客户对更大请求的顺从度。

相反，菜鸟售楼员放走一个未成交的客户时得到的信息是“有时间我再带老婆过来看看吧”，没有明确的时间；再一次回访，客户又说“今天没空，等有时间我再去看看吧”，没有明确的时间、人物和理由，这种行为我们叫“暂时中断”，即销售可能还会继续下去，但客户又没有同意具体的实际行动方案来使销售有进展。一个“暂时中断”就意味着销售周期的拉长以及不确定性的增加，也意味着你遭遇“时间杀手”的概率大大增加。

记住，每次的接访客户，我们都要得到“晋级承诺”而非“暂时中断”，这二者之间的差距极大。比如，一次接访结束，你得到了一个晋级承诺——客户交了一个 500 元的小订金，另一个客户一分钱没交，二者的成交率至少相差 50%以上。

因此，成熟的销售人员都懂得无情地为自己设定目标，每次接访都要得到一个关乎具体行动的晋级承诺。收集信息、建立良好关系等泛泛的目标没用，它们只会导致暂时中断而不是进展晋级。

三、里程碑方法

如何设立晋级承诺？我们可以用“里程碑方法”。“里程碑方法”是说你把客户做出最后购买决定前可能发生的所有事情都列一张清单，从客户的角度进行分析，他有什么困难，他需要什么，他有什么必须要解决的问题，为了赢得这个订单哪些竞争对手必须超越或者克服，在他购买之前必须要让他知道什么才能说服他，并对这些问题进行回答，你可能需要先回答 30 个不同的子项。在客户做出购买决定之前，所有这些子项都应该被准确回答。

前文所讲的“FAINT 问题清单”（表 7-2）和“探究问题清单”

（表 7-3）就是销售的“里程碑”，里面有 30 多个需要知道答案的子项，每次回访时对照这份清单，你就能跟踪自己的进展，知道约访客户的理由。换句话说，你清楚地知道你在做什么，你为什么要这么做，你在努力达成什么，在推进到下一步前你还需要做些什么。总之，你完全控制了这个销售的全过程。

不过，交易达成并不是销售过程的结束，接下来的“确认与邀请”环节也同样重要。风雨总在阳光后，客户做出购买决定之后的一个短暂时间内心理会比较沉重，生怕自己会决策失误，这个时间也最容易出现“买主懊悔”的现象。聪明的销售人员在交易完成之后会继续表现出对客户的关心，会在成交的当晚或次日就给客户打确认电话或者发信息，比如：

陈先生，恭喜您选到了一套好房子，这真是一个明智的决定。您选的这栋楼的客户圈层在我们整个小区里是最高的。您知道吗？我们今天已经涨价了，一平方米涨了 500 元。

这样做的目的是确认和巩固交易，它有助于消除客户的懊悔，减少退订的可能性，同时也能体现出你的真诚和值得信赖，为下一步——邀请客户给你转介绍，让客户成为你的忠实追随者做好准备。

如何造就一批忠实追随者，且听下回分解！

第 8 讲　客户拓展与人脉构建

【概　　念】资金树　100/40 人脉法则　A 类联系人　人脉节点　第一时间知名度　无穷链销售

【思维模型】人脉五步法　人脉树状图　5 级人际关系模型　人际关系计划表　SERVICE 推荐框架

前文说过，4.0时代的职业经纪人与3.0时代的置业顾问最大的区别在于前者必须主动拓展与维系客户资源。有了客户资源，老客户带来新客户，新客户又带来新客户，客户多，销售机会就多，业绩自然就好；相反，愚笨的销售则只会守株待兔，杀客的技巧再高超，但巧妇难为无米之炊，客户不够，业绩就出不来。遇到淡市，尤其明显。因此，在同一个售楼处或中介门店，同样的房子，同样的价格，我们总是看到有些人业绩优秀，有些人则平平，除了专业水平的高低，导致业绩差异的最重要的原因就是客户资源的多寡。就像我们在本书第1讲中所说，职业选手与业余选手之间的区别不在于能否当上一次销冠，而是业绩发挥的长期稳定性。遇到淡市，决定销售业绩稳定的最重要的因素（没有之一）就是手里是否有稳定的客户资源。

如果说在3.0时代以前，评价一个销售人员水平高低的最重要的指标是“成交意识”，那在4.0时代，评价的指标则变成“营销意识”，有“营”才有“销”。3.0时代的销售人员可能只需干一件事——成交，4.0时代则必须干七件事，成交只是最后一件，前面的六件都为之做铺垫。这就好比“猎人”和“枪手”的区别，猎人最重要的本领是寻找猎物、引诱猎物，瞄准只是最后一个环节，如果只会瞄准，只能叫作枪手。

仅仅当一个猎人还是不够的，猎物打死则不可再生，而客户则是可以再生的。要想销售结果最大化，我们需要了解博恩·崔西提出的“资金树”和“农夫”概念：

> 资金树概念的意思是指你把每个潜在客户都看作是潜在的资金树，每棵树都有不同的分支可以导向更多的销售和推荐机会。……你现在就可以爬上你资金树的某个分支。在资金树上，每个销售都能带来其他的销售或者推荐信，你可以给那些同样情况的客户，或者同一个客户重复销售。
>
> 农夫概念是什么意思呢？你看待销售的方式与农夫看待土地的方式是一样的。你要耕作、准备、种植、播种、浇水、施肥、除草、开拓、收获，并且年年如此。……像农夫一样对待你的市场，要求你把整个市场都看作是你潜在销售和潜在收入的区域。你做的每件事都是使你在市场中能销售越来越多的产品。①

一句话，敏锐的猎人+精明的商人+勤劳的农夫=4.0 时代的职业经纪人，寻找、管理和兑现客户资源，也即构建自己的人脉资源，是 4.0 时代的职业经纪人日常必需的工作内容，也是最重要的必修课，没有之一。

职业经纪人如何构建人脉网络，英国的人脉女王希瑟·汤森德提出了“人脉五步法”——目标、审视、寻找、建立、保持。② 我们根据房地产行业的特性，对这“五步法”进行了修正，如图 8-1 所示。

图 8-1　人脉五步法

目标

构建人脉网络是一件困难的事情，人脉之旅意味着你要走出自己的

---

① ［美］博恩·崔西．路言春，译．博恩·崔西销售圣经［M］．北京：化学工业出版社，2013：68-70.

② ［英］希瑟·汤森德．张大志，张菲菲，译．人脉：构建人际网络，拓展商业机会的行动指南［M］．北京：中国人民大学出版社，2017：223.

舒适区，强迫你面对自己所恐惧的事情。如果脑海中没有明确的目标，不知道终点处会有哪些收获，我们就很难坚持下去。试想一下，如果没有目标，你能否坚持做以下事情：

- 在售楼处辛苦工作一天之后，晚上还要去参加社交活动；
- 定期在网上写文章、发帖、回帖；
- 拿起电话与有段时间没联系的朋友沟通；

明确自己的目标并且能不偏离它，你自然就比其他人跑得快一些，比如以下构建人脉目标计划：

- 6 月 30 日前完成 100 个 A 级联系人的建档，建档完成后，每月至少要和其中的 10 人见面一次。
- 每月底整理当月成交和转介绍记录，将有成功转介绍的客户记为 A 级联系人，并把关系维系到 3 级以上。
- 每周要从自己的人脉网络中产生 28 组有效客户电话，新客户电话来源于五个途径：客户介绍、亲友推荐、猎犬计划、异业联盟、网上登记；五条渠道每天共开发 4 组新客户，当天晚上下班前盘点，某一渠道未达成目标，第二天在其他渠道补上，确保完成。
- 本月 25 日前完成所有客户访谈的资料整理，月底前找出三个新的在线网站或者线下活动场所，在那里寻找目标客户。

对于销售人员来说，人脉建立得好，客户资源自然增多，成交就是自然的结果。因此，构建人脉网络的第一步就是把目标写下来，并至少告诉三位朋友你的目标是什么。

审视

许多人都意识到建立人脉网络的重要性，事实上，我们每个人都有自己的朋友圈，但一个严重的问题是你有一个已经存在的人脉网络，并不意味着你能有效运作。大多数人都认为，建立人脉网络就是简简单单地找朋友、家人，以及认识的那些熟人，然后说："我需要你的帮助！能否帮我推荐一下买房的客户？"通常情况下，对方可能回应："行，等我有朋友要买房，我会告诉你。"当然，结果大都是再也没有下文了。

美国前总统小布什的战略顾问鲍勃·比汀提出了一个"100/40 人脉法则"：

> "100"是人们建构起来的关键性的朋友关系网络，是具有战略性意义的关系资源，而不是一般意义的关系；"40"则是人们根据自身与周围环境列出来的属于自己的梦想、理想与目标的清单。①

这里面，"100"和"40"不是一个确切的数字，数字的大小不重要，它只代表了数量上的差异。如果人们有办法将"100"个人和你的"40"个梦想连接，也就是让"100"中的人脉资源，为你"40"中的梦想和目标服务，就会取得事半功倍的效果。鲍勃·比汀举了自己的亲身案例来说明"100/40 人脉法则"的重要性，他曾经建立了一个 5365 个人的数据库，也曾经尝试着每年联系 1000 个人，结果一研究却发现：5365 个人中只有 87 人为他提供了业务或者影响过他的生活。当发现了"100/40 人脉法则"的时候，他就集中精力与这"100 名单"保持交往与联系，在他们身上花更多的心思，至于其他人，顺其自然就可以了。

"100/40 人脉法则"强调了构建人脉网络过程中"审视"步骤的重要性。审视人脉网络最好的方法是画出"人脉树状图"（图 8-2），通过树状图对遇到的人进行分类，继而确认谁值得你投入时间发展良好关系。我们可以把自己的人脉分成三类：

A 类，与房产销售的目标市场关系密切，能马上帮你实现客户目标

---

① ［美］鲍勃·比汀．陈科科，译．人脉：关键性关系的力量［M］．北京：北京理工大学出版社，2011：46.

的人。比如他们会成为推荐业务的来源、介绍人或者新的客户。

B 类，与这些人相遇令人愉快，但是他们不能马上帮你实现自己的客户目标。

C 类，无法帮助你实现目标的人。

一个优秀的销售人员，每天的工作都是非常繁忙的，你需要让人脉网络聚焦于能给你带来最大回报的地方。绘制“人脉树状图”的最重要的目的就是发现自己的 A 类联系人，也即曾经给自己带来直接或间接客户的人。通过梳理，我们往往就会发现曾经忽略了那么多的 A 级联系人，然后要赶紧和他们建立联系、深化关系。A 类联系人将成为你人脉网络核心圈的成员，每月与新认识的 A 类联系人至少见面一次。至于 B 类联系人，至少三个月与他们沟通一次，不必打电话或者见面，线上沟通即可。

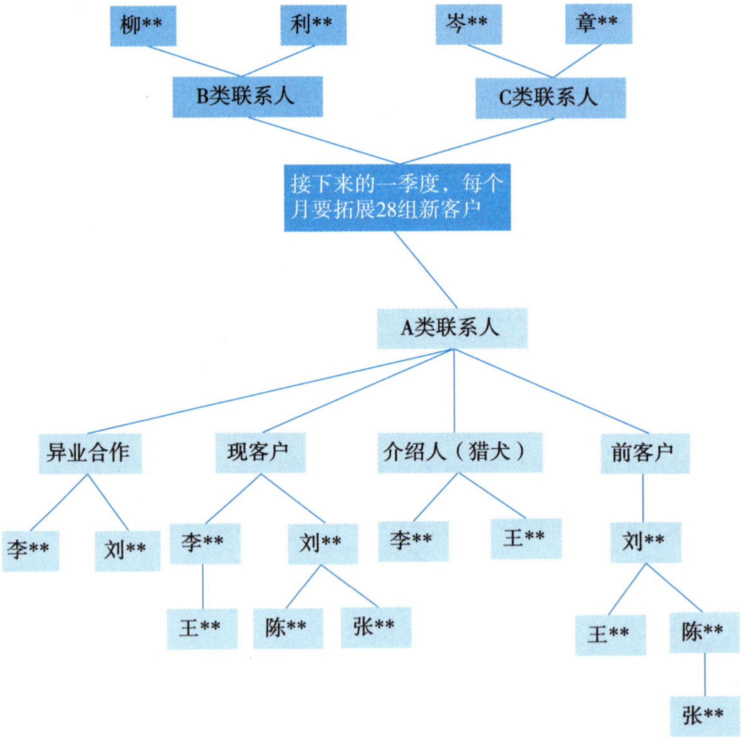

图 8-2　人脉树状图

画出“人脉树状图”之后，我们要特别着眼一类特殊人群，即“人脉节点”。我们很多人都有这样的经历，即有一天突然发现，身边的好多朋友都是通过同一个人介绍的，他好像总是能帮忙介绍朋友并好像认识每一个人。这个人就是天生的“人脉节点”，这类人比一般人在人脉网络中具有更大的影响力。他们拥有许多跨越不同行业、社会和文化圈的大型人脉圈，更重要的是，他们习惯定期向人脉圈中引入新人。畅销书作家、《纽约客》怪才格拉德威尔这样描述“人脉节点”的特征：

他是一位联系员，一个非常善于社交的人。……他既喜欢垂钓，也喜欢打猎；他既喜欢玩牌，又喜欢看戏；他经常光顾酒吧，又是一位成功商人。他活跃在当地的共济会，也是好几家入会资格要求严格的社交俱乐部的成员；他还是一位实干家。……一位“成为事件中心人物的不可思议的天才”。①

格拉德威尔在《引爆点：如何引发流行》中总结了三类人——联系员、内行和推销员，这三类人都是引爆流行的“个别人物”，也即人脉节点。他们都是一些具有建立社会关系的本能和天赋的人，他们不去过分主动进行社交，让人觉得他别有所图，更多时候，他们像一个旁观者，一个阅历丰富而且热心的局外人。他们乐于与别人在一起，而且采取了真诚而有效的方式。他们传播信息不为别的什么目的，而仅仅是出于助人为乐，有些时候甚至是近乎变态的助人行为。他们身上的朝气、热情、魅力可以焕发出一种强大的、有感染力的、不可抗拒的力量。

人脉节点首先是对人感兴趣，其次才是商业关系。不过，格拉德威尔发现真正的人脉节点非常稀少，大概只有 1‰。对于地产销售人来说，“人脉节点”可能并不陌生，每个售楼处都会发生一个客户给拉来

---

① ［加］马尔科姆·格拉德威尔．钱清，覃爱冬，译．引爆点：如何引发流行［M］．第四版．北京：中信出版社，2014：44.

十几个客户的传奇故事。一般来说，常见的人脉节点有以下几种：社群发起人、老乡会意见领袖、泛公务员单位工会主席或办公室主任、亲属中家族权威、企业高管、拆迁办工作人员、地缘性村长村主任、幼儿园园长等。顶尖的销售人员在实践过程中，对照一下上述典型特征，留意自己身边具备人脉节点属性的朋友，与其建立强联系。这类朋友可能并非你的 A 类联系人，但是他们凭借在人脉网络中的巨大影响力，可以把你介绍给你想认识的人。

图 8-2 中还有一类人，我们称之为“猎犬”，猎人打猎都带着猎犬，猎犬就是帮助猎人找到猎物，等猎人打到猎物，再帮猎人叼回猎物。这个“猎犬”是帮我们卖房子的人，可能是渠道人员，也可能是具有人脉节点属性的老客户。一个成熟的销售人员，手里如果能培养几个猎犬，销售就能事半功倍。

寻找

树立了人脉网络目标，又审视了自己的人脉网络之后，接下来就是按图索骥、扩大人脉网络的过程。我们要寻找三类人：理想客户、新的 A 类联系人、人脉节点。寻找的途径有线上和线下。

一、线上拓客：做微营销专家

在移动互联时代，绝大多数客户都会从网络上获取销售信息，因此，我们这里所说的“拓客”主要指的是线上拓客。一个优秀的销售人员必须知道目标客户经常出没的网络社区在哪里，客户进入项目的网络端口在哪里，进而判断在哪里可以截到自己的目标客户。线上拓客要求销售人员要成为一个“微营销专家”。所谓“微营销”，指的是以网络技术为基础的低成本、高性价比的精准营销模式，微博、微信、博客、微网站、App、论坛、在线社区、图片、百科和视频等都是实现微营销的工具。

“微营销”的第一个练习是训练嗅觉，专业销售人员必须有非常灵敏的嗅觉，知道潜在的目标客户会在哪里出现。要想培养灵敏的嗅觉，无他，唯勤奋尔！想找到客户出没的地方，你需要投入时间和精力进行研究。你要精心查找并确定目标客户经常出现的网站；还可以作为访客加入几个社交群组。另外，更重要的是，4.0 时代的职业经纪人针对自己的每一组客户（包括未成交客户）都需要做详细的访谈和记录，以下问题是必不可少的：

您第一次从哪里知道了我们项目？亲友介绍/路过/传统媒体/互联网？如果是互联网，哪个？

知道项目之后，您有没有上网进一步了解？如果有，您上了哪些网站？您在哪里看到了关于本项目的正面评论？有无负面评论？在哪？

您有了购房计划之后，有没有上哪些网站或者 App 去了解关于购房的专业知识或者加入某些社群？如果有，对您购房影响或帮助较大的社群、网站或 App 是什么？

您平时喜欢浏览哪些网站？您每天浏览朋友圈的时间占上网时间的比例是多少？

销售人员详细了解客户的上网习惯，定期不定期整理优质客户特点清单，绘制目标客户“网络地图”。经常做这些练习，对每种“猎物”出没的规律、习惯、爱好就有越来越清晰的了解，猎物在哪里，猎人也必聚在那里，捕捉到客户的踪迹后，赶紧潜伏过去。

具体到房地产销售，置业顾问有四种有效的线上拓客方式：微信加好友、问答平台、论坛平台、房产 App。我们举几个例子：

经纪人小刘坚持在知乎和百度知道、百度贴吧上浏览本地购房话题，经常发表一些关于购房的专业见解，有时也发起一些话题，然后进行回答，并巧妙地植入自己的微信号，久而久之就加了很多好友，这些好友有一些就成了他的客户。

在客户常去的本地购房论坛“口水楼市”上发布信息，并在签名档附上微信群号，置业顾问小李建立了一个 200 人的客户群，细心地维系，适时促进成交，光在这个群里就成交了 4 套别墅，35 套洋房。

置业顾问小张每天坚持在房天下、58 同城、安居客等二手房频道发布自己的新房源信息，坚持定时刷新，密切关注客户的浏览信息并记下他们的虚拟号码，这样每天都能接到几个客户的微聊，收集到几个电话，虽然成交率不太高，但长期坚持下来，积累的客户资源也非常可观。这些都是线上拓客的典型做法。

这里重点讲解微信加好友。

微信加好友是一种非常好用的拓客引流工具，具体操作有三点：加好友、朋友圈互动、微信群维系。

如何添加更多微信好友？除了常规手段之外，介绍六种好用的招数。

1. 多社交平台引流

可以在所有活跃的社交平台，如微博、QQ、人人网、知乎、美拍以及百度贴吧、本地房产论坛、业主论坛等留下自己的微信号，只要你乐于互动，喜欢分享，有趣有料，就会有很多人将你加为好友。

2. 亲友推荐

借助人脉节点或者亲友的推荐与口碑推广，快速吸引很多人来关注你。

3. 通过社群加好友

找到一个符合项目定位的准客户或者已成交客户，从他身上入手，打入跟他的兴趣、偏好、价值观等相同的微信群，一下子就能找到一群目标客户，进而以这个群为入口，通过了解与互动，找到更多定位相仿的群，具体做法如，使用 QQ 中的“附近的群”“兴趣部落”等功能进行检索，找到更多的群；参加线下活动，认识更多相关社群成员，请他们帮你引荐进群；平时在群里要很活跃，要积极地展示自己，让群里的成员对你有好印象，加好友的时候就容易通过。

4. 软文推广，借载体四处扩散

写关于购房的专业分析文章或者引用好文章，在里面巧妙地加入自己的微信号或二维码，然后发布到自己的微信公众平台、微博以及各大与地产相关的论坛和贴吧等，就会吸引很多人来加你，这是效果最好、目标人群最精准的一种方法。

专业文章可以发到微博里，很多第三方微博权重高，容易被百度收录且排名靠前，还可以被搜索相关关键词的客户看到；还可以尝试将软文内容散布到百度系产品里，如百度知道、百度经验、百度文库等，这样就更容易被使用百度检索项目信息的客户看到。

5. 线下引流

如果有机会多参加一些同学聚会、同行聚会、线下论坛、社团等线下活动，建立关系，要力争拿到他们的微信。平时在售楼处，哪怕是随便看一眼的客户或者停留几分钟就走的陌生客户，不管成交与否，都一定要想办法加上他的微信，这样未来就多了一分潜在推广和交易转化的可能。当你去拜访一个渠道关键人时，目的是想让他帮你带客户，该渠道关键人表示对项目感兴趣，有机会可以推荐，菜鸟销售会到此为止；但聪明的销售却懂得从线下引流，先加上他的微信，再用礼品开道，借机渗透进入他的社群以获取更多目标精准的资源。优秀的销售人员懂得整合自己线上、线下的资源，让自己在同样付出的情况下收获更好的结果。

6. 用奖品换好友

借助项目发起的创意活动，比如集赞领奖，也可以起到用奖品换好友的效果，虽简单，但有效；再比如找到一个经常给某写字楼送外卖的小哥，通过他给该写字楼的客户赠送一份小礼品，并通过进一步的奖品申领流程要求他扫置业顾问的二维码加为微信好友。

上面介绍了六种加好友的方法，相信只要勤加实践，你很快就会拥有 2000+的好友。加了好友之后，在朋友圈和微信群里的维系和互动也非常重要。加好友只是销售的开始，要实现转化，要做的不只是密集发送卖房推销信息，而要做个招人喜欢、让人信任的人。如何在线上维系客户，我们介绍五个技术要点：

1. 信息备注，精心分组，做好人脉管理

好友数量一多，就需要根据上一讲提到的“人脉地图”方法进行梳理，通过朋友圈和其他途径了解对方，观察互动的活跃度，据此分出 A、B、C 三类，备注好信息，用标签分组，重要的 A 类联系人和人脉节点用重点星标法和 VIP 置顶法来标注，甚至单独拉到一个群里，加强联系。

2. 得体互动

与好友之间的互动必须得体优雅。具体做法有，不要群发、杜绝骚扰、红包先行、评论点赞、多平台覆盖等要求。这里重点讲最后两点。

①评论点赞，重点关注重要联系人，争取成为第一个为他点赞的人，如果能给出真诚有趣的评论，效果最佳。如果好友很多，可以利用朋友圈的搜索功能，输入自己转发的文章标题，单击搜索就可以看到哪些朋友帮你转发了，此时要赶紧去点赞表示感谢。②多平台覆盖，指的是由一个点慢慢延伸到其他平台，只有在任何互动平台都能看到你，大家才会觉得你是熟人，这是做好情感营销的基础，做好了情感营销，才具备随时交易的可能。

3. 加入社群，在群体中做连接

社群的后期维系与运营很关键。如果只是在群里发推销信息的话，

那这个群很快就会名存实亡。运营好一个社群，要做到以下四点：一是要制造足够多的成员感兴趣的话题，让群里热闹起来，话题不要功利，可以脱离开买房的话题，比如聊一聊出游的事情，增进成员感情；二是借助社群领袖的力量，寻找一些活跃度高、有影响力的成员，同他们开展合作，借他们之手发布及传播营销信息；三是建立社群激励机制，除了发红包、礼品之外，成员的自助激励也很重要，比如将社群从线上导入线下，在条件允许的情况下多开展线下活动，建立自己的圈层，找到志同道合的朋友；四是真诚沟通，热情服务，在置业顾问建立的业主群里，如果能有高层领导实名发言，实时响应大家的话题，并真诚解决问题，这样会大大增加社群的凝聚力。

4. 朋友圈里发广告有技巧

朋友圈里发广告要注意四度：软度、准度、角度和热度。

软度指的是发广告不能太生硬，即使说销售或产品信息，也不一定要发硬广，比如，可以结合自己或客户的经历说项目故事。

准度指的是对症下药，比如针对刚需、改善和投资客三种不同的需求，要发不同的销售信息，同时，在发朋友圈时选择分组，指定不同的人群观看，推荐合适的内容给合适的人。

角度指的是要站在潜在客户的视角组织内容，条条角度向推广，不要只发布推广信息，个人的生活状态、工作状态，比如拜访客户，在开盘或交房时与客户的合影以及背后的故事，都能引起朋友的好奇和关注，起到很好的效果。

热度指的是将热点作为传播载体，比如热点新闻、热传段子、视频等都可以让自己的产品与之发生碰撞，为自己所用，让你要发布的内容插上翅膀，引爆朋友圈。热点的选择可以打开微博热搜榜或者百度搜索风云榜。

5. 专业形象，才是最强的武器

在人脉圈，你的专业性才是最大的武器。有条件的销售人员还可以创建自己的博客、微博、微信公众号，这样可以树立个人的业内专家形象，提高你的知名度，建立自己的超强信誉，自然就可以带来更多的销售机会。任何一个人肯定都是想把朋友推荐给一个靠谱、专业的销售人员，你足够专业，他肯定第一时间会想起你。在博客里，你需要做的是写出高质量并值得深思的文章，而不只是博客链接或转发。博文可以围绕三个方面撰写：目标客户想看的主题、关于客户的案例研究、可以促使客户采取行动的内容。你需要定期更新内容，更新的博文链接同步在微信公众号、微博上；在在线论坛里回答问题时，加上你的博文链接；在邮件或者论坛签名里加入博文链接。如果你能通过分享专业知识帮助他人，那么就可能被商业论坛版主推荐，慢慢影响力越来越大，就会有更多的客户来找你。

除了撰写专业文章之外，有意识地建立自己的个人品牌也非常重要。撰写一个专业的自我介绍并确保信息的一致性，比如在不同网站介绍时，使用同一张个人照片；分享一些与客户互动的有价值的内容，比如交房时与客户的合影、客户给你的证明信等等。

还有一些销售人员去建立自己的微信和 QQ 群，经营自己的“圈子”。建圈子的一个重要原则是：真正有用的人脉不是“你需要”的人而是“需要你”的人。建圈子的目的是卖房，你需要圈里的每个人都来买你的房子，但如果你的圈里只有推销信息，很快这个圈子就会名存实亡，虽然你需要别人，但你首先应该做的是让别人需要你，如经常传递一些“内幕信息”，经常帮助圈友分析讲解地段、户型、项目优劣，以利他主义精神为潜在客户传道、解惑，慢慢你这个圈子就会越来越火爆起来，自然就会给你带来收益。

作为一个微营销专家，我们要像人脉节点一样行动，首先是提升影响力，让自己更容易被发现，被找到，要更关注对人的了解，而不是推销。

1973 年，美国著名社会学家马克 · 格拉诺维特出版了成名作《弱连接的力量》。他发现，在找工作中，真正有用的关系不是亲朋好友这种经常见面的“强连接”，而是“弱连接”，因为那些关系并不是很密切的朋友反而更容易突破你现在的社会关系网，他们有更多的途径来帮助你联系到更多的人，提供更多的潜在工作机会；而那些最亲密的朋友，他们的社交和你自己的非常接近，反而难以提供更多的机会。网络的优势就在于能激活“弱连接”的力量，把不同社交圈子连接起来，从圈外给你提供有用的信息，因为人脉的关键不在于你认识多少熟人，而在于你能接触多少熟人之外的人。

二、线下拓客：寻找 A/B 类联系人和人脉节点

在销售实践中，我们还经常会碰到两种情况，线上拓客效果是不佳的。一种情况是较落后的三、四、五线城市，客户相对上网不多；第二种情况就是顶豪类产品销售，这类客户处在社会的金字塔尖，你很难从普通网络入口找到他们的踪迹。这时，线下拓客就显得非常必要。当然，除了这两种情况，正常的项目，销售人员同样需要整合自己的线上、线下资源，让自己在同样付出的情况下能收获更好的结果。不同于房地产公司专门渠道队伍的线下拓客，4.0 时代的职业经纪人的线下拓客，其主要任务是寻找 A/B 类联系人和人脉节点。

寻找的技巧还是按图索骥，销售人员必须分析项目典型客户，列出典型客户的特征清单，因为这是选择最佳 A 类联系人的关键。典型客户的特征清单包括家庭住址和工作单位、行业分布、职位或者头衔、工作之外的爱好和兴趣、客户的行为习惯和个人网络。你可以写下每一件你知道的有关典型客户的事，并思考哪些人已经与他们建立了良好的关系？他们经常会出现在哪些线下活动场所？有时，你可以观察别人是怎么做的，比如你的竞争对手和同行经常在哪儿出现？

另外，很重要的是，再次审视自己现有的人脉网络，看看谁能帮助你实现目标，或者把你介绍给能提供帮助的人。你可以在家人和朋友中选三个人，告诉他们你的商业目标并问他们知道谁可以帮助你。

寻找并扩大人脉网络是需要花费时间和精力的，树立一个目标，然后全力付出，争取去完成它。

建立

找到 A/B 类联系人以及人脉节点之后，接下来的关系建立非常关键，关系到位了，客户自然会帮你。正如希瑟·汤森德指出的：

许多人在人脉网络中主动示好的时候往往也是他们想要索取某些东西时，比如面对新工作或者新客户。但是这太晚了，所有与核心人脉持续而牢固的关系都建立在信任的基础之上。类似关系不会奇迹般地出现在第一次或第二次相遇上：它们需要时间来建立。①

汤森德通过研究指出，人脉的构建和投资的最好时间是 6 个月。如果你需要调用它们，那么意味着你至少在 6 个月之前就要开始建立和投资。成功的人投入时间建立和培养自己的人脉网络。汤森德用了一个“5 级人脉关系模型”（图 8-3）来给人们的关系分类：

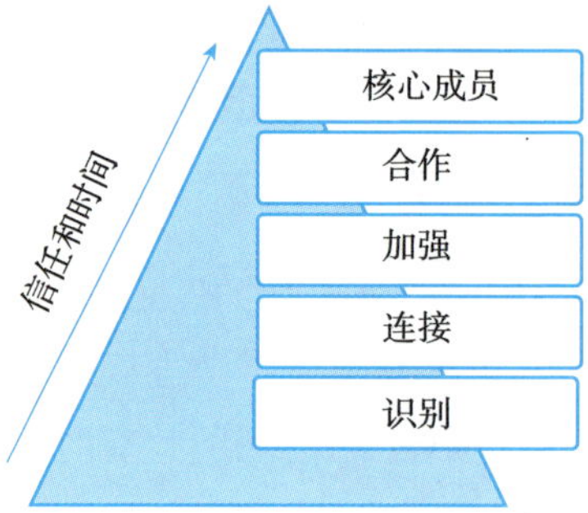

图 8-3　5 级人脉关系模型

① ［英］希瑟·汤森德．张大志，张菲菲，译．人脉：构建人际网络，拓展商业机会的行动指南［M］．北京：中国人民大学出版社，2017：10.

第 1 级：识别；你已经知道对方。

第 2 级：连接；你已经与对方建立联系，无论是线下还是线上，已经开始了一对一或者一对多的沟通。

第 3 级：加强；你愿意采取有意识的决定来加强同对方的关系，而不是简单的对话。这意味着你要花时间与他们进行一对一的沟通，无论是见面还是在电话中。

第 4 级：合作；这个级别双方已经通过业务推荐互相帮助，并积极寻找下一合作的机会。

第 5 级：核心成员。你们有项目合作，定期不定期推荐对方的服务，双方的关系已经由纯商业关系转变为私人朋友。

对于房地产销售来说，客户第一次来电，销售人员和客户处于 1 级关系水平；客户到访，变成 2 级关系；可惜的是，很多已经成交的客户，都止步于浅层次的 2 级关系。其实，正确的做法是，只要是已成交客户，都需要有意识地进一步加强关系，往 3 级以上走；如果发现客户是 A 类联系人，就需要进一步深入关系，建立第 4 级合作关系与第 5 级核心成员关系。除了客户之外，进入猎犬计划的渠道关键人，只要是 B 类联系人以上，人脉关系就必须达到 3 级以上。

建立 3 级关系是一个重要的里程碑，客户吸引了你，你决定去加强关系。这时，你往往需要提供“非凡”的客户服务。想靠口碑不断得到新业务，只向客户提供好的服务是不够的，你要提供非凡的服务：

> 他们将这些客户视为朋友，他们肯花时间去思考这些“特别的 100 位客户”，并时刻准备着为客户做些本职以外的事情。他们有三字真言“是，我能！”他们无所不帮，如客房安排、车子安置、餐饮、照看孩子、保管贵重物品，甚至还帮忙筹划结婚典礼、生日聚会或者其他庆典

活动。他们将这些“特别的 100 位客户”视为上天赐予的礼物。[①]

非凡的服务包括三个层次：

第一个层次：常态化的品牌关怀，做到全方位、制度化。

在业内，很多大公司都有针对客户的五星分级，分为 1 星来电客户、2 星到访客户、3 星普通成交客户、4 星高端客户、5 星忠诚客户，可以分别对应上述人脉关系模型的 1—5 级。比如，针对 3 星普通成交客户，需要加强关系，有制度化的十项增值服务，包括认购礼包、签约礼包，客户升级及社团划分，业主活动邀约，生日问候，销售回访（3 次销售回访，即签约后一个月、半年、一年三个节点，询问客户满意度及告知项目信息，包括工程进度、新推产品和老带新政策等），重大事件的短信告知，天气预报短信，每季度或半年邮寄物料（会刊、客户通信、小礼品等），大型业主答谢活动；针对 4 星高端客户，除了上述十项服务，还有每两月一次的圈层服务，比如生日会、沙龙、酒会等，这就是建立“合作”关系；针对 5 星忠诚客户，要再增加六项服务，包括推荐转天完成推荐回礼、推荐成功后短信确认回复（您将得到什么奖励）、每年一次忠诚客户旅游（按照成交金额排名，原则上不低于推荐总人数的 20%）、每月一次忠诚客户生日会、每半年一次客户答谢酒会、每季度一次礼品寄送，这就是发展核心成员关系的具体方法。

除了客户之外，还有二手房经纪人和其他渠道关键人，都需要你去建立常态化关怀。比如，针对中介经纪人，除了经济激励之外，日常礼品及人性化维护、建立申诉机制、及时表彰、树立典范、邀请他们来售楼处培训、开辟入职晋升通道等营造尊重感的手段都是必需的。其他渠道关键人的关系维系，要做到维护情感化、激励频繁化、兑现快速化。

第二个层次：以负责到底的态度为客户及关系人排忧解难。

---

① ［美］鲍勃·比汀. 陈科科，译. 人脉：关键性关系的力量［M］. 北京：北京理工大学出版社，2011：153.

一个优秀的销售人员要成为客户的排忧解难者，并以负责到底的态度帮助客户处理各种问题，他们都懂得花一点时间来了解客户，帮助他们分析所面临的困难，找到有创意的解决办法。有的销售人员只做容易做的生意，碰到有难题的客户就想放弃，比如房地产销售过程中，最常见的问题就是客户的首付不够，客户的征信不良，无法办贷款，这时候销售人员都应该竭尽全力去想办法。正如罗伯茨所说：

真正的销售人员是在客户状况不确定的情况下依旧能够帮助他们成就好事的人。①

不但在销售过程中帮助客户排忧解难，在准、磨、稳、老四个生命周期中，客户遇到了任何问题，优秀的销售都懂得"负责到底"，虽然这时的责任已经移交到了物业公司或者客服部门，销售人员作为客户在楼盘认识的第一个人和最亲密的合作伙伴，必须牵头帮助客户，找到相应的责任人，直到把问题解决为止。

不仅是客户，针对二手中介及其他渠道关键人也同样如此，要积极帮助他们争取利益，解决问题，遇到下单、撞单的时候更要积极协助他们去申诉，这些都能赢得他们的信任和忠诚。

值得注意的是，在客户的四个生命周期②当中，开发企业出现的每一个"瑕疵"对销售人员来说都是一次机会。销售人员要学会以"建设性"的方法去面对这些瑕疵，以乐观、健康、自信的心态做一个善于利用错误的机会主义者。很多研究表明，满意度和忠诚度最高的顾客并不是那些享受到"无缝服务"的客人，而是遇到了服务问题却被员工立即改正错误，为他们进行了相关处理的客人。因此：

你可以用个性化的方式来纠正错误，充分贴合对方的需求，把纠正

---

① ［美］拉尔夫·罗伯茨，乔·克雷纳克．兰渊琴，译．我是房产销售冠军［M］．北京：中国人民大学出版社，2013：65.

② 融侨地产总结的客户的四个生命周期是准业主、磨合期业主、稳定期业主、老业主。

错误变成一次令人满意的体验，从而获得一个人人都满意的结果。看来，正是对错误的独特又量身定制的反应，让受众获得了一种收到个性化礼物或定制式服务般的体验，这反而能让犯错的人因祸得福，拥有更强大的影响力。简而言之，在商界，“零错误”反倒不如“及时改正错误”好。①

处理瑕疵是提供非凡服务的最好机会。比如某项目约定的交房日期推迟三个月，有对客户已经订好了婚礼日期，要等着新房结婚，为此懊恼不已。销售人员了解到情况之后，跟领导申请，将项目的景观示范区开放出来给客户举办草坪婚礼，公司上下还给婚礼筹备提供了很多协助工作，婚礼当天的宴会酒店因为是房产公司的战略合作酒店，还给打了一个大折扣，远远超出客户的期待，结果这对客户成了项目最坚定的支持者，婚礼当天就有好几对亲友当场认购了该项目。

第三个层次：时刻准备着做些本职以外的事情。

幸运的是，只要多从客户角度出发考虑问题，非凡的服务并非难以实现。比如：手头随时预备充电宝，这样客户在与你沟通时可以给他们的手机充电；在办公室准备伞，以便下雨时提供给客户；关注客户的饮食偏好，提供他们喜欢的热饮和零食；给客户寄生日卡；你还可以建一个供应商信息库，把客户需要的服务项目收集起来，这样就可以给客户推荐可信的服务；你还可以邀请一小群客户过来吃顿午饭，然后开个小型餐会，探讨一下经济形势变化，或者你的项目怎样才能满足他们的需求，这样一个连带的好处是，客户之间形成了一个社交网，而你是搭建网络的英雄。总是跟客户出现在同一个圈子会拉近你们的关系，这样会建立起信任和忠诚。总之，建立健康关系的关键在于，你要给予对方应有的关注。就像孩子一样，在他们心里，“爱”就等于“时间”，孩子

① ［美］史蒂夫·马丁，等．苏西，译．细节：如何轻松影响他人［M］．北京：中信出版集团，2016.

真正感受你的爱，是在你拿出时间陪伴他们的时候。

这里要强调的是，如果你连基本的客户服务都做不好，就试图提供非凡的客户服务，那是在浪费精力。曾经有学员咨询笔者一个问题，说不敢给客户建群，担心客户在群里起哄、闹事。确实，社群营销属于非凡服务的范畴，如果连基本服务都做不好，是没有条件进行社群营销的。

针对重要的联系人，有必要的时候，可以制定一个关系计划（表 8-1）。你需要思考关于此人你了解多少细节，你还想了解什么，他需要什么，为了增进关系，你可以为他做些什么。

表 8-1　人际关系计划表

姓名	李小寒	微信号	123456
手机号码	13912345678	微博	abcd
邮箱	123456@ qq. com	家庭地址	长安市北大街 1 号
身份	幼儿园主	公司	春天幼儿园
联系频率	朋友圈 & 微博每天浏览、互动，微信几天联系一次		
目前关系以及期望达到的水平	目前 3 级，期望 5 级		
她的目标	未来两年幼儿园的孩子增加到 200 人以上		
工作之外的爱好	瑜伽、健美操		
家庭情况	已婚，两个孩子，男孩 10 岁，女孩 6 岁		
你还想了解什么细节	她两个孩子的生日以及就读学校、幼儿园家长集中的居住区域		
什么内容是她需要我提供的	介绍客户的孩子去她幼儿园，介绍一起跳操、练瑜伽的小伙伴		
我的期望	幼儿园的家长是项目的目标客户群，可以发展她为“猎犬”		
关系的下一步进展	安排自己客户中有相同爱好的适龄妈妈一起去幼儿园拜访		

针对每位 A 类联系人，标明你与他们之间的关系状态。你与他们之间的关系是几级？你需要做什么加强双方的关系？比如你可以做一个“10 人握手计划”，即每个月与至少 10 个对自己或者业务有帮助的朋友见面，做完计划，坚持实施，回报只是附带的结果。

要想建立并加强关系，我们就要学会像人脉节点那样地思考。成功的人脉节点总是不断为他人寻找机会，汤森德的建议是：

巡视你的人脉圈，快速确定两个存在共同利益的人，马上采取行动促成他们之间的合作。看看自己的客户名单，确定你最优质的 10 位客户，弄清楚这些客户想认识你人脉网络中的哪位朋友，然后为这 10 位顶级客户在一个月之内实现一次有益的推荐。①

帮助客户作高质量的引荐，你可以以自己为中心建立起一个圈子——因为你在不停地结识新朋友——通过介绍他们彼此认识来帮助他们。如果你有这种付出者心态，业务机会就会紧随而来。因为那些尽力为朋友寻找最珍贵机会的人可能也是通过相同方法找到最多机会的人。

保持与兑现

建立了关系之后，如何保持与这些人脉的沟通联系非常关键。没有定期沟通，人脉关系将失色。

具有“美国房产经纪第一人”之称的拉尔夫·罗伯茨有一个工作习惯叫“强力一小时”，即每个工作日中都用一个小时打 100 个电话，电话的内容主要是问候近况，然后可能会提及他记录的细节，比如结婚周年纪念日，或是他们孩子的生日，电话的内容并不那么重要，但是永远不要谈生意，只是提醒他们你还在那里，而且还在想着他们；打电话的对象有以前的同事，还有同行，也有可能是遍布全美的团队领袖，当然还有客户。“强力一小时”的目的是提高你的“第一时间知名度”，也就是当你的人脉网络中有个机会时，人们第一时间想到的人。根据“250 法则”，每个人都至少认识 250 个人，他会向这些人谈起你。

太多的销售人员都没能充分利用那些对服务感到满意的客户的潜

① ［英］希瑟·汤森德. 张大志，张菲菲，译. 人脉：构建人际网络，拓展商业机会的行动指南［M］. 北京：中国人民大学出版社，2017：193.

力。他们投入大量的时间和精力让客户满意，然后却失去了与这个客户的联系，就这样白白地将曾经巨大的投资扔掉了。结果，他们只好花时间和精力不断地寻找新客户。要记住，你已经赢得了每一个对你满意的客户的尊重。客户可能不知道如何感激你，所以你要给他们提供感谢你的最佳方式，那就是把客户往你这里推荐。

令人遗憾的是，客户通常会忘掉即使是最佳的购买体验。通过“强力一小时”，你会给他们一个小小的提示，让他们头脑中永远有一个鲜活的体验记忆。当这个客户跟某个需要购买你所销售产品的人沟通时，他或她会毫不犹豫地推荐你。①

罗伯茨的“强力一小时”确实戳中了行业的“痛点”。目前在业内，交易结束后、项目销售期内还能与老客户保持个人互动的估计不超过30%；项目销售结束后或者销售人员跳槽后能继续与老客户保持长期个人互动的恐怕1%还不到。但实际情况是，能有意识地将客户（包括未成交客户）当成资金树，能长期有意识地进行人脉资源管理，刻意记录下客户的生日纪念日、喜好、消费习惯、家庭成员信息、子女生日、考学等信息的销售人员，肯定都是各个公司的顶尖销售、金牌经纪人。正如汤森德所说：

在人际交往中，忽略后续跟进可能是最大的错误。没有后续跟进，你之前所有的努力都会变成浪费时间的行为。②

除了定期沟通联系之外，你还需要定期去衡量人脉的有效性，以便及时去调整行动方向，督促自己去实现既定的人脉目标。衡量人脉的有效性可参考以下指标：A 类联系人中与你关系处于 3 级以上朋友的数

① ［美］拉尔夫·罗伯茨，乔·克雷纳克．兰渊琴，译．我是房产销售冠军［M］．北京：中国人民大学出版社，2013：60.

② ［英］希瑟·汤森德．张大志，张菲菲，译．人脉：构建人际网络，拓展商业机会的行动指南［M］．北京：中国人民大学出版社，2017：123.

量；目标市场中，你有多少线下当面沟通过的朋友；你通过人脉网络获得多少业务额，这些业务来自哪些朋友；人脉网络中帮助你结识新朋友的都是谁。

已经找到了客户，维系了客户，现在是客户资源兑现的时候了，也就是我们前面所说的“资金树”的概念，你已经找到了主干，现在要从主干导向更多的分支，从而带来更多的销售机会。由老客户不断延伸，老的成交带来新成交，新成交又带来新成交，子子孙孙无穷匮也，这就是“无穷链销售”。

具体到房地产销售中，启动“无穷链销售”有三种办法：交叉销售、升级销售、转介绍。

交叉销售是在同一个客户身上挖掘、开拓更多的顾客需求，而不是只满足于客户某次的购买需求，横向地开拓市场。对房地产来说，交叉销售一般指同一个项目中的互补性产品：和当前产品并没有竞争性，但是具有补充性质，如果客户一起购买会让当前的产品得到更大的价值。

交叉销售在房地产销售中有很大的运作空间，目前业内也有零星的应用，但都没有系统性和计划性。比如一个普通商住项目内，可能会有住宅、小户型公寓、社区商业、地下车位、地下储藏间等几条产品线，有些项目仅住宅就有别墅等大户型和小户型普通住宅等两个类别，这就给交叉销售带来很多的可能性组合，比如住宅+小户型公寓，住宅+社区商业，社区商业+公寓，住宅+地下车位，住宅+地下储藏间，社区商业+地下储藏间，别墅+小户型等。项目最有利的销售姿态是在开盘前就做好“交叉销售计划”，比如开盘前认购住宅，5 万元认筹送 3 万元车位抵用券；大户型再加 1 万元就可以送一个价值 5 万元的储藏间；买商铺送公寓；买别墅送小户型等等。这里面要强调的两个技术要点是：

第一，交叉销售要求 1+1<2，两种互补性产品一起买必须比单买合算，要把这其中的价值感充分体现出来才能双赢。销售人员在销售过程中，要充分挖掘客户的多样化需求。比如客户除了居住以外，有无投资

需求？如果有，社区商业、小户型公寓甚至地下车位都是不错的投资产品。除了居住之外，停车呢？买社区商业做生意，需不需要额外的库房？那买个另外的储藏间最合适。小户型住宅收纳空间不够，可不可以另外再买个储藏间，就把问题解决了，还帮客户省了一大笔钱。买了大户型，父母或者保姆住在一起不方便，是不是可以另外买一套小户型？如果可以问题不就很好地解决了。因此，提前做好捆绑促销计划，留出优惠空间，往往会有意想不到的收获。

第二，注意节点和计划性。在业内，常见的情况是，一个项目住宅基本都卖完了，最后剩下的都是社区商业、地下车位和储藏间，其实利润往往压在这些附属产品上面。大部分项目后知后觉，等住宅销售接近尾声的时候再来卖附属产品，这时候，售楼处人气不旺，连销售人员可能都换了一茬，原来的老客户关系不在，销售难度无形之中就大了很多，到后来降价都不好卖。其实，这些附属产品包括社区商业都应该在前期开盘人气最旺的时候开售，或者在前期送优惠券为后期开盘埋下伏笔，前期优惠给得再多都比后期降价没人要合算。因此，开盘前，项目就应该做好完善的“交叉销售计划”。

升级销售和交叉销售有些类似，但后者基于横向拓展，前者则侧重于纵向拓展。升级销售基于“终生客户”价值理念，企业通过品牌与服务，留住客户，让客户不断购买他们的升级产品。比如客户购买了一期的住宅，后来二期、三期的升级版出来就会有置换或者重复购买需求；还有客户在这个城市买了该开发商的项目，也可以购买同一开发商在同城或者另外城市开发的升级项目。针对这种情况，就可以制定“升级销售”策略，向老客户销售这些升级产品。

“无穷链销售”的第三种办法是转介绍。要想时常从现有的人脉中得到推荐的机会，汤森德总结了一个 SERVICE 推荐框架（图 8-4）。

SERVICE 代表如下含义：

- Specific（具体明确）；

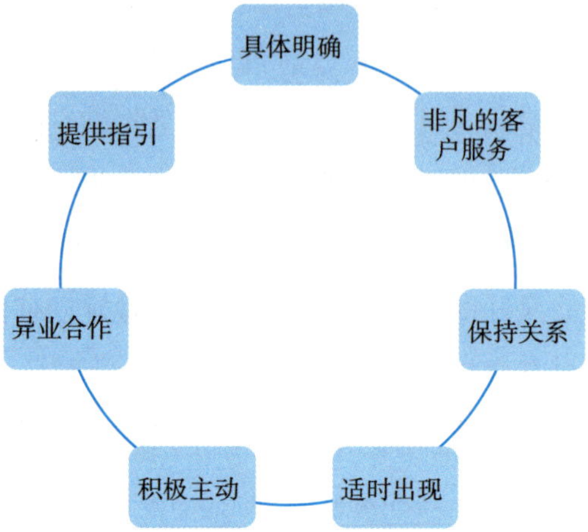

图 8-4　SERVICE 推荐框架

- Extraordinary client service（非凡的客户服务）;
- Relationships（保持关系）;
- Visibility（适时出现）;
- Initiative（积极主动）;
- Collaborate（异业合作）;
- Educate（提供指引）。

（一）具体明确

为了得到更有价值的推荐，你需要在你的人脉网络中明确自己的定位，你的项目是面向哪个层次的客户？是顶豪、普通豪宅、刚改、刚需还是投资产品？你是为刚需大众服务还是为少数富豪服务？你的定位越具体精准，得到的推荐也越有价值。定位不但要明确，而且还要让你的人脉知道。顶尖的销售人员还懂得在这个过程中逐渐塑造自己的个人品牌，你的个人品牌越鲜明，在别人心目中的印象就会越深，也会得到越多的推荐。

（二）非凡的客户服务

上面提到了非凡服务的三个层次：全方位、制度化的品牌关怀；以负责到底的态度为客户排忧解难；时刻准备做些本职以外的事情。

（三）保持关系

前面提到，来自诸如 A 类联系人的核心朋友关系将为你提供大量有价值的推荐。对于 A 类联系人，需要根据“5 级人脉关系模型”来制订计划，与他们保持良好关系。

（四）适时出现

无论是线上还是线下，在正确的地方都是得到业务推荐的关键所在。要密切观察你的 A 类联系人的动态，适时出现在他出现的地方。

（五）积极主动

客户买完房，如果对你的服务足够满意，我们就可以要求他介绍亲友来买房。每个客户身后都有他的亲友，这些都是我们的潜在客户。通过成交客户的转介绍，可以不断地开发出新客户。每一个老客户都转介绍几个新客户，每个新客户再转介绍更多的新客户，这样就形成了无穷的销售链。

在房地产销售中，每个项目都有老带新，但一般都是“姜太公钓鱼”，售楼处出台一个老带新优惠政策，销售人员再传达给老客户，客户愿意就带，不愿意就算了；或者有些销售不去主动提出“转介绍”的要求，担心对方会不舒服，因此，老带新的效果因人而异，有时会大打折扣。其实，在保险等行业，对转介绍有硬性指标要求，比如每个成交客户至少要有两个转介绍，转介绍率甚至计入绩效考核。这样就会促使销售人员积极维系好现有客户资源，服务超出客户的期待，只有满意度高的客户才能心甘情愿地转介绍；同时也锻炼销售人员要有要求客户转介绍的正确心态——不要怕麻烦客户；给他一个可以帮助我的机会。

要求客户转介绍既要积极主动，又不可表现出过急的心态，既可以销售结束后马上要求转介绍，也可以 3~5 天后打电话，提醒转介绍；或者 5~7 天后再次电话也可。得到转介绍名单后询问客户“我可以提您的名字吗?”，或者要求客户“先帮我打一个电话，好吗?”转介绍过程中要记得随时赞美、感谢客户。

（六）异业合作

看看朋友圈，谁是与你有共同客户，但是提供不同业务的专业人士。比如你有卖汽车、卖保险及理财产品、做美容美发、教育培训、高端休闲娱乐等行业的朋友，你们之间可以共享市场和客户信息。形成互信之后，可以加深合作，比如联合发布产品、举办营销活动、全面地互相介绍客户等。

（七）提供指引

如果想让人脉圈里的朋友成为自己的义务推销员，你需要明确告诉他们谁是你的目标客户，你要让朋友们能准确判断谁需要你的产品，你的目标客户具有哪些明显特征。

总之，所有的朋友推荐都来自非凡的客户服务，正如博恩·崔西所说：

> 你的思想在你周围创造了一个心理能量圈。当你对自己、对你的产品或服务感到积极乐观的时候，你会散发出一个积极的思维能量，这种能量会给你带来无止境的潜在客户、推荐人和销售机会。你对客户的服务越好，就会有越多的客户被吸引过来。一顺百顺，一通百通。你拥有

的越多，你得到的就越多。①

以上我们论述了客户资源拓展与维系的方法，这里要强调的是，以上方法说的不过是“术”，对于 4.0 时代的职业经纪人来说，更重要的是“道”。正如巴菲特的名言：“人生如滚雪球，重要的是找到很湿的雪和很长的山坡。”你只有认定了人生的方向和目标，看准了前方的道路，然后有一个长远的职业生涯规划，你才愿意投入长期精力去维系和管理人脉。在销售实践中，我们看到绝大多数销售人员都像鲍勃·比汀所说：

结束了对前 100 位客户的服务，他们开始将全部时间和精力放在下一批 100 位客户。这就像在一口油井里收获了 100 桶石油之后就马上关闭抽油设备，然后迅速开采下一个油井，尽管在第一口油井里还有更多的石油。②

因此，要想真正践行上述人脉的拓展与维系方法，做一个职业的选手，一个最重要的前提就是拥有清晰、长远的职业生涯规划。哈佛大学的爱德华·班菲尔德博士经过 50 年的研究得出一个结论：成功的人士都是具有长期时间观念的人。他们明确地以未来为导向，他们能想到未来 5 年、10 年、20 年的目标，并据此分析目前所做的选择和活动。

房地产销售不是吃青春饭，它是一个值得终生投入的优秀行当。随着增量市场到存量市场的过渡，从事新房销售的置业顾问过渡到二手房的房产经纪人是一个最自然的选择。在欧美发达国家，房产经纪人是一个高收入、受人尊敬的优秀职业，很多从业者白发苍苍，干了一辈子的经纪人。他们拥有丰富的生活阅历、精深的专业水平、敏锐的市场意

① ［美］博恩·崔西．路言春，译．博恩·崔西销售圣经［M］．北京：化学工业出版社，2013：30.

② ［美］鲍勃·比汀．陈科科，译．人脉：关键性关系的力量［M］．北京：北京理工大学出版社，2011：153.

识、翩翩的绅士风度，岁月的打磨反而平添了几分魅力，客户很自然就信任他们。

在浪潮汹涌的增量房时代过去之后，中国终将进入波澜不惊的存量房时代。事实上，在北上广深等一线城市，二手房的交易量早已超过一手房；并且，房地产市场的规律是，三级市场规模一旦超越二级市场，就会永远超越。以北京为例，自 2009 年开始，北京二手住宅成交量便开始超过新房；到 2016 年，北京二手房成交占比已经高达 74%。可以想见，未来的存量房时代，每年还会有庞大的交易量，对房地产经纪人还会有庞大的需求；并且，从收入水平看，房地产销售领域占领金字塔尖的一定是三级市场的职业经纪人，比如中原地产的金牌经纪人，年薪 500 万元以上的并不鲜见。如果手上有资源，有资金，眼光足够精准，成功晋级到职业的房产投资人，年入上亿元的也大有人在。

一句话，只要有人在，就有住房需求，就需要房地产经纪人。越职业的房产经纪人和投资人，数量就越稀少，收入越高。上海著名的职业投资人欧成效老师认为手法精悍而老练的职业投资人全国可能还不到 1000 人，因为：

> 职业房地产投资者是极为稀少的，看得透彻的人是极为稀少的，房地产投资的利润，注定是极高的。①

从置业顾问到房产经纪人，到职业经纪人，再到职业投资人，这是一个广阔的职业进阶；并且如前文分析，房地产销售这个行业是不容易被人工智能取代的优质行业，值得广大同仁为之奉献终生。

相反，很多房地产销售人员对自己的职业生涯没有一个长远规划，一遇到淡市，业绩不好，往往就草草退出，“出轨”到其他小行业，结果不如意者十之八九，非常可惜。没有长远规划，按照一锤子买卖的短

---

① 欧成效．中产阶级如何保护自己的财富［M］．北京：中国友谊出版公司，2017：129.

视思维，自然谈不上“资金树”和“农夫”意识。本书开篇就谈“销售职业化”，正是因为后面的所有论述只有建立在职业化上才有坚实的基础。

总之，不间断地进行“猎人”和“农夫”的修炼，不管市场如何变化，你都可以从容地应对。对不少人来说，“改变”是个最可怕的词，但在那些已经学会欣然接受改变的人们看来，改变却意味着机会和超越。遇到淡市，当同行因恐惧而不知所措的时候，那些知道自己该做什么并身体力行的真正的销售人才不但能够生存下去，还会过得有声有色。

第 9 讲　勇敢的心

【概　　念】情感安全度　OKR 工作法　Smart 任务　吃青蛙定律　10/90 法则　80/20 法则　ABCDE 法　黄金搭档　关键结果领域　提问式自我对话

【思维模型】OKR 四象限图　经纪人每日活动图　销售经理自查表

1932 年，海明威在他的作品《午后之死》中第一次提出了文学创作中的“冰山法则”：“冰山运动之雄伟壮观，是因为它只有八分之一在水面上。”这个法则告诉我们：是水下的八分之七在支撑水上的部分，看不见的东西往往比看得见的更重要。

对于 4.0 时代的职业经纪人来说，雄伟壮观的冰山代表漂亮的销售业绩，水上面的八分之一代表房地产专业知识和销售技能，即销售“三达德”中的“智”和“仁”，水下面的八分之七则代表你自身的品格，也即“勇”。销售人员凭借优秀的专业技能可以暂时成为一名销冠，但看不见的“勇者”品格却是让你继续保持在巅峰的关键。一个优秀的销售人员需要一颗“勇敢的心”，勇敢地实现自己、超越自己。

勇敢的心是什么

勇敢的心不是超强的企图心。

我们翻开很多所谓的成功学或销售培训的书，都把超强的企图心当作一个销售员成功的最重要的因素，没有之一，说教者还像煞有介事地编出了类似比尔·盖茨招聘标准的故事，但笔者认为“超强企图心”的概念不过是一个谎言。谎言利用一个个世间的假象来迷惑人，最终将人带入自我欺骗和自我毁灭的深渊。我们在现实中看到很多的销售人员确实有超强企图心，为了成交，不择手段，坑蒙拐骗不在话下，三陪、色诱也不拒绝，这些人短期内可能会业绩斐然，但绝对走不到职业生涯的顶峰，往往在中途就因为伤痕累累身心俱疲地退场，正如美国基督教学者撒迦利亚所说：

当一个人把追求第一当作自己人生的头等大事时，最终迎来的就是毁灭。[①]

同样，一个销售团队中如果充斥太多为金钱、为排名而不择手段的人，或者团队的管理者单纯用金钱和排名来刺激销售，那这个团队的生命力一定不太长。

其实，一个真正成功的人，就是充分发掘和认识上帝赐给自己的天分，然后在工作中尽心、尽性、尽意、尽力，将天分最大程度实现出来。要成为一个顶尖的职业销售，最首要的条件就是要具足从事销售工作的天分，自己能在这份工作上得到乐趣和成就感，是自我实现的使命感而非超强的企图心来推动自己尽心、尽力完成工作，赚钱只是附带的结果。所谓仁者无忧，好的销售工作要能做到“使人富足，并不加上忧虑”（《圣经·箴言 10：22》）。相反，如果一个人在销售工作上没有天分，他即使有再强的企图心，最终也不可能有大成，反而会导致人际关系紧张、压力山大、情感受伤等一系列负面后果。

要弄清自己有没有销售天分，我来问你几个问题：你喜欢自己所做的工作吗？或者只是为了养家糊口、生活下去？你觉得“为别人服务”的回报比金钱收入更有意义吗？你热爱你销售的产品吗？如果你对上述问题的回答没有多少是肯定的，如果你每天早上都不想起床，为不去拜访潜在的客户寻找借口，对遭到拒绝有种病态的恐惧，那么你可能入错行了。

那销售行业最重要的天分又是什么呢？

答案是：情感安全度。

---

① ［美］拉维·撒迦利亚．杜华，译．伟大的织匠［M］．海口：南方出版社，2012：49.

情感安全度，顾名思义是指一个人情感的持续稳定程度。情感安全度高的人对自己有无条件的肯定和接纳，有高水平的自我尊重，同时知道自己多深多浅，不看自己过于所当看的，有诚实合宜的自我形象；情感安全度高的人，不会害怕遇到拒绝，在拒绝的汪洋大海里能马上浮起来，而不是一蹶不振、沉入海底，丹尼尔·平克管这项素质叫“情绪浮力”。

情感安全度这个概念并不同于我们通常所说的自信心、积极心态等，相反，它认为人的积极情绪和消极情绪达到 3∶1 的魔力比值是最佳状态。

> 一旦积极情绪与消极情绪之比达到 3∶1，也就是说，每 3 次感受到感激、兴趣或知足等情绪，只体验到一次愤怒、内疚或尴尬等情绪，人一般就欣欣向荣了。……积极情绪是有上限的，太过积极和太不积极一样有害。如果积极情绪与消极情绪之比达到 11∶1，积极情绪就弊大于利了。超过了这个临界点，生活就变成了傻乎乎的盲目乐观，自欺欺人扼杀了自我进步。一定的消极情绪其实是必要的。……消极情绪能为我们提供绩效反馈，告诉我们什么做法管用，什么不管用，并提示我们该如何做得更好。①

胸怀宽广、善于接纳、思路开阔，富有创造力，既不盲目乐观，也不杞人忧天，这就是情感安全度，而这种“安全度”正是从事销售职业的天分与基石。

情感安全度主要来自后天成长过程中原生家庭施加的影响。情感安全度高的人成长环境一般有两个特征——无条件的爱、自我负责，二者缺一不可。无论你做出怎样的决定，无论你犯了怎样的错误，父母都无条件地接纳你，爱你。无条件的爱不是溺爱，是有界限的爱，父母给你划定界限和规则，在界限之内你可以自由活动，一旦越过界限，犯了错误，父母仍

① ［美］丹尼尔·平克．闾佳，译．全新销售：说服他人，从改变自己开始［M］．杭州：浙江人民出版社，2013：118.

然爱你，但你要为自己做错的事情承担责任。比如下面的案例：

> 我想我最喜欢爸爸的地方是，当我们闯了祸的时候，他对我们满怀恩慈和怜悯。记得在我考到驾照之后的一个星期天下午，我没有经过他同意就开了他的车出去，然后几乎把它撞了个稀烂。我回到家时，爸爸正在等我。我心想世界末日到了。结果，他做的第一件事竟然是抓住我，然后紧紧地抱着我。我非常震惊，他的眼里含着泪水。后来，当然啦，就在我以为我可以逃过一劫的时候，他又让我以为他会杀了我。不过我决不会忘记他先来抱我这件事。我整个暑假都必须打工挣钱来支付修车的费用，但是我始终知道他在意的不是车子，而是我。①

从小在溺爱环境中长大的孩子，情感安全度一般不高。人在没有边界的沙漠、旷野或者走在一个不知道边界在哪里的黑屋子里时，最没有安全感。一个孩子，从来就不知道对或错的边界在哪里，长大后同样会没有安全感。走出父母的怀抱，稍微面临一点挫折，便会充满恐惧。在溺爱环境中长大的孩子，没有自我负责的意识，做错事可以不用承担责任，长大之后就会眼高手低、志大才疏，没有力量感，总是心有余而力不足。

父母有条件的爱对孩子成长的负面影响也是很大。当孩子表现出某种行为方式时，父母会表现出对他的爱和支持；反之，如果不按照父母期望的方式去做，父母就会把爱和支持拿走，会惩罚他，让他按照他们想要的方式去做。这样的孩子逐渐长大后，自我形象越来越依赖于别人如何看待他，甚至对别人对待他和谈论他的方式高度敏感，对别人看待自己的方式总会感到恐惧和担心。他开始根据别人喜欢的方式来调整自己的行为，为了赢得别人的尊重，开始对自己独一无二的特性进行妥协和调整。久而久之，他们会害怕被拒绝，而这个会成为销售成功的“天敌”。

一个人如果成长在一个幸福的环境中，父母、朋友非常有智慧，懂得

---

① ［美］凯文·李曼，威廉·潘泰克．周奕婷，译．这就是领导（第 1 版）［M］．成都：四川大学出版社，2007.

爱与界限的道理，懂得让孩子自我负责。当你翻越界限的时候，他们也会惩罚你，但前提是他们无条件地爱你。他们的惩罚不会让你心生恐惧，他们会让你觉得安全和信任，逐渐地你就会形成“情绪对象的稳定性”。

情感安全度主要来自先天遗传及后天成长环境的习得，在成人之前就基本上定型了。具足情感安全度，也就意味着你具备了一颗“勇敢的心”，你能充分享受到销售这个行业的魅力和乐趣。

不过，仅仅先天具足是不够的，在工作中，我们仍然需要通过很多的锻造来淬炼这颗勇敢的心，让它的表现更加出色。这里，我们介绍五大方法和技巧：黄金搭档、OKR 工作法、时间管理、售前训练、认知升级。

黄金搭档

淬炼勇敢的心，第一步：找到你的黄金搭档，互相督促鼓励。

犹太史上最杰出的君王所罗门有一段著名的教诲记载在《圣经·传道书》上：

> 两个人总比一个人好，因为二人劳碌同得美好的效果。若是跌倒，这人可以扶起他的同伴；若是孤身跌倒，没有别人扶起他来，这人就有祸了！再者，二人同睡，就都暖和；一人独睡，怎能暖和呢？有人攻胜孤身一人，若有二人便能抵挡他；三股合成的绳子不容易折断。

的确，做房产销售行业也是一样，两个人总比一个人好。顶尖的销售人员懂得为自己挑选一名合适的搭档，以便两人可以联机学习、分享信息、互相鼓励、共享资源，这样往往能够取得更高的成就，这就是我们所说的找到“黄金搭档”。

“黄金搭档”的作用有三个：

一、联机学习

过去传统的学习方法是“学习—思考”的单机学习，现在则是“学习—思考—分享—联机外界—再学习”的联机学习模式，这种“以答案换答案”的方式能在最短的时间内提高认知效率。

二、互相督促和鼓励

职业经纪人非常辛苦，压力也很大，尤其是拓客、维系客户，难度很大，一个人有时往往很难坚持下来，有了搭档，就可以共同做行动计划，互相督促完成计划。

三、可以共享客户资源

俗话说，多一个朋友多一条路，找到一个好的搭档，无形之中就拓宽了你的客户渠道和谈客思路。尤其是对于“三年不开张、开张吃三年”的顶级豪宅的销售人员来说，如果找一个别的顶级豪宅项目或者顶级豪车或者其他奢侈品、大宗商品销售行业的销售人员来搭档，这样就可以共享客户、互相支持。当然，寻找搭档要避开有可能同你展开竞争的销售人员，比如同一个片区，一个卖别墅，一个卖超高层大平层，两个销售人员搭档就能很好地形成互补。如果你属于某个销售团队，团队成员之间互相帮助，与团队成员之间组成搭档也算是较为理想的状况。我们在第 7 讲里提到的“移交销售”，交给自己的搭档是再理想不过了。

寻找搭档的条件如下：

（1）一名销售人员，最好是同行业或者相关行业；

（2）信奉目标制定及计划；

（3）善于支持他人；

（4）能够提供积极的批评；

（5）事业上与你一样成功或略比你成功；

（6）是你喜欢并尊重的人，同时也喜欢并尊重你。

找搭档，并不是为了找到个能发牢骚、倒垃圾的小伙伴。找到搭档之后，两个人必须一起制定“搭档 OKR 工作计划”。制定计划后，应该定期会晤，分享成功与挫折，跟踪彼此的进程，提供建议，并进行必要的调整。只要你们两人都明确地陈述了目标，那么当有人脱离了方向时，你们就能够有所察觉。刚开始，会晤的次数可以频繁一些，比如一周一次，等步入正轨后，可以减少至两周一次，但最好不要延长至一月以上。

为了使这种伙伴关系最为有效，一定要向对方提供诚实的反馈。我们在本书第 1 讲提到的“刻意练习”的方法，其中的要领之一就是“即时反馈”。“即时反馈”的最理想机制是学徒制，即师父和徒弟的组合。这里所说的“黄金搭档”不属于师徒组合，但正所谓“良师益友”，益友即是良师，搭档之间给予的即时反馈是非常必要的，这样会改进伙伴关系，提高下一次合作的有效性。在双方都实现或超过了目标之后，你们就可以做点什么事情来庆祝共同的胜利。

OKR 工作法

OKR 是英文 Objective and Key Results 的缩写，在这里，O 表示目标（Objective），KR 表示关键结果（Key Results）。目标就是你想做什么事情，关键结果就是如何确认你做到了这件事情。目标用来明确方向，关键结果则用来量化目标。有挑战的目标能激发斗志，明确的、可衡量的关键结果能保证目标不会成为空谈。

OKR 工作法起源于英特尔公司，后来谷歌、领英等公司使用后，业绩都实现了持续高速的增长。相较于其他管理工具，OKR 工作法主要强调如下几点：

（1）OKR 首先是沟通工具，任何人、团队都可以看到本月最重要的目标是什么。

（2）目标要有野心、有挑战、有些让你不舒服的。

（3）目标必须一致，制定者和执行者一致，团队和个人一致。首先，制定公司、团队、个人的 OKR，各自独立完成，然后对照协调。

（4）KR 必须可以量化（时间 & 数量）。

（5）通过每周的会议复盘，时时跟进 OKR。

（6）通过月度、季度会议复盘，及时调整 OKR，原则是目标不变，只能调整关键结果。

对于房地产销售来说，OKR 体系既是一个很好的团队管理工具，可供营销总、营销经理管理团队使用，也是一个很好的个人管理工具。我们以一个房地产公司的案场销售人员小明为例，来看看 OKR 体系（图 9-1）如何落地：

本周关注的任务	OKR当前的状态
A1：周一到周四，每天与5个渠道关键人至少联系一次，每周至少见面1次；每天给5个老客户打回访电话；微信每天加20个好友，每天30分钟维系朋友圈和微信群；每天在房天下、58同城、安居客各发1条房源信息，每2个小时刷新1次；周五到周日把本周积累的新客户全部邀约到访，至少参加1次线下社群活动；确保接待35组新客户，每天5组，新客户来源于4个渠道，每天下班前盘点 A2：客户成交后48小时内准备好所有签约资料和按揭资料 B：分别做5组客户成交和未成交原因个人调查	目标：成为本团队的销售冠军 KR1：本月个人实现住宅销售15套、商铺2套、车位5个（5/10） KR2：本月签约率达到90%以上，回款率达到75%以上（6/10）
未来四周的计划	**状态指标**
完善自己的4大拓客渠道，重点建设线下猎犬计划，加强线上拓客力度 梳理人脉地图，整理出所有的A、B类联系人，做好维系计划	成交到访比达到1：7以上 每组成交客户至少得到2个新客户推荐； 每天提早半小时到售楼处，开始整理一天的工作计划

图 9-1　2018 年 10 月 OKR 象限图

一、第一象限：OKR 当前的状态

首先是设定目标。

设定目标要遵循以下 3 个原则：第一，目标要明确方向并且鼓舞人心；第二，目标是要有时间期限的；第三，由独立的个人或团队来执行目标，目标必须真正属于你，不依赖于任何人，你不能有“这和经理培训不到位有关系”这样的借口。

图 9-1 中的 OKR，小明设定了 10 月要成为所在团队销售冠军的目标，这个目标由他独立完成，不受任何相互依赖的关系影响，真正属于他。

根据这个目标，小明将其量化为两个关键结果：KR1、KR2。

OKR 设定的目标都是有难度的。我们起初可以给 KR 设定一个 5/10 的信心指数，这表示“我有 50%的把握达成目标”；1/10 表示“一点儿戏都没有”；10/10 表示“这个能搞定”，但同时也意味着这个目标设定得太低了。设定关键结果的时候，要给自己找好定位，我们是想推动自己做一件有挑战的事情，而不是不可能完成的事情。一般来说，一开始就正视 50%的失败就是最好的定位。

OKR 的一个重要作用就是实时追踪目标进度。小明给两个 KR 设定的信心指数是 5/10、6/10，每周复盘的时候，必须追踪信心指数的变化，每周调整信心指数，讨论它们上升或下降的原因。如果信心等级已经在 5 上面停留很久了，必要时可以寻求帮助。

二、第二象限：本周关注的任务

本周关注的任务：列出 3~4 件最重要的事情，只有本周完成了这几件事情，个人的目标才能向前推进。

特别强调的是，分解任务一定要注意以下 5 个特性，合称“SMART 任务”：

S（Specific）表示明确性，即提供足够的细节以解释如何通过各种努力来最终实现预期的变化。

M（Measurable）表示可衡量性，即列出中间目标，以便跟踪进程。

A（Actionable）表示可行性，即明确要完成的任务以及完成任务所需采取的步骤。

R（Realistic）表示现实性，即制定现实目标，避免挫折及失望。

T（Timed）表示时间性，即给需要完成的每一项任务以及计划好的各个目标设定时间期限。

通俗地说，“SMART 任务”是“施工图任务”，也即根据这个任务计划，执行人员可以直接“施工”，因为这个任务已经分解到最小的执行单元；相反，很多团队的任务计划只是“方案”甚至是“概念方案”，根本无法“按图施工”，这种计划往往容易沦为一纸空文。因此，制作个人 OKR，分解任务时一定得分解到可执行的具备明确性的、可衡量的最小任务单元。OKR 代表你的“施工步骤”，而不是概念方向，比如小明的 OKR，分解任务时，如果每个月的关键结果是卖 20 套房子，分解到这周就是卖 5 套房子，这个还是结果，不是任务。小明必须倒推：5 套房子，按 1∶7 的成交比计算，我必须接待 35 组客户，35 组客户又来源于 5 个渠道——现场接待、老客户转介绍、猎犬计划、线上拓客、陌生拜访。这五个渠道我要分别怎么做？

判断任务单元是否分解到最小化，一个很简单的标准就是看这个任务是否自己完全能掌控，依靠自己就可以独立完成并且可以衡量绩效。比如，今天的任务是卖一套房子，这不是任务，是结果；今天的任务是在搜房网、58 同城、赶集网二手房频道上各登记 1 条房源信息，并且每小时刷新一次，这个才是真正的任务即“施工步骤”；我今天要得到 4 个转介绍，这是结果，不是任务，但我今天要给 5 个老客户打电话，请求他们的转介绍，这是任务。真正的任务不受任何外力的掣肘，可以独立完成。

光分解到位还不行，每个最小的任务单元如何分解指标，还得注意可行性和现实性。比如小明一周要确保接待 35 组客户，每周 7 天，分解到每天要接待 5 组客户，5 组客户来自 5 个渠道，每个渠道每天分别 1 组，这样的平均分配指标可能就不具备可行性和现实性。正确的做法是，小明应该分析自己近两个月的接待客户数据，做出较为可行的指标分配。每周 7 天，可能周一到周四每天只能接待 3 组，周五到周日每天可以接待 8 组；案场排轮每周有 7~21 组，猎犬计划每周可以带来3~5 组客户，网上拓客每周可以带来 3~5 组，老带新每周可以带来3~7 组，Call 客一般打 30 组能有 1 组到访……诸如此类，数据分析得越细致，列出的指标就越靠谱，就越知道往什么地方使劲；反之，单凭拍脑袋、做除法，这样的任务计划多半是难以完成的。

分解任务还得注重时间性。今天目标是接待 7 组客户，结果下班盘点，只接待了 5 组，还差 2 组，明天必须补上。要么下班后 Call 客，根据以往记录，必须打完 60 组电话才下班；或者明天要多拜访 2 个 A 类联系人。每天的工作任务都在动态中调整，这才是真正的计划。业内以强营销著称的融创就有一个管理工具叫“工作日志”，围绕指标分解工作，分解到天，每个人，每个人每天的工作是什么，你要拓展多少客户，建立多少商户协会的关系，建立多少名单。今天做不了，明天就得调整，给补上。明天除了接待客户还要打 150 个电话，打不了的话 12 点都不能下班。这个才是真正的“施工图任务”。融创和绿城合作之后，发现绿城营销做的很多计划，这周做和下周做都是一样的事儿。绿城这就不是真正的计划，不符合计划的 SMART 特性，是“概念方案”式的计划，当然也无法发挥出威力。

另外，关注任务时，必须明确这些事情的优先级。小明的 OKR 中，A1、A2、B 代表任务的优先级；具体如何分，我们在下节详解。

三、第三象限：未来四周的计划

有哪些事情需要事先做好准备，都列在这个象限里。有些工作需要长时间的铺垫和准备，有些工作需要同事、搭档或者其他人的帮助，都需要打个提前量，事先有个准备。

四、第四象限：状态指标

状态指标就像是一台汽车的仪表盘，司机在开车时时刻要关注车速、转速、挡位、燃油等几个关键指标。OKR 也需要挑出几个影响目标达成的其他因素，个人需要额外关注，比如个人状态、客户关系等。当这些地方发生意外时，马上讨论找出应对方案，确保 OKR 不受影响。小明的这个 OKR 中就列举了三个状态指标，分别代表专业、服务及精神状态等三个方面。

OKR 的精髓主要在于两个方面：

（一）极致聚焦关键结果领域

OKR 往往设置单一的目标，用 2~3 个关键结果来衡量它，这样就可以确保聚焦在重要的事情上。有句老话说："如果所有事情都同等重要，就意味着它们也同等不重要。"

一个顶级的职业经纪人，必须对本行业的关键结果领域非常清晰。一般来说，销售工作的关键结果领域包括开发客户、建立关系网并建立个人信誉、了解客户需求、向客户推销产品、解答客户的疑问、达成交易、争取回头客并开发新客户，如果在上述任何一个领域中表现不佳，都会直接影响你的业绩。知道了这些关键结果领域之后，销售人员可以把自己在这些领域的工作能力分成 1~10 共 10 个等级，哪个是自己的强项，哪个是自己的弱项，你可以带着这个问题去拜访自己的领导、朋友或专家，请他们做诚实而中肯的评价。然后，聚焦自己的强项，在平时的学习中对核心技能不断升级，将其绩效发挥至极致；同时找到最关键的限制因素，制订相应计划，想方设法将其消除。也许你只需要在一个领域内有所改进，你就能成为业内最出类拔萃的人。

比如上述 OKR，小明梳理后发现，影响自己业绩的限制因素之一是成交率，自己在了解客户需求、解答客户疑问这两个领域有所欠缺，因此，他将自己的任务之一聚焦在成交和未成交客户原因调查上。

（二）实时跟踪反馈

OKR 体系主张围绕目标控制好承担责任、盘点进度与庆祝成果的节奏，与"刻意练习"一样强调"即时反馈"。OKR 的本质是一种沟通工具。

开车的时候，如果你不关注仪表盘，迟早会因超速行驶被人抓住，或者是没有汽油了，或者是发动机烧了——所有这些危险，仪表盘上的指示灯都会发出信号。OKR 的“四象限图”的实质就是一个仪表盘，醒目的里程表和预警信号及早提醒你防范可预见的问题。

每周一的重点是盘点，团队在一起商量计划，相互承担责任，明确本周要完成哪些任务才能让目标更近一步，盘点上周完成了哪些目标，本周有什么计划，有哪些阻碍实现目标的人或问题。要注意的是，周一的 OKR 进度确认是一次谈话，而不是汇报或指示，务必要讨论信心指数、状态指标和优先级的变化。管理者根据目标完成情况，一定会发现有些人在做一些无关紧要的事情，有些人则为了一个难题停滞了很久，甚至还会发现有些人根本不知道自己在做什么。保持目标的实时追踪和持续的透明沟通，保证每个人都聚焦在目标上，每周重复盘点，OKR 就一定能实现。团队的 OKR 盘点可以在团队之间进行，个人 OKR 盘点则可以与自己的经理、搭档之间单独谈话。

个人或团队有远大目标是好事，但也很容易因此产生挫败感，所以每周五的庆祝环节就很有必要。周五属于胜利者，周五的会晤就是胜利的会晤。团队每个人都可以展示本周的成果，准备好啤酒、饮料和点心。个人也可以与自己的搭档会晤，分享自己本周以来的成果，与搭档共同分析如何取得进步，共同庆祝进步。即使还没有完成所有的关键结果，也应该为设置的卓越目标而自豪，因为正如博恩·崔西所说：

> 研究表明：大约只有 3%的成年人拥有明确的目标，并把目标用书面化的方式记录下来。但在受教育程度和能力相等的条件下，那些写下自己目标的人，比没有写下自己目标的人的成就高出 5~10 倍。①

① ［美］博恩·崔西．王璐，译．吃掉那只青蛙：博恩·崔西的高效时间管理法则［M］．北京：机械工业出版社，2018：3.

时间管理

销售实践过程中，业绩不佳的销售人员通常有两种：一种是不知道要干什么，呆坐前台守株待兔、坐以待“币”是他们的常态。一旦没有客户，多数时候都在摆弄手机或者扯闲篇、发怨言，一天的时间在无所事事、行尸走肉中度过。领导询问为何业绩不好，理直气壮地回应一句：没客户。还有一种是知道要干什么，他也知道 OKR 工作法，明确了目标之后，有大量的拓客任务需要完成，案场接待只是其中很小的一部分工作；但可惜的是，他们没有科学的时间管理方法，要么在拖延症中耗尽光阴，要么在一地鸡毛中忙得不知所措。《清单革命》的作者阿图·葛文德将这两种倾向概括为“无知之错”和“无能之错”。要避免这两种倾向，我们就要学会职业的时间管理方法。

4.0 时代的职业经纪人如何科学管理自己的时间，必须遵循以下七条方法和定律，直到它们在自己的头脑中固化，你也养成了遵循下列规则来处理事情的习惯，这样前途就将不可限量。

一、明确目标

确定自己究竟想要什么。有一个清晰的书面目标至关重要。前文所讲的“OKR 工作法”就是一个很好的目标管理工具，只要坚持下去，就能激励你不断采取行动，激发你的创造力，释放你的能量。

不过，正如史蒂芬·柯维的一句名言所讲：

在你开始攀登成功的阶梯之前，首先要确定你的梯子没有搭错地方。

如果你足够了解自己的话，你可以自己决定自己究竟想要什么；如果不是，建议你和自己的搭档、主管、老板或者相关领域的专家、前辈坐下来，就你为自己设定的目标进行讨论，请他们为你诊断，直到你彻底弄清楚自己应该做些什么，应该按照什么顺序做这些事情为止。这一点非常关键，选择比努力更重要，选择错误，付出再多的努力也是事倍功半甚至前功尽弃。

小明的目标是“冲销冠”，但他跟经理认真探讨之后却发现，他的强项在人际交往而不是杀客成交。经理给他看了自己过去五个月的来访、成交数据，他接待客户的数量在售楼处排第 1 名，但成交却只排第 4 名，成交比排名第 6 名。根据这种情况，经理认为他在渠道条线比案场可能更有作为，小明决定再次认真思考他的目标。

二、列出任务清单

根据自己的目标，将每天的工作列一张任务清单。任务清单非常有必要，因为：

> 清单会提醒我们不要忘记一些必要的步骤，并让操作者明白该干什么。这不仅是一种检查方法，而且还是一种保障高水平绩效的纪律。[①]

个人高效能工作的最重要法则之一是“10/90 法则”，即整个工作的前 10%的时间用于制订计划、列出清单、组织工作，那么在实际工作的过程中将节约 90%的时间。顶尖的销售人员都会养成一个好的习惯，每天提前半个小时到达售楼处，把每一天的工作提前列好清单，然后根据它们的重要程度安排先后顺序，接下来按照这个清单一步步地执行。

当你白天在工作的时候，每完成一项工作，就把那些已经完成的事情从每日清单上勾掉，这样能让你产生成功的喜悦，并激发你前进的动力。当前一天的工作结束以后，要开始制订第二天的计划。把尚未完成的事项，需要在第二天完成的事项，都写在第二天的计划上。当你在前

① ［美］阿图·葛文德．王佳艺，译．清单革命［M］．北京：北京联合出版公司，2017：45.

一天晚上制订了计划之后，即使你入睡了，你的潜意识也会围绕这个计划转。通常情况下，当你第二天早上醒来时，你的脑海中就会涌现出灵感，从而帮你更好地完成工作。一早到达工作岗位上，根据前一天的计划梳理出一份新的任务清单，然后一步步地执行。这样坚持下去，就会发现自己的工作效率越来越高，“操之在我”的自信心也越来越强。

销售大师汤姆·霍普金斯画了一张“经纪人每日活动图”，就是一份典型的清单，笔者根据中国房地产销售的实际情况对霍普金斯的原图做了一些修改（图 9-2）。销售人员可以利用这份清单提醒自己每天要完成哪些工作，还可以对自己的工作表现进行打分评估，以监督工作的成效，确保计划完成。

1		职业经纪人每日活动图																															
2		“成功的人做的事情，是失败的人不喜欢做的事。”																															
3	记录一天所做事情的分数	一个月的每一天																															
4		1	2	3	4	5	6	7	8	9	10	11	12	13	14	15	16	17	18	19	20	21	22	23	24	25	26	27	28	29	30	31	合计
5	早会工作计划 2分																																
6	新客户接待 2分/组																																
7	跟踪回访电话 2分/组																																
8	网上发布房源/刷新 1分/条																																
9	联系达成 2分/组																																
10	制定/维系猎犬计划 3分																																
11	客户网群维系/发动 3分																																
12	收到项目转介 2分/组																																
13	拜会或会见 3分/组																																
14	正常成交 4分/套																																
15	交叉或升级销售 6分/组																																
16	老客户维系/访谈 3分																																
17	办理复签约/按揭/催款 3分																																
18	晚会自查/学习/反馈 3分																																
19	网上跟帖/发帖/追踪 3分																																
20	撰写专业文章 4分																																
21	一天分合计																																

图 9-2 职业经纪人每日活动图

除了普通的销售人员之外，销售案场的管理者同样也需要一份清单，比如下面这份“销售经理工作自查表”（表 9–1）就是。

表 9–1　销售经理工作自查表

序号	项目	答　案	备　注
1	每早把工作上的事记载下来了吗	是□　否□　无□	
2	激发部属努力工作做了吗	是□　否□　无□	
3	每天收集销售率值报表和业绩排行榜了吗	是□　否□　无□	
4	全体推销员都熟悉了主要商品类别的销售重点吗	是□　否□　无□	
5	每个销售员都能各自独立了吗	是□　否□　无□	
6	未成交原因分析表做好了吗	是□　否□　无□	
7	每周定期整理和分析客户地图了吗	是□　否□　无□	
8	每周定期收集潜在客户情报了吗	是□　否□　无□	
9	全体销售员的定期访问计划做成了吗	是□　否□　无□	
10	“应付拒绝话语”写好了吗（不同客户的统一说辞）	是□　否□　无□	
11	正在做开发潜在客户战略的计划吗	是□　否□　无□	
12	举办“作战会议”吗	是□　否□　无□	
13	十个主要竞争者的分析表做出来了吗	是□　否□　无□	
14	依客户的投诉来改善了吗	是□　否□　无□	
15	每天都了解部下的工作吗	是□　否□　无□	
16	销售员的个人 OKR 每周都跟踪指导了吗	是□　否□　无□	
17	你了解每个销售人员的思想动态吗	是□　否□　无□	
18	使困扰中的销售员积极地工作了吗	是□　否□　无□	
19	全体销售员都做了自我发展计划吗，你跟踪指导了吗	是□　否□　无□	
20	销售员的“业务培训计划”制定了吗	是□　否□　无□	
21	销售员的销售促成能力提高了吗	是□　否□　无□	
22	每天坚持按流程召开晨夕会吗，发挥会议作用了吗	是□　否□　无□	
23	申诉处理的能力进步了吗	是□　否□　无□	
24	本月制定自我成长学习计划了吗	是□　否□　无□	

三、80/20 法则

光有一份清单还不行，我们常常能够看到有的人终日忙忙碌碌，但几乎看不到工作的成果，其原因大部分都是他们忙碌的是一些低价值的任务，但对某些重要的工作却一再拖延。

80/20 法则认为，在一个人的工作中，20%的重要工作贡献 80%的成果，20%的重要任务产生 80%的价值。照此推断，如果你列出的任务清单中包括 10 项要完成的工作，那么其中主要的两项产生的总价值，会比其他 8 项高出 5~10 倍，甚至更多。比如上述的“职业经纪人每日活动图”，小明对照该图，每天有 16 项任务，而他根据 KR1 的推导，每天需要平均接访 5 组客户，根据前段工作的积累和反馈，小明今天只需要重点关注 3 件事情——新客户接待、猎犬计划和大客户拜访即可顺利完成目标，这 3 件工作就是“极重要的少数”。

发现了最重要的 20%之后，接下来就是立即采取行动。通常来说，你每天需要完成的最重要的任务就是最艰难、最复杂的任务，而高效能人士的一个最重要的思维方式就是：每天找出最艰巨、最重要的任务，首先干掉它。博恩·崔西称之为“吃青蛙定律”：

> 曾经有一句谚语说的是，如果你每天早上醒来做的第一件事情是吃掉一只活的青蛙，你就会欣喜地发现，在这一天接下来的时间里，将没有什么比这个更糟糕的事情了。这只青蛙意味着你最艰巨、最重要的任务。①

事情是永远做不完的，我们只能有选择地做最重要的事情，每天挑出最重要的 3 件事优先完成，每天花 80%的时间和精力吃掉 3 只青蛙，然后花 20%的时间和精力处理杂事。事实上，完成一项重要工作和一项不重要的工作所需的时间通常是一样的，区别是，你完成重要的、有意义的工作能获得极大的自豪感和满足感。因此，高效能人士总是会强迫自己先吃掉最重要、最丑陋的那只青蛙，结果，他们取得的成就比一般

---

① ［美］博恩·崔西．王璐，译．吃掉那只青蛙：博恩·崔西的高效时间管理法则［M］．北京：机械工出版社，2018：引言．

人大得多，也快乐得多。

四、练习使用 ABCDE 法

列出任务清单之后，除了找出最重要的 20% 的工作，我们还可以利用“ABCDE 法”对任务进行分级。

A 类任务是重要且必须完成的事情，完成会有很明显的正向结果，没完成会有非常大的负面结果，这类任务是你生活中的青蛙。A 类任务如果不止一项，那么可以用 A-1，A-2 等来标记，而 A-1 就是你要吃的最大的、最丑陋的那只青蛙。对于职业经纪人来说，最难、最艰巨的任务就是拓客，起来，立即行动，吃掉它！

B 类任务是指那些应该做的事情，但是如果你不做这些事情，那么后果并不十分严重。比如上述图 9-2 中的任务——撰写专业文章，小明今天主要的任务和目标已经完成，今天又忙到很晚，很疲惫，这项任务就可以推后一些。

C 类任务是做了大家都愉快，但是不做也没有人为此感到不悦的事情。

D 类任务是可以授权他人去做的事情。

E 类任务是完全可以不做的事情，这些事情对你来说没有任何意义。

要使“ABCDE 法”发挥作用，除了立即行动，养成先处理 A-1 任务的习惯之外，还得学会说不，对那些优先级低的任务进行拖延，从而可以腾出更多的时间来做那些可以改变你的工作和生活的任务。

五、做好充分准备

我们前文说过，职业销售人员的四种职业之一就是娱乐明星，销售人员所有的官方活动都是“演出”。对于演出来说，成功的关键是组织和准备，没有比准备更重要的事情。除了本书第 1 讲所说的准备好四大类事情外，顶尖的销售人员在事前可以通过训练“提问式自我对话”来激发自己思考达成目标的内在原因。我们看以下案例：

小明准备回访三天前接待过的客户刘先生，刘先生认可项目的价格，但对区域未来的前景、开发商的品牌和物业服务的质量都存在顾虑，购买的意向也不是太强烈，并且他自己一个人也做不了主。小明准备打电话邀请他和太太一起来售楼处再次洽谈，但现在市场低迷，客户普遍观望，并且刘先生这个人非常纠结，喜欢钻牛角尖，他不是太有把握。小明可以告诉自己：“我最棒了。我今天一定能开单，刘先生我今天一定可以杀下来。”这或许能让他出现短暂的情绪振奋，但小明是不是可以换种方法，问问自己：“我能打消刘先生一部分顾虑，吸引他和太太一起来现场吗？”这就是提问式自我对话，比如：

问：我能打消刘先生一部分顾虑，吸引他和太太一起来现场吗？

答：嗯，应该没问题。我们售楼处明天搞活动，很适合家庭、亲子，有精美定制礼品，并且当天还有比较大的优惠。我上次有一个客户比刘先生的意向更差，最后也是这样被吸引过来了，后来就成交了。

问：我还需要做哪些准备呢？

答：针对刘先生比较细心，喜欢钻牛角尖的特点，我应该梳理一下接待的动线，准备好 10 个以上的细节和我们的过人之处，给他灌输和强化我们开发商的品牌意识。针对物业这一块，我应该梳理出自己经历的所有物业服务的痛点，再对照我们小区的物业服务，找出我们做得好的细节，这样就能接地气，说到刘先生的心坎里。像我们楼盘做的六大动线的规划，就是一个很好的卖点，我应该提前准备好相关物料，讲得细致一点。

问：你还能给我一些具体的战术建议吗？

答：对了，一定得避免落入比较的误区，记住，任何时候，都不能批评自己楼盘的任何产品。我上次一个客户，起初是看中那个 126 平方米的户型，结果我主推这个户型，说那个 113 平方米的户型不好，结果却发现这个客户只买得起 113 平方米的户型。永远不要内部比较。

从以上案例我们可以看出，小明通过提问式自我对话，本身就是在引出答案，而答案中蕴涵着实际执行任务的策略。另外，这种提问是来自于小明自我的选择，而不是外在的压力，那么他更有可能采取行动，而且做得更好。最新的社会学实验证明，采用这种办法的人，在任务中的表现比采用传统鼓气式自我对话的人表现要好，传统鼓气式自我暗示如“我是最棒的”“我是大自然最伟大的奇迹”“我今天一定能完成任务”“我今天一定能开单”等下论断式宣示，只是感觉很好，但它不会激发宣示者召集可用的资源和策略去完成任务。

六、自我设定压力目标

为了完全发挥自己的潜力，你必须养成给自己施加压力的习惯，而不是等着上司来给你施加压力。一个优秀的职业经纪人应该把自己看成是自己的老板，把自己当成一间公司，你拥有这间公司 100%的股份，你对公司的各项经营工作都负有 100%的责任，你是为自己工作而不是为别人，是你决定自己的收入，决定自己的工作和生活状态，你是自己生活的主宰者而非这个社会的被动接受者，如果不满意自己现在的状况，不要抱怨，要记住是由你自己来改变这一切。

你想赚到更多的钱吗？那么走到镜子前去和你的“老板”协商吧。镜子里的这个人决定你在工作中要做得多好，该得到多少薪水。①

作为老板，你得为你“公司”的各项经营计划负责，你得为公司设定清晰的目标，制订有组织的时间表和行动计划，作为销售的各个关键结果领域都需要你自己全情参与。作为老板，你需要让自己早上上班

---

① ［美］博恩·崔西．路言春，译．博恩·崔西销售圣经［M］．北京：化学工业出版社，2013：15.

更早，晚上下班更晚，白天工作更加努力；你还需要为自己的每一项任务和活动设定最后期限，有一个最好的办法能帮助你克服拖延症，就是假设距离完成最重要的工作的最后期限只有一天。每天都要想象自己接到紧急指令，第二天你必须离开所在城市一个月，离开之前你一定要完成哪些事情？找出答案，并立即着手去做完你该完成的任务。

七、激励行动

如前所述，做一个优秀的职业经纪人，难的不是杀客、成交，难的是开发客户。一次次面对拒绝，脑海里一次次冒出那身形庞大、看不见面孔的陌生人，尽管害怕，还是得鼓励自己一次次地走出去。你只有做自己的啦啦队长，不断训练自己、激励自己将理想转化成行动。要想成为一名职业的销售，你必须不断训练提高自己的情感安全度，让自己成为一位身心和谐、头脑清晰的乐观主义者。大部分时候，决定你感受的不是你遇到了什么事情，而是你怎样看待这些事情；而你看待这些事情的方式，决定了它们是否能激励你，是让你干劲十足还是丧失信心。杰出的职业销售人员看待问题往往有如下三个特征：

第一，在任何情况下都会去看事情好的一面。遇到挫折和困难，他们总是能从中总结经验，吸取教训。出现问题的时候，他们不是指责他人或发牢骚，而是尽自己最大的努力去寻求解决问题的办法。

第二，面对拒绝，他们会认为他人的拒绝是暂时而非永久的，是特定而非普遍的，拒绝的原因是外在的而非内在的。他们看问题客观，不会把超出自己所能控制的事情都归咎在自己身上，不会认为事情是针对自己而来。

在现实中，我们看到很多的销售人员因为“习得性无助”而轻易放弃，在本来可以有所作为的环境下，因为把坏事解释成持久的、普遍的、内在的，而变得无助，变得止步不前，结果让所有的工作计划都变成了“马歇尔计划”。比如以下几个案例：

星期一上午，小明打开了自己的客户登记本，开始回访前几天积累的意向客户。他打通了第一个客户王先生的电话，王先生语气很冷淡，还没等他说完就挂电话了。小明的心一下子沉了下来，剩下的几个电话也不愿意再打了："这个王先生肯定是没戏了，现在的市场真不好，他估计没什么购房意愿，在观望呢。"

小张前天接待了一个客户，这个客户已经来过售楼处两次了。他非常谨慎，反复地货比三家，把周边的项目研究了个遍。今天小张打电话回访，他告诉小张已经定了对面的项目，理由是：觉得你们项目品质不高，价格还贵。小张非常泄气，跟同事们抱怨："我们楼盘价格卖那么贵，质量还这么次，我们以后怎么卖啊！"

小郑今天接了一个客户，客户看了不到十分钟就走了，电话都不愿意留。看房的过程中，小郑说的每一句话他几乎都不赞同。客户走后，小郑一直在反省，自己的业务能力真的行吗？是不是跟客户说话都说不到点子上？

小刘昨天和一个客户磨了三个小时，终于成交了，但今天一上班，同事小李翻出客户登记本，说这个客户是他三天前接待过的。昨天他休息，客户没看见他就找了小刘，这样算"撞单"，小刘的佣金应该自己分一半。小刘气坏了，认为小李这个人真是糟糕，平时不努力，业绩不行，还妒忌自己，这明明就是眼红，跟自己过不去，这样的人以后再也不理他了。

事实上，小明应该把对方的拒绝看成是暂时的、特定的或是受外部因素影响的："他可能正在忙手头的工作，没时间搭理推销电话。""可能是我打电话的时间不对，他也没有明确说不买，等我找个合适的时间再做沟通。"小张遭到客户的拒绝，正确的想法应该是："这只是代表了这一个客户的看法，所谓萝卜青菜各有所爱，别的客户就不一定这么看了，否则，我们售楼处以前几百套房子都是怎么卖出去的？"小郑根本无法和这个客户进行交流，这是他无法抵抗的事情，他应该想："哦，他可能是因为经济萧条，购房资金受到了影响。""他可能有一些外部问题，本来就不打算买房，只是过来看一看。”小郑的正确做法是别让无法抵抗的事情影响到自己，尽自己所能，然后继续自己的生活。上述案例三和四，包含的一个重要原则就是：不要认为事情是针对自己而来。人不要陷在自己的情绪里愤怒和自怜，恨人是毒药，你自己喝下去但别人永远不会死。

第三，性格积极、乐观的人会不断思考和谈论他们的目标，他们总是在思考自己究竟想得到什么，如何得到他们想要的。他们总是向前看，而不是向后看。真的勇士是：

忘记背后，努力面前的，向着标杆直跑。（《圣经·腓立比书 3：13-14》）

恐惧是心灵的劫匪，要做一名优秀的销售，就要如孟子所说培养“浩然之气”，激励自己，立即行动，战胜恐惧。美国著名布道家尼布尔于 1934 年写下这篇祷告文，后人命名为“宁静之祷”。第二次世界大战时，这篇祷文不胫而走，传遍世界。我们摘录部分放在本书的最后。

神啊，求你赐给我平静的心，
去接受我无法改变的事；
赐给我勇气去做我能改变的事；
赐给我智慧，去分辨两者的不同。
不为明天忧虑，享受每一个时刻，
把苦难视为通往和平的必经之路。

作为一名 4.0 时代的职业经纪人，你最大的商业资产就是，当你和客户在一起时，你所能展现出来的高贵品质和专业性。杰出的销售是一种生活方式，不是一个技巧。职业销售将最可贵的品格融入工作、生活中，为工作赋予生命的意义，改善他人生活，进而改善世界，这才是销售生涯达到巅峰的应有之义。

参考文献

［1］［美］博恩·崔西．王璐，译．吃掉那只青蛙：博恩·崔西的高效时间管理法则［M］．北京：机械工业出版社，2018.

［2］［美］肖恩·埃利斯，摩根·布朗．张溪梦，韩然，张颖，译．增长黑客：如何低成本实现爆发式成长［M］．北京：中信出版集团，2018.

［3］［英］蒂姆·哈福德．侯奕茜，译．混乱：如何成为失控时代的掌控者［M］．北京：中信出版集团，2018.

［4］［美］瑞·达利欧．刘波，綦相，译．原则［M］．北京：中信出版集团，2018.

［5］［美］阿图·葛文德．王佳艺，译．清单革命［M］．北京：北京联合出版公司，2017.

［6］［美］克里斯蒂娜·沃特克．明道团队，译．OKR 工作法［M］．北京：中信出版集团，2017 年．

［7］［美］罗伯特·西奥迪尼．闾佳，译．先发影响力［M］．北京：北京联合出版公司，2017 年．

［8］［英］希瑟·汤森德．张大志，张菲菲，译．人脉：构建人际网络、拓展商业机会的行动指南［M］．北京：中国人民大学出版社，2017.

［9］［美］乔纳·伯杰．李长龙，译．传染：塑造消费、心智、决策的隐秘力量［M］．北京：电子工业出版社，2017.

[10] [美] 蒂姆·赫森，蒂姆·邓恩. 常雅琼，译. 高情商销售 [M]. 北京：北京联合出版公司，2017.

[11] [美] 克劳德·霍普金斯. 姚静，译. 文案圣经 [M]. 北京：中国友谊出版公司，2017.

[12] [美] 安德斯·艾利克森，罗伯特·普尔. 王正林，译. 刻意练习：如何从新手到大师 [M]. 北京：机械工业出版社，2017.

[13] [美] 史蒂夫·马丁，诺厄·戈尔茨坦，罗伯特·西奥迪尼. 苏西，译. 细节：如何轻松影响他人 [M]. 北京：中信出版集团，2016.

[14] [美] 约翰·华生. 刘霞，译. 行为心理学 [M]. 北京：现代出版社，2016

[15] [美] 罗伯特·西奥迪尼. 闾佳，译. 影响力 [M]. 北京：北京联合出版公司，2016.

[16] [美] 彼得·考夫曼. 李继宏，译. 穷查理宝典 [M]. 北京：中信出版集团，2016.

[17] [加] 马尔科姆·格拉德威尔. 钱清，覃爱冬，译. 引爆点：如何引发流行 [M]. 第四版. 北京：中信出版社，2014.

[18] [加] 马尔科姆·格拉德威尔. 苗飞，译. 异类：不一样的成功启示录 [M]. 北京：中信出版社，2014.

[19] [美] 纳西姆·尼古拉斯·塔勒布. 雨珂，译. 反脆弱 [M]. 北京：中信出版社，2014.

[20] [美] 乔纳·伯杰. 刘生敏，廖建桥，译. 疯传：让你的产品、思想、行为像病毒一样入侵 [M]. 北京：电子工业出版社，2014.

[21] [美] 罗希特·巴尔加瓦. 廉凯，译. 喜好与信任：魅力经济学的奥秘 [M]. 北京：人民邮电出版社，2014.

[22] [美] 丹尼尔·平克. 闾佳，译. 全新销售：说服他人，从改变自己开始 [M]. 杭州：浙江人民出版社，2013.

[23] [美] 博恩·崔西．路言春，译．博恩·崔西销售圣经 [M]．北京：化学工业出版社，2013.

[24] [美] 拉尔夫·罗伯茨，乔·克雷纳克．兰渊琴，译．我是房产销售冠军 [M]．北京：中国人民大学出版社，2013.

[25] [美] 丹尼尔·卡尼曼．何梦莹，译．思考，快与慢 [M]．胡晓姣，李爱民，北京：中信出版社，2012.

[26] [美] 汤姆·霍普金斯．苏西，译．没人买时如何卖：销售大师最值钱的 12 堂培训课 [M]．北京：中信出版社，2012.

[27] [美] 吉姆·兰德尔．舒建广，译．人际网络：将人脉的力量最大化 [M]．上海：上海交通大学出版社，2012.

[28] [美] 鲍勃·比汀．陈科科，译．人脉：关键性关系的力量 [M]．北京：北京理工大学出版社，2011.

[29] [美] 乔·纳瓦罗，马文·卡尔林斯．王丽，译．FBI 教你读心术 [M]．长春：吉林文史出版社，2011.

[30] [荷] 柏唯良．朱宇，译．细节营销[M]．第 2 版．北京：机械工业出版社，2009.

[31] [美] 罗杰·道森．刘祥亚，译．绝对成交[M]．重庆：重庆出版社，2009.

[32] [美] 卡米恩·加罗．冷新宇，译．赢在说服——顶级商业人士的沟通之道 [M]．北京：金城出版社，2008.

[33] [美] 杰·亚伯拉罕．袁力，译．发现你的销售力量 [M]．第 2 版．北京：中国商业出版社，2006.

后 记 | REAL ESTATE MARKETING

想写这本书的初衷是感叹房地产销售行业迄今没有一本像样的培训教材。在房地产公司的一线战斗序列中，销售人员差不多算是最无专业、最没章法、最不稳定的群体。在销售实践中，团队培训强烈依赖于某个优秀个人，遇上好的销售经理，培训就完善一些，但大部分销售经理都是脱胎于各项目的销冠，单兵能力很强，培训照例是跟不上的。自从拙著《房地产营销 19 讲》出版之后，得到很多读者的肯定与关注，八年重印近二十次，各平台上的好评达数万条，还有机构组织了专门针对《房地产营销 19 讲》的读书会。读者的抬爱和鼓励也敦促我制订出了这本书的写作计划。

2013 年就开始动笔，但写作过程却很慢，一方面是世俗的思虑和金钱的迷惑，像荆棘一样把文思的种子挤住了，不能结实；另一方面，我也有意识地想在实战操盘和线下培训中沉淀和验证。文章乃经世之伟业，好文是需要“缓视微吟，虚心涵泳”的，每有研究成果，我就会拿来在旭辉、路劲、中南、保利、荣盛、世茂等公司试讲，讲练结束，再来反省哪些环节不够顺畅，哪些观点不过一孔之见。在培训过程中，一有提问，我便视若珍宝，会后记录下来，逐个击破。范仲淹祈愿不为良相，则为良医，无法找准销售人员实战过程中的病灶，勿论良医，不治死人就不错了。

老杜写诗，“为人性僻耽佳句，语不惊人死不休”，虽无老杜之才，我也想在自己耽溺十几年的地产营销领域有所创见。每次坐到书桌前，最开心的事就是把自己的旧文像刮腐肉一样删掉，每次的删除都在见证自己功力的增长、生命的更新。每次讲课，再去梳理之前的课件，觉得怎么都是这样的“陈词滥调”，似乎又得意地看到了自己的进步，内心不禁欢喜跳跃。孔子曰：“不能正其身，如正人何?”教给别人的知识，首先是要能更新自己的。在书里我倡导“刻意练习”，自己也用“刻意练习”的方法，走出舒适区，参阅近百种国内外营销学、经济学、心理学和社会学经典，结合中国房地产销售实践，不断在学习区里收获一个个“甜蜜点”，击穿自己的专业瓶颈。学习真是个好东西，通过学习，以前眼中原本死寂的片段在我心中变得明媚起来；通过学习，昨日种种譬如昨日死，今日种种譬如今日生。记得一个昏暗的傍晚，我在办公室读到美国广告大师克劳德·霍普金斯的《文案圣经》，才发现自己学了十几年，一直奉为圭臬的“营销十二字诀”——创造第一、表现差异、引导消费，居然是错误的。大师告诉我，在广告中运用这种最高级形式往往有害无益，经不起推敲。我对照自己先前操盘的一些案例，发现果真如是，顿时觉得醍醐灌顶、天光明亮起来。苏轼说：“人间有味是清欢”，写作过程中的认知升级时常带给我一种清淡的欢愉，其饱足是言语无法表达的。

不过，写作的过程毕竟是艰苦的，买点与卖点，快思考与慢思考，刻意练习，心理表征，预期，复利效应，人脉方法，冲击力……一个个新概念、新思维，我凭借哲学研究的底子，摸石头过河，梦想着构建洞见和新知，又担心自己才疏学浅，在探索中迷路，或是陷入知识的诅咒，将读者带到沟里。一次一次的彷徨，一次一次的耽搁，一转眼，五年过去了，好在我从来没有放弃的念头。一次听马东的电视访谈，他说真正的“内容”就像女人怀孕，不得不生下来，不是无病呻吟，而是不吐不快。是的，这确实是支撑我坚持写作的信念。我觉得业内需要这本培训教材。

2017 年 8 月，我举家迁居杭州，新环境、新状态，本书的写作也开始进入快车道。我利用业余时间，一边密集学习，一边加紧写作，一边培训验证。在讲课过程中，觉得有抵牾甚至穿凿附会的地方，就停下来进行思考、学习、修正，直到觉得有三湖连江般的贯通和酣畅为止。在这里，我真得感谢邀请我讲课并给我礼遇的二十余家公司，也许讲课的时候，我的理论是不完善的，体系也是不完整的，但正是他们给了我一次次的演练机会，才让业内看到了这本相对完善的教材。

我必须得郑重感谢旭辉集团董事长林中先生，我与林董 2011 年结缘，旭辉也是业内第一家认同我的《房地产营销 19 讲》的主流房地产开发公司。其时我籍籍无名，林董作为前辈多次奖掖推重。七年过去，今天的旭辉早已成长为千亿旗舰，业内公认的“当红炸子鸡”。林董作为我心中景仰的行业教父，蒙慨然赠序，本书自然增色不少，不胜感激！

我还得感谢我的益友——浙江百里集团总裁张佳佩先生。佳佩是 IT 出身的地产人，他每每站在新经济的前沿，以“85 后”的前卫和敏锐，以后生可畏的学习精神，给我推荐了很多书籍，为我打开了一扇扇认知升级的大门。本书理论体系和框架的脱胎换骨，也是在我到了杭州，我们切磋多日之后发生的。

中国经济出版社的葛晶主任，给了我一个宽松的时间来慢慢打磨本书，在出版过程中也提供了很多宝贵的意见和建议，在此深表谢意！

文章千古事，得失寸心知。书稿写完之后，反复增删几次，但仍觉笔力不逮，内心忐忑，所有的遗憾和缺失，伏惟见谅！

陈利文

2018 年 11 月 18 日于杭州

读 / 者 / 群 / 使 / 用 / 说 / 明

这是一本配有读者交流群的房地产销售用书

建议读者配合二维码一起使用本书

本书配有读者微信交流群，群内提供读者活动和资源服务，帮助读者更好地阅读本书，在众多的技巧经验分享中，轻松提升销售能力，同时对自己的职业发展路径进行规划。您还可以与同在使用本书的其他房地产从业人员分享经验，交流心得。

入群步骤

① 微信扫描本页二维码

② 根据提示，加入感兴趣的交流群

③ 群内回复关键词，参与读书活动，领取阅读资源

微信扫码 入群交流